신학, 과학을 만나다

현대 과학의 관점에서 본
그리스도교 신학의 새로운 해석

Theology Meets Sciences

Novel Interpretation of Christian Theology
in the Viewpoint of Contemporary Sciences

김도현

한국과학기술원(KAIST)에서 물리학으로 학사, 석사, 박사 학위를 받은 후, 서울대학교 이론물리학연구센터에서 박사후 연구원(post-doc)으로서 통계물리학을 연구하였다. 가톨릭 교회의 수도회인 예수회에 입회한 이후, 서강대학교 신학대학원에서 철학과 신학을 공부하였고, 서울대학교 차세대융합기술연구원에서 선임연구원으로 재직하였다. 서강대학교 신학대학원에서 신학석사, 필리핀의 로욜라신학대학에서 교회신학사 학위를 받은 후, 가톨릭 사제 서품을 받았다. 현재 서강대학교 교수 및 가톨릭대학교 성신교정(신학대학) 초빙교수로 재직 중이며, 통계물리학과 '과학과 종교'를 연구하고 있다.

서강학술총서
130

신학, 과학을 만나다

현대 과학의 관점에서 본 그리스도교 신학의 새로운 해석

김도현 저

서강대학교출판부

서강학술총서 130

신학, 과학을 만나다

현대 과학의 관점에서 본 그리스도교 신학의 새로운 해석

초판 1쇄 발행 | 2020년 12월 21일
2쇄 발행 | 2024년 12월 6일

지 은 이 | 김도현
발 행 인 | 심종혁
편 집 인 | 하상응
발 행 처 | 서강대학교출판부
등록 번호 | 제2002-000170호

주 소 | 서울특별시 마포구 백범로 35(신수동)
전 화 | (02) 705-8212
팩 스 | (02) 705-8612

ISBN 978-89-7273-369-0 94080
ISBN 978-89-7273-139-9 (세트)

값 28,000원

* '서강학술총서'는 SK SUPEX 기금의 후원으로 제작됩니다.

들어가며

신학은 과학을 만나야 한다!

이 책의 필자는 이론물리학자이면서 동시에 가톨릭 교회의 사제이다. 그러다 보니 필자가 사제 서품을 받은 직후부터 주변의 많은 분들로부터 그리스도교 교회의 정통 신학을 현대 과학과 접목시켜서 둘 간의 조화를 이루는 방식으로 신학을 재해석하는 작업을 해 달라는 요청을 지속적으로 받게 되었다. 그분들이 보기에 그리스도교 교회의 믿을 교리들은 교리가 확립되던 당시의 언어로 정립되다 보니 현대적이지 못할 뿐만 아니라 현대의 과학과 여러 면에서 상충되는 것처럼 보이기 때문이다. 단적인 예로 미국과 한국의 여러 개신교 교회의 경우는 현재에도 창조론과 진화론 간의 논쟁이 심각하게 진행 중에 있는데, 바로 이러한 현상은 교회가 과학을 배척하거나 과학을 포용할 수 없는 것으로 비춰질 여지가 충분히 있다는 것이다. 과학을 포용할 수 없는 종교는 무조건 믿으라는 식의 맹목적인 태도를 취할 수밖에 없게 되고, 이러한 태도를 지닌 종교는 어릴 적부터 과학적 사고를 훈련받아온 현대인들이 보기에는 의심스러운 교리를 설파하는 사이비 집단으로 매도될 수도 있다는 것이다. 예를 들어 우리가 살고 있는 이 우주가 성경을 글자 그대로 해석해서 6000년 전에 창조되었다고 주장하는 일부 개신교 교회의 주장에 대해 공감하고 있는 일반인이 얼마나 될지 생각해보면 종교가 과학의 내용을 알아야 하고 과학의 접근 방식을 무시해서는 안된다는 점이 명확해 진다는 것이다. 필자가 이 책을 집필하게 된 동기는 바로 이러한 심각한 걱정을 하고 있는 주변의 많은 신앙인들의 진지한 요청에 대해 필자 본인이 학문적으로 응답하기 위해서이다. "신학은 과학을 만나야 한다!" 주위의 많은 분들께서 이러한 주장을 필자에게 하시면서 둘 간의 만남의 내용과 방식에 대해 다양한 제안을 해 주셨다.

하지만 그분들의 이러한 요청에 응답하기 위해서는 필자의 입장에서 참으로 많은 고민이 필요하였다. 우선 그리스도교 교회의 정통 신학의 범위를 어떻게 설정해야 하는가에 대해 숙고가 필요하였다. 이에 대해 주위의 여러 신학자들의 자문을 받으면서 '적어도 이 책에서 다루는 신학의 범위는 소위 "덴칭거(Denzinger) 문헌"[1]에 나오는 내용 안에서 다루는 것이' 교의의 내용상 안전할 것이라는 판단을 하게 되었다. 그리고 이 문헌에 입각해서 가톨릭의 믿을 교리를 정리한 『가톨릭 교회 교리서』[2]를 성경과 함께 주된 텍스트로 활용하기로 했다. 그래서 본서에

1 하인리히 덴칭거, 한국 천주교 주교회의 덴칭거 책임번역위원회 옮김, 『하인리히 덴칭거: 신경, 신앙과 도덕에 관한 규정 · 선언 편람 제44판』, 서울: 한국 천주교 주교회의, 2017. 이 문헌은 지난 2000년간의 가톨릭 교회의 공식 가르침, 즉 초기 교회부터 이어 온 가톨릭 교회의 신앙 고백문, 교황과 공의회, 교황청의 중요한 문헌들을 연대순으로 해제와 함께 엮은 자료집으로서, 초판을 낸 독일의 신학자 하인리히 덴칭거(Heinrich Denzinger, 1819~1883) 신부의 이름을 따서 통칭 "덴칭거 문헌"으로 불린다. 본문에서는 앞으로 DH로 표기할 것이다.

2 교황청 교리서 위원회, 한국 천주교 주교회의 교리교육위원회 옮김, 『가톨릭 교회 교리서』, 서울: 한국 천주교 주교회의, 20112. 이 책은 1992년 교황 요한 바오로 2세가 반포한 「제2차 바티칸 공의회에 따라 마련된 『가톨릭 교회 교리서』의 발행에 관한 교황령」에 따라 교황청 교리서 위원회에서 1997년에 출판한 『가톨

서는 『가톨릭 교회 교리서』의 범위를 벗어나는 그리스도교 교회의 최신 신학은 가급적 다루지 않는 것을 원칙으로 삼았다.[3] 혹시라도 독자 중에서 본서가 다루는 신학의 범위가 현대적이지 못하고 보수적이라는 인상을 받게 된다면 그 이유는 필자의 이러한 개인적 원칙 때문일 것이다. 이 책의 목표는 새로운 신학을 소개하는 것이라기보다는 '기존의 그리스도교 신학을 현대 과학의 관점에서 재해석'하는 것에 있다는 점을 미리 밝히는 바이다.

또 한가지 필자 차원에서 고민해야 했던 점은 현대 과학의 수많은 내용들 중에서 어떤 부분을 선택해서 신학과 접목시켜야 할 것인가에 관한 것이었다. 필자가 그동안 공부해 온 물리학만 놓고 보더라도 지난 수백년간 엄청난 양의 학문적 발전이 있었고, 특히 20세기에 들어와서는 상대성 이론과 양자물리학의 출현으로 인해 물리학 내에서도 엄청난 변혁 내지는 혁명적인 관점의 전환이 있어왔다. 이들 전체를 본서에서 다룬다는 것은 필자의 능력상 현실적으로 불가능한 일이기 때문에, 현대 과학의 어떤 내용들을 선택해서 신학과 접목시키는 작업을 할 것인지를 미리 정해야만 했다. 그래서 필자는 이 책 안에서 세 가지의 중심적인 현대 과학적 내용을 다루면서 이를 신학과 접목시켜 보기로 결정했다. 그 세 가지는 다음과 같다:

1. 양자물리학

2. 빅뱅 우주론

릭 교회 교리서』 라틴어 표준판(*Catechismus Catholicae Ecclesiae*)의 한국어 번역판이다. 본문의 1장부터는 CCC라고 표기할 것이다.

3 필자가 가톨릭 교회에 속한 성직자인 관계로 개신교 신학의 저서들 보다는 주로 '덴칭거 문헌'과 『가톨릭 교회 교리서』를 활용한 점에 대해 독자 여러분들의 양해를 구한다.

3. 네트워크 과학

필자가 보기에 이 세 가지는 현대 과학의 핵심을 이루는 중심적인 내용이라 할 수 있다. 우선, 양자물리학의 핵심 이론은 우주와 자연 전체를 (미시세계 뿐만 아니라 거시세계까지도) 완벽하게 설명하는 혁명적인 (하지만 이해하고 받아들이기에 대단히 어려운) 물리학 이론이면서, 동시에 몇몇 신학자들에 의해 그리스도론과 삼위일체론의 해석에 이미 활용된 적이 있었다. 필자 역시 양자물리학을 그리스도교의 주요 교의의 해석에 활용해 보고 싶은 욕구가 있었고 실제로 학술 논문들을 통해 필자 나름의 해석을 제시한 적이 있었다. 따라서, 양자물리학이 본서의 첫 번째 부분에서 다룰 '그리스도론과 삼위일체론, 그리고 예수 부활 사건'을 관통하는 핵심적인 과학적 관점으로서 이 교의들의 해석에 충분히 활용될 가치가 있는 이론임을 필자는 2부에서 자세히 보일 것이다.

다음으로 빅뱅 우주론은 아인슈타인의 일반 상대성 이론과 여러 관측 결과들에 기반한 성공적인 우주론으로서 본서가 집필되고 있는 현재까지도 자연과학 전체를 통틀어 가장 왕성하게 연구되고 있는 주제이다. 필자는 이 빅뱅 우주론을 그리스도교의 '창조신학'과 접목시킴으로써 기존의 창조신학이 단지 '하느님께서 천지를 창조하셨다'는 내용 만을 강조하는 것에서 벗어나서, 보다 과학적인 배경 하에서 '하느님께서 천지를 어떠한 방식으로 창조하셨는지'를 제대로 설명해주는 신학으로 자리잡는 데에 일정 부분 도움을 주고자 한다. 참고로 빅뱅 우주론을 창조신학과 접목시킨 3부의 내용은 개신교의 일부 종파에서 강조하는 소위 창조과학과는 내용적으로나 접근 방식에 있어서 전혀 다르다는 점을 미리 밝히고자 한다.

그리고 필자는 1990년대 후반부터 통계물리학을 비롯한 여러 자연

과학과 공학에서 폭발적으로 연구가 진행되고 있는 첨단 주제인 네트워크 과학의 여러 중요한 내용들을 '교회'를 이해하는 데에 활용해 보고자 시도한다. 그리스도교 교회는 (구체적으로 가톨릭 교회이든 개신교 교회이든 간에) 신도들이 모여서 이루어진 일종의 사회 네트워크이다. 따라서 네트워크 과학의 주요 관점들과 분석 방법들을 교회를 이해하는 데에 직접적으로 활용함으로써, 사회 네트워크로서의 교회의 특징을 살펴보는 것이 4부의 내용이 되겠다.

필자는 본서를 통해 '기존의 그리스도교 신학을 현대 과학의 관점에서 재해석'하려고 시도한다. 하지만 단지 그리스도교 신학의 일부 내용과 현대 과학의 일부 내용을 일대일 비교를 통해 상호 간의 유사성을 강조하는 방식만으로는 필자가 원하는 재해석이 되지 못할 가능성이 높다는 것을 필자 역시 인식하고 있다. 진정한 의미에서 '기존의 그리스도교 신학을 현대 과학의 관점에서 재해석'하기 위해서는 수학의 공리에 해당하는 몇 가지 전제가 필요하다는 점을 필자는 이 책을 통해 강조하고자 한다. 바로 이러한 전제가 만남을 위한 토대로서 자리잡고 있을 때에 그 위에서 신학과 과학 간의 대화가 가능할 것이고 신학의 현대 과학적 재해석이 가능할 것이라고 필자는 주장한다. 그래서 이 책의 맨 앞에서는 먼저 '신학이 과학을 만나야 하는 이유와 만남을 위한 토대들'에 관해 1부에서 다룰 것이다. 특히 1부에서 제시되는 세 가지 전제들은 토마스 아퀴나스 이래의 그리스도교의 전통적인 형이상학, 20세기 초에 크게 발전된 '존재 유비' 개념 및 20세기 후반에 과학철학의 중심 주제로서 크게 발전한 인식론인 '비판적 실재론'의 핵심 내용에 해당한다. 이 책의 나머지 부분은 1부에서 제시된 철학적 배경이 실제로 '신학과 과학이 서로 만나는 작업'을 가능하게 해 준다는 점을 보여주는 증거로서의 의미를 구체적으로 보여줄 것이다.

필자는 본서의 내용이 결코 완벽하다고 생각하지 않는다. 오히려 너무 섣불리 세상에 나오는 것은 아닌가 하는 걱정이 앞서고 있다. 하지만 국내에서 이러한 학문적인 작업이 거의 없었던 점을 감안하면 한 편으로는 너무 늦게서야 이러한 작업을 한 측면도 인정하고 있다.

비록 국내에는 이러한 '신학과 과학 간의 만남'의 작업을 시도한 학자가 그다지 없지만, 해외에는 이미 여러 명의 학자들이 이러한 작업을 깊이 있게 해왔다.[4] 필자의 이 책은 아직 그들의 학문적 깊이에는 다다르지 못한다는 점을 분명히 인정한다. 하지만 해외 학자들의 이러한 작업들이 보다 형이상학적으로 접근하고 과학과 신학이 만나는 방식 그 자체에 초점을 맞춘 반면, 필자는 현대 과학의 구체적인 내용 및 그에 따른 구체적인 신학적 내용 해석에 보다 강조점을 두었다는 점에 있어서는 분명히 차별성이 있다는 것을 지적하고 싶다. 이 책이 세상에 나온 이후에 생겨나게 될 다양한 반응들에 따라서 필자의 후속 작업은 보다 정교하고 깊이있는 방식으로 진행될 것이라는 점을 이 지면을 빌어 미리 약속드리는 바이다.

본서가 나오게 된 결정적인 계기를 마련해 준 분들 모두에게 깊은 감사를 드리고 싶다. 우선 성서신학의 스승이신 송봉모 신부님과 교의신학을 이해하는 데에 있어서 큰 가르침을 주신 최현순 교수님께 이 자

4 예를 들어, "과학적 신학"(scientific theology)의 기치를 내걸면서 다음과 같은 3부작을 발표한 알리스터 맥그라스(Alister E. McGrath; 1953~)의 연구는 '신학과 과학의 만남'의 작업에 많은 자극을 주고 있다. 실제로 본서의 2장은 이 책들로부터 많은 도움을 받았다. Alister E. McGrath, *A Scientific Theology: Volume 1 Nature, Volume 2 Reality, Volume 3 Theory,* Grand Rapids: William B. Eerdmans Publishing Company, 2001~2003. 이 3부작을 요약한 다음의 책도 참고할 것: *The Science of God: An Introduction to Scientific Theology*, London: T&T Clark International, 2004.

리를 빌어 특별한 감사를 표현하고 싶다. 아울러 2016년 초부터 현재까지 지속적으로 만남을 이어오면서 '신학과 과학 간의 만남'에 대해 지속적으로 지적인 자극을 주신 "종과연"(종교와 과학 연구모임)의 백운철 신부님을 비롯한 모든 회원 여러분들의 가르침 및 그분들과의 깊이 있는 토론 덕분에 본서가 집필될 수 있었음을 고백한다. 서강대학교에서 함께 일하는 동료 교수 여러분들의 토론과 지적 자극 역시 큰 도움이 되었음을 고백하며 감사를 드린다. 또한 부족한 필자와 함께 살면서 끊임없이 필자의 작업을 격려해주신 예수회 한국관구의 모든 형제 여러분께 깊은 감사를 드린다. 마지막으로 아들보다 더욱 수도자답게 살고 계시면서 든든한 버팀목이 되어주신 부모님께 이 책을 바친다.

"신학은 과학을 만나야 한다!" 많은 분들의 이러한 말씀에 대한 응답을 이제 세상에 내놓는다. "나의 주님, 나의 하느님"(요한 20,28)께서 필자의 이 응답에 대해 마음에 들어하시길 바라며 이제 이 책의 구체적인 내용을 시작해 보겠다.

2020년 가을, 연구실에서

김도현

목 차

책머리에 V

들어가며

제1부 신학이 과학을 만나야 하는 이유와 만남을 위한 토대들 1

제1장 신학이 과학을 만나야 하는 이유 **2**

제2장 신학과 과학 간의 만남을 위한 토대들 **10**

제2부 그리스도론과 삼위일체론 및 예수 부활 사건, 양자물리학을 만나다 17

제3장 양자물리학에 관한 간략한 소개 **24**

1. 파동-입자 이중성 및 상보성_25
2. 중첩과 관측 문제_29
3. 양자 얽힘_34
4. 양자 터널링_39

제4장 그리스도론의 양자물리학적 해석 44
1. 그리스도론과 상보성_44
2. 그리스도론과 관측 문제_50
3. 4장의 결론_57

제5장 삼위일체론의 양자물리학적 해석 58
1. 얽힌 삼위일체론: 세 학자들의 견해들_58
2. 양자 삼위일체론_65
3. 5장의 결론_83

제6장 예수 부활 사건의 양자물리학적 해석 87
1. 예수 부활 사건에 관한 간략한 요약_87
2. 예수 부활 사건과 양자 터널링_104
3. 육신의 부활과 양자 터널링_108
4. 2부 전체의 결론: '양자적 존재'인 예수 그리스도_110

제3부 창조신학, 빅뱅 우주론을 만나다 113

제7장 빅뱅 우주론에 관한 간략한 소개 121

제8장 시간의 창조와 빅뱅 127
1. "시간의 화살"_128
2. "시간의 화살"의 물리학적 검증_139
3. 8장의 결론_145

제9장 물질의 창조와 빅뱅 146
1. 4가지 보존 법칙들_146
2. 보존 법칙의 의미_148
3. 9장의 결론_150

제10장 영혼의 창조와 빅뱅 **153**

1. 인간 영혼이 시간의 화살의 방향에 따라 지속적으로 창조되는 경우_154
2. 인간 영혼이 시간의 화살과는 무관하게 이미 영원으로부터 창조되어 있는 경우_157
3. 10장의 결론_160

제4부 교회론, 네트워크 과학을 만나다 163

제11장 '축적하는 인간' **171**

1. 복잡계 네트워크_171
2. 복잡계 네트워크를 분석하기 위한 몇 가지 개념들_174

제12장 공동체 네트워크로서의 교회 **190**

1. '계시'를 위탁받은 자로서의 교회_193
2. 계시를 위탁받은 '공동체'로서의 교회_198
3. '공동체 네트워크'로서의 교회_201
4. '공동체 네트워크'로서의 교회와 성경_208
5. 12장의 결론_212

제13장 교회 내 통치 구조의 네트워크적 분석 **215**

1. 네트워크의 연결 구조와 가중치를 통한 네트워크 전체의 특성 분석_216
2. 우리가 고려할 교회 네트워크들_221
3. 13장의 결론_239

나가면서 **241**

참고문헌_244

찾아보기_259

제1부

신학이 과학을 만나야 하는 이유와 만남을 위한 토대들

제1장
신학이 과학을 만나야 하는 이유

세상에 존재하는 수많은 종류의 학문들 중에서 이성적인 추론과 보편적이고 논리적인 근거를 통해 세상과 자연의 이치를 따지고 탐구하는 학문을 우리는 특별히 과학(science)이라고 부른다. 특히 자연을 그 대상으로 탐구하는 자연과학(natural science)은 오늘날 우리의 삶과 사상에 결정적인 영향을 미치고 있다.

태초에 자연과학(좀 더 정확하게 말하면 자연철학(natural philosophy))은 종교와 함께 출발하였다. 어두운 밤 하늘을 바라보던 고대인들은 그 밤하늘을 수놓는 별들의 장엄한 모습을 바라보며 '경외심'(awe)을 느꼈고, 바로 이 공통적 경외심으로부터 종교와 자연과학은 함께 탄생한 것이다. "피조물의 웅장함과 아름다움을 통해 유비적으로 그 창조주를 알게 된다."(지혜 13,5 필자 직역)[5]라는 성경 구절은 바로 이러한 '경외심'의

5 이 구절의 정확한 의미에 대해서는 2장에서 자세히 다루도록 하겠다.

적절한 표현이라 할 수 있다. 종교가 그 큰 '경외심'을 유발하는 세상 만물의 창조주가 누구인지를 묻기 시작하는 동안, 자연과학은 그 큰 '경외심'을 유발하는 피조물과 천체 그 자체를 탐구하기 시작했다.

하지만 유감스럽게도 유럽의 계몽주의(Enlightenment) 시대 이래로 많은 무신론적/반종교적 성향의 과학자들이 출현하면서 동일한 '경외심'으로부터 출발한 종교와 과학은 빠른 속도로 갈라지기 시작하고 동시에 종교는 정치-사회적인 이유로 배척되기 시작한다. 단적인 예로, 계몽주의가 크게 퍼져나가던 프랑스에서는 반종교적인 움직임도 마찬가지로 크게 번져나간다. 그래서 다큐멘터리 '위대한 침묵'으로 한국에도 잘 알려져있는 엄률 봉쇄 수도회인 카르투시오회(Carthusian Order)는 프랑스 대혁명이 발발하였을 때 프랑스에 있던 75개의 수도원 전부가 혁명 정부의 '성직자 공민 헌장'으로 인해 정부에 의해 몰수되었으며, 나폴레옹 시대에는 5개의 수도원을 제외하고는 모든 수도원이 사라지게 된다. 이어서 19세기 중반에는 포르투갈과 스페인, 스위스 등지에서도 모든 카르투시오회 소속 수도원이 해산되고 재산을 몰수당하게 된다.[6]

이렇듯이 계몽주의를 거쳐가는 동안 과학자들이 강조하는 이성적 추론 방식은 눈에 보이지 않고 관찰 불가능한 것들, 특히 신과 천사, 영혼 등의 영적 실체들의 존재 및 종교의 전통적 가르침들에 대해 서서히 의문을 제시해왔다. 그러다보니 과학의 발전과 비례해서 자연스럽게 물질에 우선적인 가치를 두면서 종교가 중요시하는 영적인 실체를

6 "카르투지오회", 『한국가톨릭대사전』 11권, 서울: 한국교회사연구소, 2005, 8385~8386 참조.

전면적으로 무시하거나 거부하는 시대가 되어갔다. 이러한 시대적 흐름에 따라 몇몇 유물론적 자연과학자들은 "하느님은 존재하지 않는다"는 주장을 과감하게 표현하고 있으며 많은 이들이 그들의 주장에 공감을 표시하고 동조하고 있는 것이 현실이다. 그 예로, 오늘날의 대표적인 무신론적 과학자인 영국의 리처드 도킨스(Richard Dawkins; 1941~)는 자신의 저서 『만들어진 신』(*The God Delusion*)에서 "지능이나 교육 수준이 높을수록, 종교적이거나 어떤 신앙을 지닐 가능성이 적다"[7]고 언급하면서 신앙을 갖고 있는 과학자들을 (실명까지 거론하면서) 이해할 수 없는 이상한 사람들로 비하하고 있다.

바로 이러한 현재의 상황 하에서 우리는 다음의 질문과 마주하게 된다: 과연 과학은 이 세상의 모든 사실들, 모든 진리를 정확히 다 설명해 줄 수 있는가? '과학이 이 세상의 모든 것들을 다 설명해 줄 수 있다'는 신념(ideal)을 우리는 '과학(만능)주의'(scientism)라고 부른다.[8] 과학주의에 따르면, 과학은 이 세상의 모든 것들, 심지어 과거에 종교의 영역에 속해있던 것들까지도 다 명확하게, 논리적으로 설명해 줄 수 있으며, 전통적인 신앙/종교는 사실상 허구, 허상, 망상에 불과한 것으로 치부된다. 현재 전세계의 자연과학자들의 대다수가 과학주의자들이며[9]

7 리처드 도킨스, 이한음 옮김, 『만들어진 신』, 서울: 김영사, 2007, 163.

8 Tom Sorell, *Scientism: Philosophy and the Infatuation with Science*, London: Routledge, 1991, 1~23 참조.

9 "전세계의 자연과학자들의 대다수가 과학주의자들"이라는 필자의 이 주장에 대해 혹자는 "지나친 일반화가 아닌가?" 내지는 "'방법론적 자연주의'와 '유물론적 과학주의'를 구분해야 하지 않는가?"하고 반문할지도 모른다. 필자 본인 역시도 이 지적 자체가 옳은 지적이라는 점에 대해서는 전혀 의문을 제기하지 않는다. 하지만 최근의 현실은 대다수의 자연과학자들이 스스로를 '무신론적 과학주의자'라고 실제로 주장하고 있는 상황에 있다. 그 구체적인 예로 다음의 논문을

이들의 과학주의적 영향력을 결코 무시할 수 없는 것이 바로 우리가 살고 있는 현재의 상황인 것이다. 현재 한국의 경우 주요 종교들에 젊은 이들이 모이지 않는 공통적인 현상이 발견되고 있는데, 이 현상의 기저에는 바로 과학주의가 팽배한 사회적 분위기가 예상보다 훨씬 강력한 영향을 끼치고 있다는 점을 결코 간과해서는 안될 것이다.

그래서 교황 요한 바오로 2세는 2000년 5월 25일에 발표한 '과학자들의 대희년 연설'에서 바로 이러한 오늘날의 현실에 대해 깊은 우려를 표현하고 있다:

> 지난 세기에 놀라운 발견을 한 과학은 지배적 위치를 차지하였고 때로는 진리의 유일한 기준이며 행복에 이르는 길로 여겨졌습니다. 과학적 요소들에만 의존하는 성찰은 우리를 회의와 의심의 문화에 익숙하게 만들었고, 또한 하느님의 존재를 생각하거나 인간을 그 기원과 종말의 신비 속에서 보려고 하지 않았습니다. 그러한 관점을 과학 자체를 의심하는 것으로 생각한 것입니다. 때로는 하느님을 과학적 지식에 맞설 수 없는 단순한 마음의 산물로 보기도 하였습니다. 이러한 태도 때문에 과학은 인간에게서 뿐만 아니라 과학이 인간에게 베풀어야 할 봉사에서도 멀어졌습니다.[10]

바로 이러한 현실에서 신학과 과학 간에 대화가 필요하고 관계를 회복해야 할 필요성에 대해 많은 이들이 공감하고 있는 상황에 있다. 따라서 본서에서는 신학과 과학 간의 대화의 가능성에 대한 하나의 응답으로서, 여러 과학적 개념들을 적절히 활용하여 몇 가지 중요한 신학

참조할 것: E.J. Larson and L. Witham, "Leading scientists still reject God", *Nature* 394(1998), 313.

10 교황 요한 바오로 2세, 「과학자들의 대희년 연설」(2000년 5월 25일), 1항.

적 주제들을 설명해 보고자 시도한다. 바로 이러한 시도를 통해 무신론적 과학주의가 팽배하고 있는 이 시대에도, 하느님과 세상 그리고 교회의 본성에 관한 이해가 과학에서 통용되는 개념과 언어로 재해석됨을 통해 여전히 우리에게 의미를 줄 수 있다는 점을 강조해 보고자 한다.

여기서 필자는 이 책을 통하여 그리스도론과 삼위일체론을 포함한 여러 심오하고도 신비로운 신학적 주제들을 모두 포괄하려고 시도하는 것은 아니라는 점을 분명히 하고자 한다. 그러한 시도는 필자의 능력 밖에 있음을 겸허히 인정해야 할 것이다. 다만 이 신학적 주제들의 주요 특징들을 현 시대의 가장 위대한 자연과학적 업적으로 여겨지고 있는 양자물리학, 빅뱅 우주론 및 네트워크 과학 등의 개념과 언어를 통해 '유비적으로' 설명하는 데에 이 책의 목적이 있다. 그렇다면 다음과 같은 질문이 자연스럽게 올라올 것이다: 왜 신학의 주제들을 신학 고유의 전통적인 방식이 아니라 굳이 양자물리학 등의 과학적인 언어와 개념을 통해 설명하고자 시도하는가?

우선, 신학의 주제를 현대 과학의 주제를 통해 유비적으로 설명한다는 것이 어떤 이들에게는 잘 이해가 되지 않고 심지어 무가치하게 여겨질 수도 있겠지만, 사실 신학이나 다른 인문학에서 사용되는 여러 용어들을 자세히 살펴보면 거의가 일상 생활 안에서 오감을 통한 과학적 경험들을 통해 생겨난 여러 개념들에 기반을 두고 있는 것임을 우리는 알 수 있다. 단적으로 "지복직관"(*Visio Dei*)이라는 신학적 개념만 보더라도 이 개념은 "본다"는 시각적 경험과 관찰로부터 나온 것이다.[11] 일

11 지금은 우리가 거울을 통해서 어렴풋이 보고 있지만 그 때가 되면 얼굴과 얼굴을 마주 대할 것입니다. 지금은 내가 인식한다 해도 단편적이지만 그 때가 되면, 내가 이미 하느님에게 온전히 알려진 것처럼, 나도 온전히 인식하게 될 것입니

반인들이 '부활'이라는 개념에 대해 그토록 이해하기 어려워하는 이유도 어떤 생명체의 부활 현상을 그들이 직접적으로 관찰 혹은 체험 – 즉, 부활한 생명체를 보거나 목소리를 듣거나 직접 만져본 체험 – 해본 적이 단 한 번도 없었기 때문이다. 이렇듯이 신학에서 활용되는 개념들과 용어들은 사실상 여러 물질적 현상들을 과학적으로 체험함을 통해 얻어진 것이다. 따라서, 신학의 주제를 현대 과학의 주제를 통해 유비적으로 설명하는 것은 추상적이고 심지어 사변적인 신학적 개념들을 우리의 사고 체계 안에서 보다 명료화, 구체화하는 데에 일정 부분 도움이 될 수 있다.

신학의 여러 주제들을 현대과학을 통해 설명하고자 하는 또 다른 이유는 요셉 라칭거(교황 베네딕도 16세; Joseph A. Ratzinger; 1927~)가 1960년대에 이미 언급한 내용을 인용하는 것으로서 충분히 설득력있게 주어질 수 있을 것이다:

> 오늘의 물리학자는 우리가 주어진 현실들, 예컨대 빛이나 물질의 구조 그 자체를 단 한 가지 형태의 실험만 가지고는 파악할 수 없으며 따라서 단 한 가지 형태의 발언만으로는 총괄할 수 없고 오히려 서로 환원할 수 없는 국면들을 여러 면에서 그때그때 하나씩만 보게 된다는 것을 점점 더 의식하고 있다... 이렇게 물리학 분야에서는 우리 시야가 제한된 데에서 오는 결과인 것이 정신세계와 신에게는 더할 나위 없이 해당된다. 삼위일체의 경우에도 우리로서는 역시 한 번에 한쪽에서밖에는 볼 수가 없고, 다른 국면과 상반되는 듯하면서도 같이 합치면 전체를 가리키는 일면을 파악할 수 있게 된다. [……] 현대물리학의 사고방식이 아리스토텔레스의 철학

다. (1코린 13,12)

보다 우리의 경우 어쩌면 더 큰 도움이 될지도 모른다.[12]

따라서 이 책은 오늘날 과학 문명의 시대적 맥락에서 현대과학의 여러 개념과 언어를 활용하여 신학의 여러 주제들을 현대적으로 이해하고자 시도하는 데에 그 의의를 두려 한다.

일찍이 이언 바버(Ian G. Barbour; 1923~2013)는 과학과 종교 간의 관계를 4가지 모델로서 제시한 바가 있다. 그가 제시한 4가지 관점들은 다음과 같다[13]: 1. 갈등(conflict): 과학과 종교 간의 관계를 갈등/분쟁의 관점에서 바라보는 관점으로서 유물론적 과학주의나 성서문자주의의 지지자들이 주로 여기에 속한다. 2. 독립(independence): 과학과 종교 간의 갈등을 피하기 위해 두 분야를 철저히 분리시켜 따로 고려하려는 관점으로서 양측의 내용과 언어를 잘 모르는 일반인들과 신앙인들이 주로 이 관점을 따르고 있는 편이다. 3. 대화(dialogue): 과학과 종교 간의 건설적인 대화를 지지하는 입장으로서 과학과 종교 간의 방법론 및 개념적 유사성을 특별히 강조하려 시도하는 여러 학자들이 이 모델의 지지자들로 알려져 있다. 4. 통합(integration): 종교, 특히 그리스도교 신학의 주요 교의들을 과학을 통해 재확인하거나 이를 과학과 하나의 이론으로 통합하려는 입장으로서 자연신학(natural theology), 자연의 신학(theology of nature) 및 과정신학(process theology)의 연구자들이 이에 속한다.

---

12 요셉 라칭거, 장익 옮김, 『그리스도 신앙 어제와 오늘』, 왜관: 분도출판사, 2007, 175~176.

13 Ian G. Barbour, *Religion in an Age of Science*, New York: HarperSanFrancisco, 1990; *When Science Meets Religion: Enemies, Strangers, or Partners?*, New York: HarperSanFrancisco, 2000.

이언 바버는 이 4개의 모델들 중에서 '대화 모델'을 적극적으로 지지하는 입장이다. 필자 역시도 이 '대화 모델'을 적극 지지한다. 따라서, 필자가 보기에 과학과 종교는 서로 대화해 나가야 할 대상, 서로를 필요로 하고 서로 보완해 나가야 할 대상이지, 서로 갈등을 일으키면서 어느 한쪽을 일방적으로 평가절하하는 대상으로 보아서는 안 된다고 본다. 과학과 종교, 이성과 신앙은 "인간 정신이 진리를 바라보려고 날아오르는 두 날개"[14]가 되어야 할 것이라고 필자는 믿는다. 아울러 그렇게 될 수 있도록 도움을 주기 위해서 필자는 이 책을 집필한 것이다.

그렇다면 서로가 서로를 필요로 하는 과학과 종교 간의 대화는 구체적으로 어떤 방식으로 진행되어야 옳을까? 이에 관해 여러 다양한 관점과 의견이 있을 수 있겠지만, 필자는 다음에 제시할 세 가지 전제들 및 네 가지 사실들을 받아들임으로써 신학과 과학 간의 만남을 통해 과학과 종교 간의 대화가 현실적으로 가능하게 될 것이라고 감히 제안하는 바이다.

---

14 교황 요한 바오로 2세, 회칙 『신앙과 이성』(*Fides et Ratio*) (1998년 9월 14일), 머리말.

제2장

신학과 과학 간의 만남을 위한 토대들

이제부터 우리는 신학과 과학 간의 만남을 통해 과학과 종교 간의 대화를 구체적으로 시도하기 위해 다음과 같은 세 가지 전제를 우선적으로 받아들이고자 한다:

첫째, 창조주인 하느님에 대한 인간의 직접적인 인식은 불가능하다.[15]

둘째, 하느님의 속성은 피조물들의 속성을 통해 일부나마 유비적으로 파악될 수 있다.[16]

---

15 토마스 아퀴나스는 창조된 지성이 자신의 타고난 능력 및 자연 이성을 통해 하느님의 본질을 보거나 삼위일체에 관한 지식을 얻는 것은 불가능하다고 단언한다. 토마스 아퀴나스, 『신학대전』 I. Q.12, A.4; I. Q.12, A.12; I. Q.32, A.1 참조.

16 어떤 개념이 유비적(*analogus*)이라는 것은, 그 개념이 자신의 의미를 간직하고 있지만 변형되고 전용된 다른 의미로 사용될 때를 말한다. 의미의 통일성은 일의적 개념과 일치하고, 그 사용의 상이성은 다의적 단어와 일치한다. 말하자면 유비적 개념은 다수성 속의 통일성, 상이성 속의 공통성을 의미한다. 그렇다고 유

셋째, 자연 안의 모든 피조물들은 관찰자의 참여를 통해 경험적 세계의 개별적이고 구체적인 실재로서 관찰되고 해석된다.[17]

토마스 아퀴나스(Thomas Aquinas) 이래의 그리스도교의 전통적인 형이상학, 20세기 초에 크게 발전된 '존재 유비'(*analogia entis*) 개념 및 20세기 후반에 과학철학의 중심 주제로서 크게 발전한 인식론(epistemology)인 '비판적 실재론'(critical realism)의 핵심 내용에 입각한 이 세 가지 철학적 전제로부터 다음의 네 가지 사실들이 자연스럽게 도출된다:

1. 위의 첫째 및 둘째 전제로부터 '자연/피조물을 통한 계시(revelation)'라는 개념이 자연스럽게 받아들여질 수 있다. 인간은 하느님에 대한 직접적인 인식, 통찰, 깨달음을 갖지 못한다. 그 대신에 신적 속성은 자연/피조물의 여러 속성들과 다른 여러 방식들 – 신비가들

비적 개념이 일의적 개념과 다의적 단어 사이의 어느 중간점을 인위적으로 택하는 입장은 아니다. 또한 불분명한 언어습관과 모호하게 타협하는 입장도 아니다. 오히려 유비적 개념은 모든 개념적 사유와 말 안에 그 가능성의 조건으로 선행하는 근원적 통일성을 표현한다. 그리스도교 신학과 자연과학 사이의 유사점을 확인하는 데 있어서의 유비의 중요성 및 유비를 논할 때 겪는 구체적인 어려움에 대해서는 다음의 책에 잘 설명되어 있다: McGrath, *A Scientific Theology: Volume 3 Theory*, 77~132; *The Science of God*, 194~207.

17 이것은 1990년대 이후 (특히 과학과 종교 간의 대화와 관련해서) 크게 설득력을 얻어가고 있는 '비판적 실재론'(critical realism)의 관점이다. 비판적 실재론은 '실재'(real) 세계와 '관찰 가능한'(observable) 세계를 구분하는 철학의 한 분야로서, 이에 따르면 '실재'는 관찰할 수 없으며 인간의 인식, 이론 및 구성과 독립적으로 존재하지만 우리가 알고 이해하는 세계는 '관찰 가능한' 것을 통해 우리의 관점과 경험으로 구성된다는 주의이다. 따라서 비판적 실재론의 관점은 '관찰자의 관찰 과정에의 참여와 개입'에 큰 가치를 부여하는 인식론으로서 본서의 논의와 정확히 부합한다. 비판적 실재론에 관한 보다 자세한 내용은 다음을 참조할 것: McGrath, *A Scientific Theology: Volume 2 Reality*, 121~244; *The Science of God*, 125~152; John Polkinghorne, *Belief in God in an Age of Science*, New Haven: Yale University Press, 1998, 101~124.

의 신비 체험 등 – 을 통한 간접적인 계시로서 인간에게 주어지는 것이다.[18] 따라서 이 신적 계시는 필연적으로 인간과 자연을 기술하는 언어들을 통해 유비적으로 표현되어지며 그 이외의 다른 더 나은 방식은 현실적으로 존재하지 않는다.

2. 둘째 전제가 말하듯이, 하느님의 속성은 피조물들의 속성을 통해 유비적으로 파악될 수 있다. 그런데 이 세상의 모든 피조물들의 속성 중에서 '과학적 속성', 즉 물리적/화학적/생물학적 속성은 근본적으로 각각의 개별 과학의 내용에 입각해있다. 세상에 존재하는 어떠한 피조물들도 – 그것이 화학물질이든 세포이든 아니면 로봇을 구성하는 금속이든 머나먼 우주 저편에 있는 초신성(supernova)의 폭발 잔해이든 – 필연적으로 물리학의 법칙과 원리에 의해 설명되어지며, 물리학의 원리와 법칙으로부터 벗어나는 물리적 속성은 우리의 자연과 우주 안에서는 결코 존재할 수 없기 때문이다. 따라서 하느님의 속성은 물리학적/화학적/생물학적 속성을 통해 부분적으로나마 유비적으로 파악될 수 있는 것이다. 하느님의 속성이 피조물들의 물리학적/화학적/생물학적 속성과 완전히 동떨어져 있다는 점이 확립된다면 하느님이 이 피조물들을 창조했다는 믿음은 의심을 받을 수밖에 없게 된다. 인간에게 '하느님의 모상'(*imago Dei*)이 있다고 말하는 것은 다르게 표현하면 하느님의 속성이 일부나마 인간의 속성을 통해 유비적으로 파악될 수 있다는 것을 말하는 것이다. '하느님의 모상'이 인간의 속성을 통해 파악될 수 있는 것이라면, 그 '하느님의 모상'은 세상 모든 피조물들의 공통

18 "그분의 보이지 않는 속성, 곧 그분의 영원하신 능력과 신성은 세상이 창조된 이래 그 지으신 것들을 통하여 이성의 눈에는 보입니다." (로마 1,20)

된 속성인 물리학적/화학적/생물학적 속성을 통해서도 어느 정도는 파악될 수 있는 것이어야 할 것이다. 이 책의 주요 목적 중의 하나는 바로 이 점에 입각해서 신학에서 다루는 주요 학문 주제들을 과학적 언어로 유비적으로 설명하려 시도하는 것이다. 만일 이 유비적 설명이 설득력 있게 제시될 수 있다면 이 세상, 이 피조물들을 창조한 하느님이 존재한다는 종교적 신념은 여전히 이 시대에도 유효할 거라고 볼 수 있을 것이다.

따라서, 하느님의 속성은 피조물들의 속성을 통해 일부나마 '유비적으로' 파악될 수 있다고 말할 수 있다. 그런데, 이는 구약성경의 『지혜서』(*Wisdom of Solomon*)에서 이미 말하고 있는 것이다:

"ἐκ γὰρ μεγέθους καὶ καλλονῆς κτισμάτων <u>ἀναλόγως</u> ὁ γενεσιουργὸς αὐτῶν θεωρεῖται"[19] (지혜 13,5)

"피조물의 웅장함과 아름다움을 통해 <u>유비적으로</u> 그 창조주를 알게 된다." (지혜 13,5 필자 직역[20])

"Since through the grandeur and beauty of the creatures we may, <u>by analogy</u>, contemplate their Author."[21] (Wisdom 13:5)

여기서 중요한 점은, "피조물의 웅장함과 아름다움", 즉 자연의 속

---

19 *Novum Testamentum Graece: Nestle-Aland 27th Edition*, Stuttgart: Deuche Bibelgesellschaft, 1993 인용.

20 이 문장을 제외한 본서의 모든 구약성경 구절은 『성경』, 서울: 한국천주교중앙협의회, 2006의 번역을 인용했으며, 신약성경 구절은 200주년 신약성서 번역위원회 옮김, 『(한국 천주교회 창립) 200주년 기념 신약성서』, 왜관: 분도출판사, 1998을 인용했음을 밝힌다.

21 *New Jerusalem Bible*, London: Darton, Longman and Todd, 1985 인용.

성을 통해 하느님의 속성을 '유비적으로'(ἀναλόγως) 파악하기 위해서는 반드시 '존재 유비' 개념이 필요하다는 점이다.[22] 신앙 유비(*analogia fidei*)만으로는 신학과 과학 간의 대화가 현실적으로 불가능하며, 이 경우 신학은 과학과 단절된 채 계시에 입각한 교의에만 매몰될 가능성이 발생할 수 있기 때문이다.[23] 지혜 13,5에서 언급하고 있는 유비가 바로 '존

22 유비라는 개념의 발전에 가장 큰 역할을 한 인물은 토마스 아퀴나스이다. 그에 따르면, 하느님은 창조주로서 모든 피조물의 존재의 원인이기 때문에 모든 피조물 안에는 근본적으로 '하느님과의 유사성'이 존재하게 된다. 따라서 토마스가 보기에, 창조주와 피조물 사이의 관계 때문에 피조물로부터 유비를 통해 하느님을 설명할 수 있게 된다. 그의 이 아이디어는 20세기 초반 에리히 프르지와라(Erich Przywara, S.J.; 1889~1972)에 의해 더욱 발전되었는데, 그는 '창조신학' 안에서 창조주와 피조물 사이의 절대적인 구분에 기초하여 그 둘 간의 관계를 기술하는 존재론적/형이상학적 유비가 - 성경이나 특별한 계시의 유무와는 별개로 - 하느님을 모델화할 수 있는 잠재력이 있다고 주장하며 이러한 유비를 '존재 유비'라고 부른다. 존재 유비에 대한 보다 상세한 내용은 다음을 참고할 것: Erich Przywara, trans. John R. Betz and David Bentley Hart, *Analogia Entis: Metaphysics - Original Structure and Universal Rhythm*, Grand Rapids: William B. Eerdmans Publishing Company, 2014, 37~43; McGrath, *A Scientific Theology: Volume 3 Theory*, 108~113; *The Science of God*, 200~201.

23 아퀴나스와 프르지와라는 신학 언어와 신적 계시의 유비적 근거를 '창조신학'에서 찾는 반면, 카를 바르트(Karl Barth; 1886~1968)는 그러한 유비의 적합한 근거를 계시 사건 그 자체에서 찾아야 한다고 주장하면서 '신앙 유비'를 제안했다. 그에게 있어서 인간의 언어와 하느님의 실재 사이의 모든 유비는 하느님의 자유로운 계시 행위에 의해 만들어지는 것이지 창조 질서에 대한 인간의 성찰에 의해 드러나는 것이 아니기 때문이다. 바르트의 이러한 주장은 그리스도교 신앙이 하느님의 계시보다 자연 사건이나 피조물에 더 초점이 맞추어질 것에 대한 염려 때문으로 보인다. '존재 유비' 개념은 창조주 하느님과 피조물 전체에 적용 가능한 신학적 진술의 방법으로 제시된 것이기 때문에 반드시 성경을 통해 주어진 계시 만을 전제하지는 않는다. 그래서 성경 이외에도 거룩한 전승과 기타 요소들을 중요한 신앙의 유산으로 강조하는 가톨릭 신학은 토마스 아퀴나스 이래로 현재까지도 '존재 유비'를 자연스럽게 받아들이고 있다. 하지만 개신교의 신정통주의 신학자인 바르트는 종교개혁의 중요한 원리인 "오직 성경"(*Sola scriptura*)과 "오직 신앙"(*Sola fide*)에 입각해서 유비를 개신교적 관점에 따라 해석하려 시도했다. 그래서 그에게 있어 유비는 철저히 성경 말씀을 통해 주어진 하느님의 계시와 그에 대한 신앙 만을 전제로 하는 '신앙 유비'여야만 하며, 계시 바깥에서는 참된 신학적 진술 자체가 성립할 수 없기 때문에 유비에 대해서도 말할 수 없어야만 한다. 하지만 '존재 유비'를 단순히 인간의 이성적 능력 만으로 하느님을

재 유비'라는 점은, 신학과 과학 간의 대화에 있어서 존재 유비의 필요성을 이미 성경이 명백히 밝히고 있다는 적절한 예가 될 것이다.

3. 셋째 전제가 말하듯이, 자연 안의 모든 피조물들은 관찰자의 참여를 통해 경험적 세계의 개별적이고 구체적인 실재로서 관찰되고 해석된다. 인간은 역사적으로 주위의 모든 개별적이고 구체적인 피조물들의 속성을 '관찰자에 의한 관찰, 측정, 관측'[24]이라는 방법을 동원해서 이해해왔다. 그런데 바로 이 관찰, 측정, 관측은 과학의 가장 중요한 속성인 것이다. 그리고 신학의 탐구 대상인 하나님에 대한 탐구 역시도 일정 부분 '관찰자에 의한 관찰, 측정, 관측'을 통해서 이루어진 것이다. 아브라함, 야곱, 모세, 다윗 등이 경험한 하나님 체험은 사실 관찰자인 아브라함, 야곱, 모세, 다윗 등에 의해 이루어진 면밀한 관찰, 측정, 관측에 의한 것이었다고 볼 수 있다. '관찰자에 의한 관찰, 측정, 관측'이라는 속성은 과학과 신학 두 분야에 있어서 공통적인 것이라 할 수 있다. 아울러 이 속성은, 이론 핵물리학자이자 성공회 사제로서 과학과 종교 간의 대화의 권위자로 인정받고 있는 존 폴킹혼(John Polkinghorne; 1930~)이 강조하듯이, 바로 "상향식"(bottom-up) 접근법 – 관찰에 기반을 둔 대다수의 자연과학자들에게 자연스럽게 어필할 수 있는 접근법 – 에 상응하는 것이다.[25]

찾고 그분을 온전히 이해할 수 있다는 주장으로 단순하게 이해하는 것은 오해의 소지가 있다. 창조 질서가 하나님을 모델화할 수 있다는 생각은 자연적인 통찰이라기 보다는 오히려 계시된 통찰로 볼 수 있기 때문이다. 다음의 책을 참고할 것: McGrath, *A Scientific Theology: Volume 3 Theory*, 113~119; *The Science of God*, 202~203.

24 본서에서는 논의의 애매함을 피하기 위해 우리말의 관찰, 측정, 관측 및 영어의 observation, measurement를 모두 '동일한' 개념으로 받아들이고자 한다.

25 John Polkinghorne, *The Faith of a Physicist: Reflections of a Bottom-Up Thinker*,

4. 이제 둘째 전제와 셋째 전제를 합치게 되면 하느님의 속성 역시도 부분적으로나마 유비적으로 '관찰자에 의한 관측'을 통해 해석될 수 있는 것이 된다. 그리고 이러한 해석 가능한 속성 중에는 과학적인 속성이 포함될 것이다. 과학적 속성은 모든 피조물들에게 공통적으로 보편적인 속성이므로, 이 속성은 곧 하느님에 관해서도 일부나마 적용 가능한 속성이 될 것이다.

지금까지 살펴본 세 가지 전제들 및 이로부터 도출되는 네 가지 사실들이 바로 '신학과 과학 간의 만남을 위한 토대들'이 될 것이다. 본서는 바로 이 토대들을 기반으로 해서 여러 신학적 주제들에 관한 논의들을 이제부터 전개해 나갈 것이다.

Minneapolis: Fortress, 1996 참조.

제2부
그리스도론과 삼위일체론 및 예수 부활 사건, 양자물리학을 만나다[26]

이제 우리는 양자물리학의 몇 가지 중요한 개념들을 통해 그리스도론과 삼위일체론 및 예수 부활 사건을 설명해 보려 시도한다. 이를 위해 2장에서 살펴본 세 가지 전제들 및 이로부터 도출되는 네 가지 사실들을 다시 한번 언급해 보고자 한다.

첫째, 창조주인 하느님에 대한 인간의 직접적인 인식은 불가능하다.

둘째, 하느님의 속성은 피조물들의 속성을 통해 일부나마 유비적으로 파악될 수 있다.

셋째, '비판적 실재론'의 관점에 따라, 자연 안의 모든 피조물들은 관찰자의 참여를 통해 경험적 세계의 개별적이고 구체적인 실재로서 관찰되고 해석된다.

---

26 2부의 내용 중의 일부는 필자가 이전에 발표한 두 편의 논문의 내용을 수정 및 보완한 것이다: 김도현, 「과학과 종교 간 대화의 한 가지 예: 양자물리학과 그리스도론」, 『신학과 철학』 31(2017), 45~74; 「양자 삼위일체론: 삼위일체를 이해하려는 하나의 시도」, 『신학과 철학』 32(2018), 5~42.

이 세 가지 전제로부터 다음의 내용들이 자연스럽게 도출된다:

1. 위의 첫째 및 둘째 전제로부터 '자연/피조물을 통한 계시'라는 개념이 자연스럽게 받아들여질 수 있다. 인간은 하느님에 대한 직접적인 인식, 통찰, 깨달음을 갖지 못한다. 그 대신에 신적 속성은 자연/피조물의 여러 속성들과 다른 여러 방식들을 통한 간접적인 계시로서 인간에게 주어지는 것이다. 따라서 이 신적 계시는 필연적으로 인간과 자연을 기술하는 언어들을 통해 유비적으로 표현되어지며 그 이외의 다른 더 나은 방식은 현실적으로 존재하지 않는다.

2. 둘째 전제가 말하듯이, 하느님의 속성은 피조물들의 속성을 통해 유비적으로 파악될 수 있다. 그런데 이 세상의 모든 피조물들의 속성 중에서 '물리적 속성'은 근본적으로 '양자물리학'에 입각해있다. 세상에 존재하는 어떠한 피조물들도 필연적으로 양자물리학의 법칙과 원리에 의해 설명되며, 고전물리학적 거시세계 뿐만 아니라 미시세계 전체까지도 온전히 포괄하는[27] 이 양자물리학의 원리와 법칙으로부터 벗어나는 물리적 속성은 우리의 자연과 우주 안에서는 결코 존재할 수 없기 때문이다. 따라서 하느님의 속성은 양자물리학적 속성을 통해 부분적

27 일반 대중들에게는 양자물리학이 마치 원자 규모(atomic size) 이하의 미시세계만을 설명하는 물리학 분야로 여겨지는 경향이 있다. 하지만 양자물리학의 모든 원리와 법칙들은 기존의 고전물리학의 원리와 법칙을 미시세계에까지 확장한 것으로서, 거시세계와 미시세계 전체를 포괄하는 가장 보편적인 원리와 법칙이다. 닐스 보어(Niels Bohr; 1885~1962)는 양자물리학의 이러한 포괄성에 대해 '대응 원리'(correspondence principle)라는 명칭을 부여하였다. 다음을 참조할 것: D. Greenberger, K. Hentschel and F. Weinert eds., *Compendium of Quantum Physics: Concepts, Experiments, History and Philosophy*, Berlin: Springer-Verlag, 2009, 125~131; N. Bohr, J.R. Nielsen ed., *Niels Bohr Collected Works, Vol. 3: The Correspondence Principle (1918-1923)*, Amsterdam: North-Holland Publishing, 1976.

으로나마 유비적으로 파악될 수 있는 것이다.

3. 셋째 전제가 말하듯이, 자연 안의 모든 피조물들은 관찰자의 참여를 통해 경험적 세계의 개별적이고 구체적인 실재로서 관찰되고 해석된다. 인간은 역사적으로 주위의 모든 개별적이고 구체적인 피조물들의 속성을 '관찰자에 의한 관찰/관측/측정'이라는 방법을 동원해서 이해해왔다. 거시세계와 미시세계를 포괄하는 가장 보편적인 자연과학적 원리와 법칙인 양자물리학의 원리와 법칙은 '관찰자에 의한 관측'의 중요성이 가장 강조되는 과학적 원리와 법칙이다. "미시세계에서는 한 물체의 위치와 운동량을 동시에 정확하게 측정하는 것이 불가능하다"는 하이젠베르크(Werner Heisenberg; 1901~1976)의 불확정성 원리(uncertainty principle)[28]가 바로 양자물리학의 이러한 속성의 대표적인 예이다.

4. 이제 둘째 전제와 셋째 전제를 합치게 되면 하나님의 속성 역시도 부분적으로나마 유비적으로 '관찰자에 의한 관측'을 통해 해석될 수 있는 것이 된다. 그리고 이러한 해석 가능한 속성 중에는 양자물리학적인 속성이 포함될 것이다. 양자물리학적 속성은 모든 피조물들에게 공통적으로 거시세계와 미시세계를 아우르는 가장 보편적인 속성이므로, 이 속성은 곧 하나님에 관해서도 일부나마 적용 가능한 속성이 될 것이다.

그렇다면 하나님의 속성이 이렇게 '관찰자에 의한 관측'을 통해 –

28 Greenberger, Hentschel, and Weinert eds., *Compendium of Quantum Physics*, 281~283 참조; 불확정성 원리를 처음으로 소개한 하이젠베르크의 논문은 다음과 같다: W. Heisenberg, "Über den anschaulichen Inhalt der quantentheoretischen Kinematik und Mechanik", *Zeitschrift fur Physik* 43(1927), 172~198.

다르게 표현하면, 경험을 통해 인식론적으로 – 파악된 단적인 예로는 어떤 것이 있는가? 첫 번째 예는 바로 그리스도론(Christology)의 핵심 교의인 '칼케돈 정식'(Chalcedonian Definition), 즉 "하나의 위격과 하나의 히포스타시스 안의 두 본성"(two natures in one Person and one Hypostasis)이라는 개념일 것이다. "하나의 위격과 하나의 히포스타시스 안의 두 본성"이라는 개념은 실은 예수의 제자들과 교부들이 그분을 관찰해온 경험의 축적을 통해 역사적으로 종합, 정리, 추상화해낸 개념인 것이다. 특히 교부시대에 이르러서는 신성(divinity)과 인성(humanity)의 중간 개념 혹은 혼합의 개념을 내세우면서 예수 그리스도를 설명하려는 어떠한 시도도 단호하게 거부해왔다. 칼케돈 공의회에서 확립된 정식은 바로 그러한 일련의 역사적 산물인 것이다.[29]

그리스도교는 역사 안에서 인간에게 주어진 계시의 인간 차원의 '경험' 및 '관찰'에 기반한 종교이다. 구약에서 비롯된 계시는 신약에 이르러 예수 그리스도 안에서 충만하게 완성되었다. 이 계시의 내용은 예수 그리스도가 곧 하느님 자신이라는 것이며, 이는 하느님께서 '위로부터' 당신 자신을 친히 계시하셨음을 의미한다. 하지만 '위로부터' 내려온 그리스도교의 이 계시는 그 계시를 받아들여 관찰하고 경험하며 이를 축적한 이들에 의해 "상향식"으로 종합, 정리되어 교의로 받아들여

29 사실 종교와 과학 간의 대화에서 놓치기 쉬운 것이 종교/신학의 '역사적' 측면이다. 특히 4장에서 중요하게 고려하는 칼케돈 정식 역시도 예수의 제자들과 교부들이 그를 관찰해온 경험의 축적을 통해 '역사적으로' 종합, 정리, 추상화해낸 것임을 무시한 채 양자물리학과의 비교를 통해 그 교의적 의미를 단순하게 되새기는 것은 역사적 예수에 관한 현대의 연구와 상충될 가능성도 생길 수 있음을 간과해서는 안될 것이다. 다만 본서에서는 칼케돈 정식과 같은 교의 자체의 역사적 수용 과정이나 신학적 정당성에 관한 논의는 논지의 흐름상 진행하지 않고자 한다.

지게 된 것이다. 따라서 역사성, 경험성 및 관찰 가능성이야말로 바로 그리스도론에 있어서 핵심적인 구성 요소인 것이다.

그리고 '삼위일체'라는 개념 역시 좋은 예가 될 수 있을 것이다. 라칭거가 강조하듯이, "삼위일체론은 신에 대한 사색, 즉 모든 존재의 근원이 어떠한 것인지 알아내려는 철학적 사변의 시도에서 발생한 것이 아니라 역사적 체험들을 소화하려는 노력에서 생겨난 것이다."[30]

다시 말해서, '삼위일체'라는 개념은 실은 역사 안에서 지속적인 관찰을 통해 드러난 계시의 인식론적인 경험을 인간들이 종합, 정리해낸 개념인 것이다: 사실 그리스도교는 계시, 즉 인간에게 주어진 경험에 기반한 종교이다. 구약에서 비롯된 계시는 예수 그리스도 안에서 충만하게 완성되었다. 이 계시의 내용은 예수 그리스도가 곧 하느님 자신이라는 것이며 이는 하느님께서 당신 자신을 계시하셨음을 의미한다. 따라서 삼위일체론은 구약에서의 유일신론이 예수 그리스도에 관한 계시를 통해 발전된 것이라고 할 수 있다. 그리스도교는 태생적으로 하느님의 역사성을 전제하는 종교이다. 이 역사성, 경험성 및 관찰 가능성이야말로 바로 삼위일체론의 본질적인 요소인 것이다.

예수 부활 사건은 대략 2000년 전 파스카 축일 무렵에 유다 지역에서 있었던 십자가 사건 이후에 제자들이 '관찰'을 통해 경험한 일련의 초자연적 사건들을 통칭해서 일컫는 말이다. 따라서 역사성, 경험성 및 관찰 가능성이야말로 예수 부활 사건을 설명하기 위한 가장 근본적인 요소인 것이다.

따라서 이 글에서는 그리스도교의 여러 교의들 중에서도 가장 중

30 라칭거, 『그리스도 신앙 어제와 오늘』, 165.

요한 교의라 할 수 있는 그리스도론의 칼케돈 정식, 삼위일체론 및 예수 부활 사건을 철저히 경험과 관찰에 입각한 접근을 통해 살펴볼 것이다. 이를 위해 형이상학적 접근 방식 – 예를 들어 토마스 아퀴나스가 그의 책 『신학대전』(*Summa Theologica*)을 통해 제시한 아리스토텔레스적 접근 방식 – 보다는, 라칭거의 관점을 따라서 "역사적 체험들"에 입각한 인식론적 접근을 통해 얻어진 그리스도론과 삼위일체론을 '양자물리학'의 원리 및 개념과 연결 짓는 것에 집중할 것이다. 이러한 시도가 그리스도와 삼위일체, 그리고 예수 부활 사건의 이해에 유용하다는 점을 밝히는 것이 바로 제 2부의 목표가 될 것이다.

제3장
양자물리학에 관한 간략한 소개

1900년 막스 플랑크(Max Planck; 1858~1947)에 의해 태동된[31] 양자물리학은 19세기까지 발전해온 고전물리학과는 여러 가지 면에서 큰 차이를 보여준다. 우선 원자(atom) 내에 존재하는 각각의 전자(electron)가 가지는 에너지 준위(energy level)나 빛을 구성하는 광자(photon)의 에너지 준위가 불연속적(discrete)으로 양자화(quantization) 되어 있다[32]는 것이 가장 중요한 점일 것이다. 이 양자화 현상은 – 양자물리학이라는 이름에서 미루어 짐작할 수 있듯이 – 양자물리학의 가장 중요한 특징이다. 하지만 양자물리학은 에너지 준위의 양자화 뿐만 아니라 이제부터 살펴볼 네 가지 다른 대단히 중요한 특징이 있다: 이 네 가지 특성은 '파

31 M. Planck, "Zur Theorie des Gesetzes der Energieverteilung im Normalspektrum", *Verhandlungen der Deutschen Physikalischen Gesellschaft* 2(1900), 237~245.

32 Max Jammer, *The Conceptual Development of Quantum Mechanics*, New York: McGraw-Hill, 1966, 1~88 참조.

동-입자 이중성 및 상보성', '중첩과 관측 문제', '양자 얽힘', 그리고 '양자 터널링'이다. (이 네 가지 특성을 모두 만족하는 양자물리학의 표준 해석을 소위 '코펜하겐 해석'(Copenhagen interpretation)이라고 부른다.) 이어지는 4-6장에서는 이들에 대한 이해를 바탕으로 그리스도론과 삼위일체론 및 예수 부활 사건에 관한 심오한 개념들을 양자물리학의 개념과 언어로 설명해 나갈 것이다.

1. 파동-입자 이중성 및 상보성

파동-입자 이중성(wave-particle duality)[33]은 미시세계 안의 모든 물리적 대상이 입자와 파동의 성질을 동시에 지니는 성질을 의미한다. 고전물리학에서는 파동과 입자가 매우 다른 성질을 지니지만, 양자물리학에서는 - 뒤에서 자세히 설명하겠지만 - 두 개념을 하나의 '상보적인' 개념으로 통합한다. 역사적으로 파동-입자 이중성은 빛이 과연 입자인지, 아니면 파동인지에 대한 논란으로부터 비롯되었다. 빛이 두 가지 성질을 모두 지닌다는 사실이 실험을 통해 증명되었고, 이후 빛 뿐만이 아니라 다른 모든 물질(전자나 원자, 심지어 분자)도 입자와 파동의

33 Greenberger, Hentschel, and Weinert eds., *Compendium of Quantum Physics*, 830~840; Malcolm S. Longair, *Quantum Concepts in Physics: An Alternative Approach to the Understanding of Quantum Mechanics*, Cambridge: Cambridge University Press, 2013, 172~185; Alastair I.M. Rae, *Quantum Physics: Illusion or Reality?* Cambridge: Cambridge University Press, 2004^2, 1~18, 58~66; G. Greenstein and A.G. Zajonc, *The Quantum Challenge: Modern Research on the Foundations of Quantum Mechanics*, Sudbury: Jones and Bartlett Publishers, 1997, 1~42, 157~179.

성질을 둘 다 지닌다는 사실이 발견되었다.

물리적 대상의 파동–입자 이중성에 대한 논의는 '빛'에 대한 논의로부터 시작되었다: 1704년 아이작 뉴턴(Isaac Newton; 1643~1727)은 그의 저서 『광학』(*Opticks*)에서 빛은 작은 입자(corpuscle)의 흐름이라고 하며 빛의 입자설을 주장했다.[34] 반면 동시대 사람인 크리스티안 하위헌스(Christiaan Huygens; 1629~1695)는 빛의 반사와 굴절 현상을 설명하면서 빛이 파동이라고 주장하였다.[35] 그 후 1801년 영국의 토머스 영(Thomas Young; 1773~1829)의 이중 슬릿 실험(double–slit experiment)[36]을 통해 빛의 파동설이 결정적으로 정설로 굳어지게 되었다. 이 실험 결과인 빛의 간섭(interference) 무늬는 입자설로는 설명할 수 없었기 때문이다. 이후 1818년에 프랑스의 오귀스탱 장 프레넬(Augustin–Jean Fresnel; 1788~1827)이 회절(diffraction)과 관련한 일련의 실험을 통해 파동설을 확립시켰다.[37] 소위 맥스웰 방정식(Maxwell's equations)을 통해 전자기학의 이론적 토대를 완성시킨 영국의 제임스 클러크 맥스웰(James Clerk Maxwell; 1831~1879)은 1865년 자신의 이론을 토대로 계산한 전자기파(electromagnetic wave)의 속력이 빛의 속력과 일치함을 밝혀냈고, 그 결

---

34 I. Newton, B. Cohen ed., *Opticks: Or a Treatise of the Reflections, Refractions, Inflections & Colours of Light-Based on the Fourth Edition London, 1730*, New York: Dover Publications, 2012.

35 C. Huygens, "Treatise on Light", in H. Crew ed., *The Wave Theory of Light: Memoirs by Huygens, Young and Fresnel*, New York: American Book Company, 1900, 1~41.

36 T. Young, "Bakerian Lecture: Experiments and calculations relative to physical optics", *Philosophical Transactions of the Royal Society of London* 94(1804), 1~16.

37 A. Fresnel, "Memoir on the Diffraction of Light", in H. Crew ed., *The Wave Theory of Light: Memoirs by Huygens, Young and Fresnel*, New York: American Book Company, 1900, 79~145.

과를 통해 맥스웰은 빛이 전자기파라는 사실을 이론적으로 예측했다.[38] 그 후 독일의 하인리히 헤르츠(Heinrich Hertz; 1857~1894)가 전자기파의 속력과 빛의 속력이 같다는 점을 실험을 통해 처음 입증했다.[39] 이로써 빛은 파동이라고 완전히 확정된 듯이 보였었다. 하지만 1905년에 알베르트 아인슈타인(Albert Einstein; 1879~1955)이 '빛은 입자(광자)로 구성되어 있다'라는 가설을 통해 광전 효과(photoelectric effect)를 설명한 기념비적인 논문[40]을 발표한 이후, 많은 물리학자들은 실험을 통해 빛이 전자와 충돌할 때 입자의 성격을 보임을 확인했다. 특히 1923년 미국의 아서 콤프턴(Arthur Compton; 1892~1962)은 엑스선(x-ray) 산란 실험을 분석한 후 빛으로만 보였던 엑스선이 입자와 같은 성격을 가진다는 점을 밝혀냄으로 해서 빛의 입자설은 확고한 위치를 차지하게 되었다.[41]

한편 프랑스의 루이 드 브로이(Louis de Broglie; 1892~1987)는 1924년 자신의 물질파(matter wave) 이론을 통해 이전까지 빛에만 국한되어 있던 파동-입자 이중성을 확장시켜서 입자라고 생각해왔던 전자 역시도 이중성을 가지고 있다고 주장하였다.[42] 그 후 1927년 미국의 클린턴 데이비슨(Clinton Davisson; 1881~1958)과 레스터 저머(Lester Germer;

---

38 J.C. Maxwell, "A Dynamical Theory of the Electromagnetic Field", *Philosophical Transactions of the Royal Society of London* 155(1865), 459~512.

39 H.R. Hertz, "Ueber die Ausbreitungsgeschwindigkeit der electrodynamischen Wirkungen", *Annalen der Physik* 270(1888), 551~569.

40 A. Einstein, "Über einen die Erzeugung und Verwandlung des Lichtes betreffenden heuristischen Gesichtspunkt", *Annalen der Physik* 17(1905), 132~148. 아인슈타인은 바로 이 논문으로 인해 1921년 노벨 물리학상을 수상한다.

41 A.H. Compton, "A Quantum Theory of the Scattering of X-Rays by Light Elements", *Physical Review* 21(1923), 483~502.

42 L. de Broglie, "Recherches sur la théorie des quanta", *Annales de Physique* 3(1925), 22~128.

1896~1971)는 니켈 결정에 전자를 쏘아 전자의 회절 무늬를 실험으로 확인함으로써 전자에 파동적인 특성이 있다는 점을 처음으로 보였다.[43] 그리고 1961년에 독일의 클라우스 옌손(Claus Jönsson; 1930~)은 전자의 이중 슬릿 실험을 통해 간섭 무늬를 확인함으로써 전자의 파동성을 확정지었다.[44] 그로부터 30여년이 지난 1999년에 오스트리아의 안톤 차일링거(Anton Zeilinger; 1945~)의 연구 그룹은 C_{60} 분자(풀러렌)을 이용한 이중 슬릿 간섭 실험을 통해 현미경으로 관측이 가능할 정도로 대단히 큰 분자인 C_{60} 분자조차도 간섭 무늬를 보여준다는 점을 실험적으로 명백히 보여주었다.[45]

이러한 실험적 발견으로 인하여 이제 사람들은 파동으로 알려졌던 빛과 입자로 알려졌던 전자, 원자, 분자들 모두 파동의 성질과 입자의 성질, 모두를 가졌다고 이해하고 있다. 이를 우리는 "파동-입자 이중성"이라고 부른다. 이러한 파동-입자 이중성을 설명하기 위해 닐스 보어(Niels Bohr; 1885~1962)가 제안한 개념이 바로 '상보성'(상호 보완성; complementarity) 개념이다.[46] 상보성이라는 말에서 충분히 짐작할 수 있

43 C. Davisson and L.H. Germer, "The Scattering of Electrons by a Single Crystal of Nickel", *Nature* 119(1927), 558~560.

44 C. Jönsson, "Elektroneninterferenzen an mehreren künstlich hergestellten Feinspalten", *Zeitschrift für Physik* 161(1961), 454~474.

45 M. Arndt et al., "Wave-particle duality of C_{60}", *Nature* 401(1999), 680~682.

46 Max Jammer, *The Philosophy of Quantum Mechanics: The Interpretations of QM in Historical Perspective*, New York: John Wiley and Sons, 1974, 85~251 참조; Longair, *Quantum Concepts in Physics*, 363~364 참조. 상보성 개념을 소개한 보어의 대표적인 논문들은 다음과 같다: Niels Bohr, "The Quantum Postulate and the Recent Development of Atomic Theory", *Nature* 121(1928), 580~590; "Can Quantum-Mechanical Description of Physical Reality be Considered Complete?", *Physical Review* 48(1935), 696~702.

듯이, 물리적 대상의 파동성과 입자성이 '상호 보완적'인 측면으로 존재한다는 것이다. 상보성은 하나의 대상이 경우에 따라 입자 혹은 파동으로 보일 수 있지만, 절대로 '시간적으로 동시에(simultaneously) 입자이며 파동일 수는 없음'을 의미한다. 더 나아가서, 대상이 가진 파동성을 더욱 명확하게 하려고 시도하면 할수록 대상의 입자성은 더욱 희미해져 버린다. 보어에 따르면, 물리적 대상에 대한 모든 특성들은 상보적으로 쌍(pair)을 이룬 켤레(conjugate)로서만 존재한다. (예를 들어, 파동-입자, 위치-운동량, 에너지-시간 등 쌍을 이룬 켤레로만 존재한다.) 따라서 이 상보성을 한 입자의 위치와 운동량에 적용하게 되면, 위치를 더욱 정확하게 측정하려 할수록 운동량 값의 정확도가 떨어지게 된다. 이는 바로 하이젠베르크의 불확정성 원리가 말하는 내용을 상보성 개념으로 해석한 것이다.

2. 중첩과 관측 문제

이제 우리의 논의를 위해 중요한 양자물리학의 두 번째 특징을 살펴보겠다: 양자물리학이 지배하는 미시세계에서는 관측자가 행하는 '관측'이 대단히 중요하다.[47] 관측자가 빛이나 전자 등의 물리적 대

47 Greenberger, Hentschel, and Weinert eds., *Compendium of Quantum Physics*, 374~379; J.A. Wheeler and W.H. Zurek eds., *Quantum Theory and Measurement*, Princeton: Princeton University Press, 1983; O. Alter and Y. Yamamoto, *Quantum Measurement of a Single System*, New York: John Wiley & Sons, Inc., 2001; K. Jacobs, *Quantum Measurement Theory and Its Applications*, Cambridge: Cambridge University Press, 2014.

상에 어떠한 관측 행위(위치나 속도 등을 관측하는 행위)를 하기 이전에는 빛이나 전자 등이 가질 수 있는 모든 경우의 상태들이 다 함께 '중첩'(superposition)되어 존재한다.[48] 물리적 대상의 상태는 확률과 관련된 파동함수(wave function) – 수학적으로는 에르빈 슈뢰딩거(Erwin Schrödinger; 1887~1961)가 제시한 슈뢰딩거 (파동) 방정식(Schrödinger's wave equation)[49]의 해로 나타난다 – 로 표현된다. 이 파동함수는 원래는 미분방정식(differential equation)의 해로서 표기가 되나, 수학의 한 분야인 선형대수학(linear algebra)의 개념을 양자물리학에 도입하기 위해 폴 디랙(Paul Dirac; 1902~1984)이 1920년대에 고안한 수학적 표기 방식[50]을 활용하여 표기되기도 한다. 디랙의 방식을 좀 더 자세히 살펴보면, 관찰에 의해 구분 가능한 개개의 상태들은 다음과 같은 수학 기호 "$|a\rangle$"로 표기된다. 여기서 "$|a\rangle$"는 관찰에 의해 구분 가능한 어느 특정한 "a"라는 이름의 개별 상태를 의미한다. 따라서 관측자가 어떤 물리적 대상 "A"에 어떠한 관측 행위를 하기 전에 그 물리적 대상 A가 가지는 상태(수학적으로는 "$|A\rangle$"라고 쓴다)는 가능한 모든 개별 상태들의 중첩된 합이므로, 수학적으로는 $|A\rangle = \sum_a a'|a\rangle$ 으로 표기한다. 여기서 "a'"은 개별

48 Paul A.M. Dirac, *The Principles of Quantum Mechanics*, Oxford: Oxford University Press, 1958^4, 1~22; Andrew Whitaker, *The New Quantum Age: From Bell's Theorem to Quantum Computation and Teleportation*, Oxford: Oxford University Press, 2012, 27~40.

49 슈뢰딩거가 자신의 방정식과 관련해서 1926년에 발표한 4편의 독일어 논문은 다음과 같다: E. Schrödinger, "Quantisierung ales Eigenwertproblem, Teil I bis IV,", *Annalen der Physik* 79(1926), 361~376; 79(1926), 489~527; 80(1926), 437~490; 81(1926), 109~139. 그가 4편의 독일어 논문 발표 이후 영어로 다시 정리한 논문은 다음과 같다: "An Undulatory Theory of the Mechanics of Atoms and Molecules", *Physical Review* 28(1926), 1049~1070.

50 Dirac, *The Principles of Quantum Mechanics*, 1~22 참조.

상태 $|a\rangle$가 측정된 결과를 의미한다. 그리고, "$\sum_a$"는 모든 개별 상태들(즉, 모든 "a"들)의 중첩을 의미한다. 그래서, 예를 들어, 대상이 한 '아기'인 경우 그 아기가 가지는 상태는 다음처럼 기술될 수 있다:

| 아기⟩= "잠을 자는 상태" | 잠을 자는 아기⟩+ "젖을 먹는 상태" | 젖을 먹는 아기⟩+ "우는 상태" | 우는 아기 ⟩+⋯.

하지만 관측을 하는 그 순간 물리적 대상 A의 상태는 특정한 한 가지 상태인 $|a\rangle$로 정해지게 된다. 이를 수학적으로는 $O|a\rangle=a'|a$라고 쓴다. 여기서 "O"는 특정한 관측 행위를 의미한다. 따라서, 이 식의 의미는 물리적 대상 A가 측정되기 전의 상태인 $|A\rangle$를 갖고 있다가, 이 대상 A에 O라는 측정 행위가 가해지면 그 대상 의 상태는 측정 결과 $|a\rangle$ 상태 하나로 결정되며, 그 상태 하나는 a'이라는 측정 결과를 보여준다는 것이다. 예를 들어, (이해를 돕기 위해 일상적인 예를 든다면) 아기가 잠을 자는 모습을 관측하는 경우는 다음처럼 기술될 수 있다:

"잠을 자는 모습을 지켜봄" | 아기 ⟩= "잠을 자는 상태" | 잠을 자는 아기⟩.

그리고, 측정의 결과인 "잠을 자는 상태"를 강조하기 위해 윗 식을 다음처럼 표현하기도 한다:

⟨잠을 자는 아기 | "잠을 자는 모습을 지켜봄" | 아기 ⟩= "잠을 자는 상태".

방금 살펴본 아기의 예는 존재론적인 관점으로는 아기의 엄마가 잠을 자는 모습을 지켜보든 안보든 객관적으로 아기가 잠을 잔다고 말할 수 있다. 하지만 인식론적으로는 아기가 잠을 잔다는 점을 아기 엄마가 관찰할 때에야 비로소 "잠을 자는 상태"에 관한 인식이 이루어진다. 양자물리학을 포함한 자연과학은 관찰에 기반한 일종의 인식론이기 때문에 인식의 전제조건으로서의 관찰은 대단히 중요하다. 이는 우리가 앞서 살펴본 세 가지 전제들 중 세 번째인 '비판적 실재론'의 관점이기도 하다.

따라서 양자물리학의 관점에 따르면, 빛이나 전자 등이 가진 하나의 상태는 객관적인 사실이라기보다는 '관측자와 관측 대상 간의 상호작용의 결과'로서 주어지는 것이다. 예를 들어, 전자의 경우 전자의 상태는 관측 과정을 거치기 전에는 여러 가지 다양한 상태들이 중첩되어 있는 것으로 이해된다. 하지만 관측자가 전자에 대해 전자의 위치나 운동량 등을 측정하는 등의 특정한 관측을 행하게 되면, 그 즉시 전자의 상태는 중첩 상태가 아닌 하나의 상태로 결정된다. 이렇게 관측 행위는 물리적 대상의 단 하나의 상태를 결정짓게 된다. 따라서 양자물리학의 관점에 따르면 관찰 대상의 하나의 상태는 '관측자와 관측 대상 모두를 고려할 때에만' 정확히 알 수 있는 것이다. 이렇듯이 관측에 있어서 관찰자도 함께 고려해야 하는 상황으로 인해 발생되는 '관찰의 주관성 문제'를 양자물리학에서는 '관측 문제'(measurement problem)라는 명칭으로 부른다.[51] 바로 이 관측 문제에 대해서 라칭거는 일찍이 다음과 같이 정리한 적이 있다:

> 물리 실험에 있어 관측자 스스로가 실험에 들어가고 또 그래야

51 Franck Laloë, *Do We Really Understand Quantum Mechanics?*, Cambridge: Cambridge University Press, 2012, 168~194; Jim Baggott, *Beyond Measure: Modern Physics, Philosophy, and the Meaning of Quantum Theory,* Oxford: Oxford University Press, 2003, 75~93; Asher Peres, *Quantum Theory: Concepts and Methods*, New York: Kluwer Academic Publishers, 2002, 373~429.

만 물리학적 경험을 얻을 수 있음을 우리는 오늘 알고 있다. 그것은 순수한 객관성 자체는 물리학에서도 없음을 뜻하며 여기서도 실험의 결과, 즉 자연의 응답이 자연을 묻는 질문에 달렸음을 의미한다. 응답에는 언제나 물음과 묻는 이의 일부가 내재하고 있으며 응답은 있는 그대로의 자연을 그 객관성 안에서만 반영할 뿐 아니라 인간과 우리 고유의 현실을, 인간이라는 주체의 일부를 도로 준다. 단순한 관측자란 없는 것이다. 순수한 객관성이란 없는 것이다.[52]

사실 상보성과 관측 문제는 긴밀히 엮여있다. 즉 의도적인 관측 행위의 유무에 따라서 빛이나 전자는 파동으로도 보이고 입자로도 보인다. [그림 3-1]과 [그림 3-2]에서 잘 설명하듯이, 전자의 경우 의도적으로 입자성을 관측하는 경우(관측자가 빛 광원을 의도적으로 설치해서 전자 하나 하나의 궤도를 살펴볼 수 있도록 하는 경우)에는 입자로서 행동하지만([그림 3-1] 참조), 의도적으로 입자성을 관측하지 않는 경우에는 파동처럼 행동하는 것([그림 3-2] 참조)이 그 대표적인 예이다.[53]

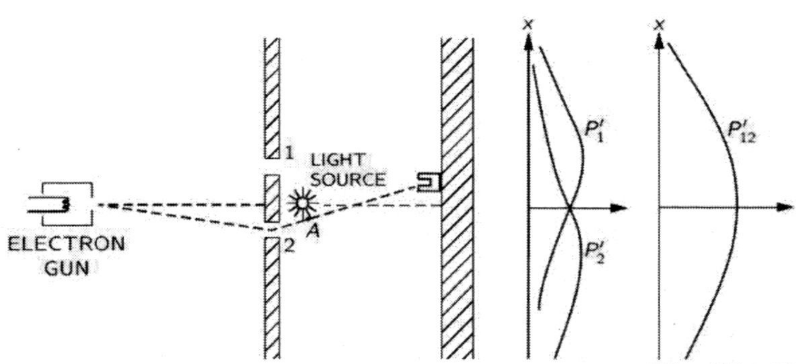

[그림 3-1] 전자의 입자성 실험: 관측자가 의도적으로 빛 광원(light source)을 이중 슬릿(double slit) 뒤에 두어서 전자 하나 하나의 궤도를 살펴볼 수 있게 하는 경우에는 전자는 입자로서 행동한다.

52 라칭거, 『그리스도 신앙 어제와 오늘』, 177.

53 R. Feynman, R.B. Leighton and M. Sands, *The Feynman Lectures on Physics Vol. III*,

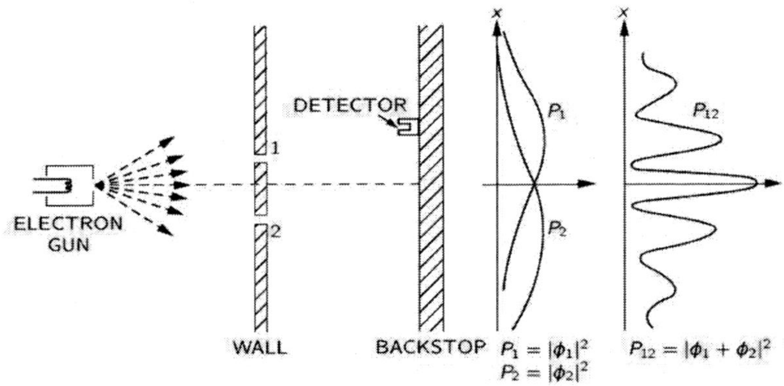

[그림 3-2] 전자의 파동성 실험: 관측자가 빛 광원을 이중 슬릿 뒤에 두지 않아서 전자가 이중 슬릿의 어느 슬릿을 통과할지를 알 수 없게 한 후 동일한 실험을 행하면 전자가 파동처럼 행동해서 이중 슬릿 뒤의 스크린에 파동의 중요한 특징인 간섭 패턴이 발생한다.

3. 양자 얽힘

양자물리학에서 현재까지도 대단히 연구가 활발히 이루어지고 있으며 특히 양자 정보 통신 기술 및 양자 암호 기술의 구현을 위해 가장 중요한 주제인 '양자 얽힘'(quantum entanglement)[54]은 양자물리학의 근

Reading: Addison-Wesley Publishing Co., 1965, Chapter.1, 4~8. 본 장에서 인용한 두 가지 그림(3-1, 3-2)은 다음의 홈페이지에 공개되어있다: http://feynmanlectures.caltech.edu/III_01.html

54 Gregg Jaeger, *Entanglement, Information, and the Interpretation of Quantum Mechanics*, Berlin: Springer, 2009, 1~53; Jürgen Audretsch, *Entangled Systems: New Directions in Quantum Physics*, Weinheim: WILEY-VCH Verlag GmbH & Co. KGaA, 2007, 143~181; Jean-Louis Basdevant and Jean Dalibard, *Quantum Mechanics*, Berlin: Springer-Verlag, 2002, 273~282; Rae, *Quantum Physics*, 19~63; Greenstein and Zajonc, *The Quantum Challenge*, 105~156; 안톤 차일링거, 『아인슈타인의 베일』, 전대호 옮김, 서울: 승산, 2007, 63~168. 양자 얽힘 현상의 역사적 발견과 학문적 흐름에 관해서는 다음의 두 권을 참조할 것: Louisa Gilder, *The Age of Entanglement: When Quantum Physics Was Reborn*, New York: Alfred A. Knopf,

본적인 특성 중의 하나로서, '두 개 이상의 입자가 – 심지어 공간적으로 서로 대단히 멀리 떨어져 있는 경우 조차도 – 서로 독립적으로 상태가 기술될 수 없으며 반드시 전체로서 해석되어야만 하는 양자 상태'를 의미한다. 예를 들어, 빛의 구성 입자인 광자 두 개로 구성된 '광자쌍'(photon pair)을 일정한 양자 상태에 두어 두 입자의 상태가 서로 '얽혀있도록'(entangled) 만든 후 서로 반대 방향으로 방출한다고 하자. (실험적으로는 양자광학이라는 분야에서 이용되는 방식으로 두 광자 간의 얽혀있는 상태를 직접 만들 수 있다.) 양자물리학에 따르면, 광자의 상태를 측정하기 전까지는 두 광자의 상태가 어떠한지를 알 수 없다. 하지만 측정을 하는 바로 그 순간 한 광자의 상태가 결정되는데, 중요한 점은 그 광자와 얽혀 있는 다른 입자의 상태까지도 '동시에'(simultaneously, at the same time) 결정된다는 점이다. 이는 마치 정보가 순식간에, 시간 지체(time delay)가 전혀 없이 '동시에', 한 광자에서 다른 광자로 원거리 이동을 하는 것처럼 보이는 결과를 낳는다.

양자 얽힘은 사실 양자물리학의 표준적인 해석 방법인 '코펜하겐 해석'으로부터 자연스럽게 유도되는 결론 중 하나이지만, 그 비직관적인 특성으로 인해 아인슈타인과 슈뢰딩거("양자 얽힘"이라는 용어를 처음 소개했다)를 비롯한 당시의 여러 물리학자들에게는 받아들여지지 않았다. 특히 아인슈타인과 슈뢰딩거가 보기에 양자 얽힘이 가진 심각한 오류는 바로 이 양자 얽힘 현상이 '국소성(locality)의 원리'를 위배한다는 점이었다. 국소성의 원리는 한 광자의 상태에 관한 정보가 항상 그 광

2008; Amir D. Aczel, *Entanglement: the greatest mystery in physics*, New York: Four Walls Eight Windows, 2001.

자의 주위를 통해서만 매개되고 전달될 수 있다는 원리로서, 만약 양자 얽힘 현상에 의해 그 정보가 먼 거리까지 동시에 전달된다면 주위를 통하지 않고도 정보를 전달할 수 있기 때문에 국소성의 원리와 모순을 일으키게 되는 것이다. 아인슈타인은 양자 얽힘에 의한 이러한 '비국소적 원거리 작용'(non-local action-at-a-distance)을 "유령 같은(spooky)" 원거리 작용이라고 부르며 터무니없는 것으로 여겼고, 이러한 이유로 그는 코펜하겐 해석을 받아들이지 않았다.

그 대신에, 아인슈타인은 포돌스키(Boris Podolsky; 1896~1966), 로젠(Nathan Rosen; 1909~1995)과 함께 양자물리학의 비국소적인 현상에 대한 사고 실험(thought experiment)인 소위 'EPR 역설'(The Einstein-Podolsky-Rosen(EPR) paradox)에 관한 역사적인 논문을 1935년에 발표하였다[55]: 이들은 코펜하겐 해석의 지지자들을 상대로 새로운 사고 실험을 시도한 후, "원거리 작용을 하는 서로 얽힌 두 입자들"이라는 개념을 제시한다. 그러면서 양자물리학에 따르면 이러한 불가능한 입자가 존재할 수밖에 없으니 코펜하겐 해석을 따르는 양자물리학은 불완전하다고 비판한다. 그래서 그들은 결론적으로, "세계는 개별 존재들로 나누어질 수 있고, 이 존재들은 간접적이든 직접적이든 접촉(contact) 없이는 다른 존재에 영향을 미칠 수 없으며, 그 영향은 특수 상대성 이론(special theory of relativity)에 의해 빛의 속도보다 더 빨리 전달될 수 없다"는 '국소적 실재성'(local reality)을 주장하였다. 반면, 코펜하겐 해석을 주도했던 닐스 보어 등은 당시에 "물질과 빛을 이루는 작은 입자들

55 A. Einstein, B. Podolsky, and N. Rosen, "Can Quantum-Mechanical Description of Physical Reality be Considered Complete?", *Physical Review* 47(1935), 777~780. 이 논문은 현재까지 15,000회 이상 인용되어왔다.

이 아무런 수단에 의존하지 않고 빛의 속도보다 더 빠르게 서로 영향을 미친다"는 비국소성 이론을 개진하고 있었다.

그런데 아인슈타인이 제기한 이 'EPR 역설'은 오히려 코펜하겐 해석의 정당성을 입증시켜주는 계기가 되고 말았다. 'EPR 역설'의 발표 이후 데이비 봄(David Bohm; 1917~1992)을 비롯한 몇몇 물리학자들이 등장하였는데, 이들은 "숨은 변수"(hidden variables)라는 개념을 제안하였다[56]: 이 숨은 변수는 기존의 코펜하겐 해석으로는 객관적으로 알 수 없는 양자 상태를 설명해주는 가상의 변수를 의미하는 것으로서, 그들은 이 새로운 변수를 포함시켜 양자물리학적 이론을 재구성하면 기존의 코펜하겐 해석을 뛰어넘는 완전한 이론이 될 수 있을 것이라는 주장을 펼쳤다. 그래서 그들은 양자물리학의 모든 물리 현상을 예측하면서 동시에 국소성 원리도 만족하는 숨은 변수 이론을 찾으려고 시도하였다.

하지만 1964년에 존 벨(John Bell; 1928~1990)은 기존의 코펜하겐 해석이 옳은지 아니면 국소적인 숨은 변수를 지지하는 국소적 실재론(local realism)이 옳은지의 여부를 실험적으로 검증 가능하게 해줄 수학적 정리인 소위 '벨 부등식'(Bell's inequality)을 제시하였다.[57] 이 부등식은, 만약 실험 장치를 적절히 구성해서 얻은 측정값을 이 부등식에 대입하여 그 부등식이 제대로 성립하면 국소적 실재론이 옳고 성립하지

56 David Bohm, "A Suggested Interpretation of the Quantum Theory in Terms of "Hidden" Variables. I & II", *Physical Review* 85(1952), 166~179, 180~193.

57 John S. Bell, "On the Einstein–Podolsky–Rosen paradox", *Physics* 1(1964), 195~200; *Speakable and Unspeakable in Quantum Mechanics*, Cambridge: Cambridge University Press, 1997 참조.

않으면 기존의 코펜하겐 해석이 옳다는 점을 밝혀주는 수단으로서 제시된 것이었다. 벨 부등식으로 인해 과연 어느 것이 옳은지를 실험적으로 검증할 수 있는 이론적 근거를 얻게 되었기 때문에, 후에 여러 실험물리학자들은 벨 부등식의 실험적 검증에 필사적으로 매달리게 되었다. 이들이 광자쌍을 이용해서 행한 여러 정밀한 실험들을 통해 실제의 양자물리학적 현상은 벨 부등식을 따르지 않는다는 사실이 알랭 아스페(Alain Aspect; 1947~)의 실험이 성공한 1982년 이후부터 명백히 밝혀졌고[58], 이로써 기존의 코펜하겐 해석이 옳으며 국소적 실재론은 틀렸음이 확실히 검증되었다. 이로써 아인슈타인이 너무나 자명한 원리라고 보았던 국소성이라는 개념이 결국은 부정되고 '비국소적 양자 얽힘'이 실제로 자연 상태에서 존재한다는 것이 분명히 입증된 것이다. 최근의 실험 결과에 따르면 양자 얽힘이 최소한 20킬로미터 이상 유지된다는 것이 확인되었다.[59]

이로써 양자 세계는 숨은 변수 이론으로는 제대로 기술할 수 없다는 것이 현재까지 정설로 받아들여지고 있다.

양자 얽힘은 수학적으로는 텐서곱(tensor product)을 사용해서 기술한다:

$$|entangled\rangle = \sum_{a,b} (a'|a\rangle \otimes b'|b\rangle)$$

58 Alain Aspect, Philippe Grangier, and Gérard Roger, "Experimental Realization of Einstein–Podolsky–Rosen–Bohm Gedankenexperiment: A New Violation of Bell's Inequalities", *Physical Review Letters* 49(1982), 91~94; Alain Aspect, Jean Dalibard, and Gérard Roger, "Experimental Test of Bell's Inequalities Using Time–Varying Analyzers", *Physical Review Letters* 49(1982), 1804~1807.

59 Nicolas Gisin, *Quantum Chance: Nonlocality, Teleportation and Other Quantum Marvels*, Berlin: Springer, 2014 참조.

여기서 $|entangled\rangle$는 양자 얽힘된 상태를 말하고, $\otimes$는 상태 $|a\rangle$와 상태 $|b\rangle$가 서로 얽혀있다는 의미이다.

4. 양자 터널링

1926년 에르빈 슈뢰딩거에 의해 소개된 슈뢰딩거 방정식의 해를 확률론적으로 해석하게 되면 반드시 나오게 되는 결과인 양자 터널링(quantum tunneling)은 양자물리학의 역사 안에서 가장 빨리 소개된 특이한 결과 중의 하나이다. 그러다보니 양자 터널링은 1930년대 이후 양자물리학 관련 논문들 및 서적들에서 일찌감치 양자물리학의 가장 중요한 결과 중의 하나로서 소개되어 온 개념이라 할 수 있다. 하지만 고전물리학적 관점에서 볼 때에는 잘 이해가 가지 않는 개념이기도 하다. 왜냐하면 우리의 실생활에서는 이러한 양자 터널링의 현상을 관찰하는 것이 거의 불가능하기 때문이다.

우리가 살면서 손으로 만질 수 있는 세상의 모든 물체들은 손가락이 물체 안으로 자연스럽게 통과되거나 투과될 수 없는 물체들이다. 즉 손가락을 구성하는 단백질 분자가 만져지는 물체 안으로 자연스럽게 들어갈 수 없다는 말이다. 바로 이 때 만져지는 그 물체의 표면은 손가락을 구성하는 단백질 분자가 자신 안으로 들어오는(통과 내지 투과되는) 것을 막는 일종의 장벽 역할을 하는 것으로 해석할 수 있다. 자신 안으로 들어오는 것을 막는 이 세상의 모든 물리적 장벽들을 물리학에서는 '퍼텐셜 에너지 장벽'(potential energy barrier)라고 부른다. 만일 우리의 손가락을 구성하는 단백질 분자가 가진 에너지가 만져지는 물체의 퍼텐셜 에너지 장벽보다 더 큰 경우는 단백질 분자가 물체의 표면을 부수고 침입해 들어갈 수 있지만, 그 반대의 경우는 절대로 단백질 분자가 물체의 표면을 부수고 침입해 들어갈 수 없을 것이다. 예를 들어 내 손가락에 큰 힘을 줘서 (즉 내 손가락에 큰 에너지를 모아서) 사과를 잡게 되면 그 손가락이 사과의 표면을 부숴버릴 수 있겠지만, 손가락에 힘을 빼고 살살 사과를 잡는다면 사과의 표면을 부술 수는 없을 것이다. 이것이 고전물리학적인 관점에서 우리가 어떤 물체를 잡는 방식을 묘사하는 설명 방식이다.

그런데, 양자물리학에 따르면 퍼텐셜 에너지 장벽의 안과 바깥 모든 지점에서 입자(전자, 광자, 심지어 원자나 분자까지도)를 찾을 가능성이 존재한다. 따라서 양자물리학은 어떤 입자이든 (고전물리학에 따르면 절대로 통과할 수 없는) 퍼텐셜 에너지 장벽을 통과 내지 투과할 수 있다고 주장하는 것이다. 바로 이 현상을 우리는 양자 터널링이라고 부른다.

양자 터널링에 관한 이러한 설명을 처음 접한 이들은 거의 예외없이 다음과 같은 반응을 보인다: 도대체 어떻게 이런 일이 가능한가? 내 손가락에 힘을 주지 않고 살살 사과를 잡아도 손가락이 사과 표면을 뚫고 들어갈 수 있다는 말인가? 내 손에 힘을 주지 않아도 내 손이 벽을 뚫고 벽의 반대편으로 통과될 수 있다는 말인가?

우리의 일상적인 경험 및 고전물리학적인 관점 안에서는 양자 터널링을 설명할 수 있는 방식이 유감스럽게도 존재하지 않는다. 하지만 앞서 소개한 양자물리학의 대단히 중요한 개념인 '파동-입자 이중성'이라는 개념을 받아들이게 되면, 우리가 고려하는 입자들이 실은 파동

성을 지니고 있기 때문에 퍼텐셜 에너지 장벽을 통과할 가능성이 확률적으로 0이 아니게 된다. 이는 슈뢰딩거 방정식의 해를 확률론적으로 해석함으로써 수학적으로 0이 아닌 확률값을 얻을 수 있다. 좀 더 수학적으로 설명하면, 슈뢰딩거 방정식의 해를 파동함수라고 부르고 $\psi(x)$라고 쓰는데, 이 파동함수의 절대값을 제곱함으로써 – 즉 $|\psi(x)|^2$을 계산함으로써 – 입자가 특정한 위치 x에서 발견될 확률값을 얻을 수 있다. 이 확률값이 0이 아닌 경우는 입자가 특정한 위치 x에서 발견될 수 있다는 의미이다. 실제로 일반적인 물체들(사과의 표면이든, 벽이든)의 경우는 퍼텐셜 에너지 장벽의 높이가 유한하기 때문에 입자가 특정한 위치 x에서 발견될 확률값은 0이 아니게 되며, 아주 예외적으로 퍼텐셜 에너지 장벽의 높이가 무한한 경우에만 입자가 특정한 위치 x에서 발견될 확률값이 0이 된다. ([그림 3-3] 참조)

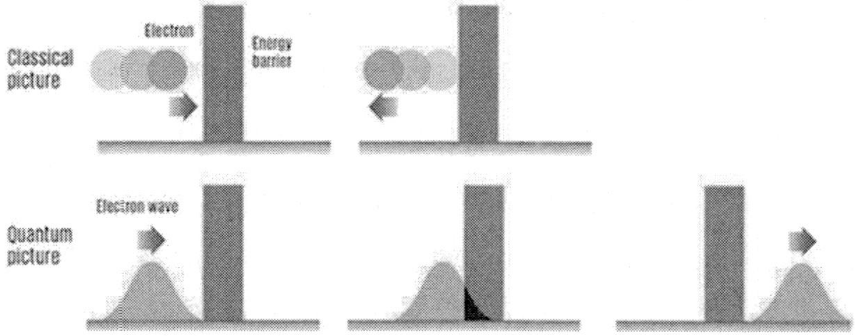

[그림 3-3] 고전물리학에서는 전자 자체의 에너지가 퍼텐셜 에너지 장벽의 높이보다 크지 않으면 퍼텐셜 에너지 장벽에서 튕겨져 나온다. 하지만, 양자물리학에서는 유한한 높이의 퍼텐셜 에너지 장벽을 에너지가 낮은 전자가 통과할 확률/가능성이 0이 아니라 유한하며, 이 현상은 실제로 실험을 통해 확인할 수 있다. 바로 이 특이한 양자물리학적 현상을 우리는 양자 터널링이라고 부른다. (출처: https://spectrum.ieee.org/semiconductors/devices/the-tunneling-transistor)

바로 이 양자 터널링은 우리의 일상 생활 안에서는 사실상 경험할 가능성이 없지만, 미시세계에서는 자주 관찰된다. 단적인 예로, 양자 터널링은 광합성(photosynthesis)과 핵융합(fusion)의 과정에서 미시적으로 발견되는 양자 현상이다. 그리고 최근에는 초전도 양자 간섭 장치 자력계(superconducting quantum interference device(SQUID) magnetometers), 양자 컴퓨터(quantum computer)의 초전도 큐비트(superconducting qubits) 장치 등에서 폭넓게 활용되고 있는 현상이기도 하다.

특히, 1981년 IBM 취리히 연구소의 게르트 비니히(Gerd Binnig; 1947~)와 하인리히 롤러(Heinrich Rohrer; 1933~2013)가 처음으로 개발한 후 현재 물리학, 재료과학 및 전자공학에서 널리 활용되고 있는 주사 터널링 현미경(Scanning Tunneling Microscope; STM)이 바로 양자 터널링 현상을 직접적으로 활용한 대표적인 장치이다.[60] STM에서 사용되는 금속 팁(metal tip)을 시료(sample) 표면에 아주 가깝게 가져간 상태에서 팁과 시료 사이에 바이어스 전압(bias voltage)을 걸어주면 전자가 진공의 퍼텐셜 에너지 장벽을 뚫고 한 쪽에서 다른 쪽으로 넘어갈 수 있게 되고, 바로 이 전자의 움직임의 결과로 생겨난 터널링 전류를 통해 시료 표면에 수평한 방향으로는 약 0.1 nm, 수직인 방향으로는 약 0.01 nm 정도의 대단히 높은 해상도를 가진 시료 표면 이미지를 얻을 수 있게 된다. 이런 높은 해상도를 가지고 있기 때문에 원자를 하나씩

60 G. Binnig, H. Rohrer, Ch. Gerber, and E. Weibel, "Tunneling through a controllable vacuum gap", *Applied Physics Letter* 40(1982), 178~180; G. Binnig, H. Rohrer, Ch. Gerber, and E. Weibel, "Surface studies by scanning tunneling microscopy", *Physical Review Letters* 49(1982), 57~61; G. Binnig and H. Rohrer, "Scanning tunneling microscopy", *Surface Science* 126(1983), 236~244. 비니히와 롤러는 이 업적으로 1986년에 노벨 물리학상을 공동 수상했다.

본다거나 원자를 하나씩 움직이는 것도 실제로 가능하다.

양자 터널링 현상은 이미 오래전에 그 존재가 알려졌음에도 불구하고 현재까지도 그 특성이 잘 알려져 있지 않은 현상이다. 그러다보니 2020년에야 비로소 캐나다 토론토 대학교의 실험물리학자들이 양자 터널링 현상을 연구하기 위해 루비듐(Rb) 원자를 사용하여 이 원자들이 퍼텐셜 에너지 장벽을 통과하는 데 걸리는 시간을 처음으로 측정하는 데에 성공했다.[61] 그들은 루비듐 원자가 장벽을 통과하기 전에 장벽 내부에서 평균적으로 얼마나 많은 시간을 보냈는지를 측정함으로써 이전에 알려지지 않은 세부적인 양자 터널링 현상을 밝혀냈다. 그들의 실험 결과에 따르면, 원자가 장벽 내부에서 약 0.61 ms 정도 머무르고 있음을 발견했는데, 이는 곧 '양자 터널링 현상이 순간적으로 일어나지 않는다'는 점을 말해주는 것이었다. 그들은 또한 양자물리학에 대한 또 다른 이상한 예측을 확인했는데, 그들의 실험에 따르면 터널링을 한 원자의 에너지가 적거나 이동 속도가 느릴수록 장벽에서 보내는 시간이 줄어든다는 것이었다. 고전물리학에 따르면 느린 입자가 더 오랜 시간 동안 장벽에 남아있을 것으로 일반적으로 예상되기 때문에 이 결과는 대단히 반직관적인 결과인 것이다.

이처럼 양자 터널링 현상은 수많은 물리학자들에 의해 현재까지 연구되고 응용되는 대표적인 양자 현상이다. 그리고 이 현상은 뒤에서 살펴보듯이 예수 부활 사건을 설명하는 데에도 적절히 활용될 수 있는 현상이기도 하다.

---

61 Ramón Ramos, David Spierings, Isabelle Racicot, and Aephraim M. Steinberg, "Measurement of the time spent by a tunnelling atom within the barrier region", *Nature* 583(2020), 529~532.

제4장

그리스도론의 양자물리학적 해석

1. 그리스도론과 상보성

이제 이 양자물리학의 핵심적인 특징인 '상보성'(파동–입자 이중성)이 그리스도론과 어떤 연관이 있는지를 살펴보겠다. 우선 그리스도에 관한 칼케돈 공의회(451년)의 정식은 다음과 같이 제시된다:

"우리는 모두 거룩한 교부들을 따라 일치된 마음으로 우리 주 예수 그리스도를 한 분이시고 같은 성자이심을 고백하도록 가르친다. 바로 그분께서는 신성에서 완전하시고 같은 분이 인성에서 완전하시며, 같은 분이 참으로 하느님이시고 이성적 영혼과 육체로 이루어진 참으로 인간이시다. 같은 분이 신성에 따라서는 성부와 본질이 같으시고 인성에 따라서는 우리와 본질이 같으시며, 죄 말고는 모든 면에서 우리와 똑같으시다. 같은 분이 한편으로는 신성에 따라 시대 전에 아버지에게서 나시고, 다른 편으로는 인성에 따라 마지막 날에 우리를 위해, 우리의 구원을 위해 동정녀이시고 하느님의 어머니이신 마리아에게서 태어나셨다.

한 분이시고 같은 분께서 그리스도, 외아들, 주님이시며, 두 본성 안에서 혼합되지 않으시고 변화되지 않으시며 분리되지 않으시고 나뉘지 않으시는 분으로 인식되며, 이 외에도 결합으로 인해 본성들의 구별이 없어지지 않으시고, 오히려 두 본성의 각 속성이 보존되며, 하나의 위격과 하나의 히포스타시스로 결합되신다. 외아들이시며, 하느님이시고, 말씀이신, 주 예수 그리스도께서는 두 위격으로 나뉘거나 분리되지 않으시며, 이전에 예언자들이 그분에 관해 그리고 예수 그리스도 친히 우리에게 가르치신 바와 같이, 그리고 교부들의 신앙 고백이 우리에게 전해 주었듯이 한 분이시고 같은 분이시다."[62]

이 칼케돈 정식은 예수 그리스도의 "하나의 위격과 하나의 히포스타시스 안의 두 본성", 즉 두 본성의 위격적 결합을 설명해주고 있다. "하나의 위격과 하나의 히포스타시스 안의 두 본성"이라는 말 자체에서 볼 수 있듯이 두 본성, 즉 신성과 인성은 서로 '상보적'인 것으로 볼 수 있다. 따라서 우리는 예수 그리스도의 "하나의 위격과 하나의 히포스타시스 안의 두 본성"을 양자물리학적인 용어로 '예수 그리스도의 하느님-인간 이중성'(God-man duality of Jesus Christ)이라고 표현할 수 있을 것이다.

사실 '예수 그리스도의 하느님-인간 이중성' 개념은 이미 1960년대에 소개된 개념이다. 윌리엄 오스틴(William H. Austin)은 1967년에 발

62 DH 301~302.

표한 논문 "Waves, Particles and Paradoxes"[63]의 제 5장 "Complementary Models in Theology"를 통해 양자물리학에서의 상보성 개념을 신학에 적용해서 신학적 상보성 모델들을 제안한 바 있다. 그는 우선 이 논문에서 칼케돈 정식에 관해서, 신성과 인성을 그리스도의 상보적인 특성으로 이해하면서 논의를 전개한다:

> "예수 그리스도가 참하느님이시다"는 것과 "예수 그리스도가 참사람이시다"는 것 사이의 관계는 상보성 중의 하나(one of complementarity)이다. [……] 상보성 모델들이 그리스도론적 역설의 기저를 이루는지를 우리가 판단하고자 한다면, 우리가 질문해야 할 질문은 "그 모델들은 무엇인가?"이다. (이 질문에 대한) 가장 간단한 답은 "하느님"과 "인간"이 그 모델들이라는 것이다.[64]

오스틴은 더 나아가, 메시아(Messiah)와 로고스(Logos) 역시도 상보성으로 이해하려는 시도를 한다:[65]

> 나는 다음과 같이 제안한다: "로고스"와 "메시아"는 그리스도에 관한 초기 교회의 사고에서 중요한 모델들이었다. 그들은 상보적인 방식으로 연결되어있다. 칼케돈 정식은 각 모델의 활용에 관한 기본 규칙을 제시해서 다른 모델의 활용을 배제하는 방식으로는 발전되지 않았다.[66]

그는 아울러, 하느님의 사랑(love)과 정의(justice)에 관한 전통적인

63 William H. Austin, "Waves, Particles and Paradoxes", *Rice University Studies* 53 (1967), 1~103.

64 Austin, "Waves, Particles and Paradoxes", 85~86.

65 Austin, "Waves, Particles and Paradoxes", 89~92 참조.

66 Austin, "Waves, Particles and Paradoxes", 89.

문제에 대해, 보어가 처음 소개한 아이디어를 따라서[67], 사랑과 정의를 하느님의 상보적인 특성으로 이해하려 시도한다:[68]

> 우리는 하느님의 사랑과 정의 사이의 관계를 토론하는 데에 신학자들이 상보성의 개념을 사용하면 좋을 것 같다고 말한 보어의 생각을 처음에 살펴보았다. 확실히 하느님의 사랑 및 자비를 그 분의 정의 및 분노와 연관 짓는 것은 신학에서 주요한 문제였다. [……] 엄격하게 공정한 재판관과 사랑이 넘치고 자비로운 아버지가 우리가 고려할 모델들이 될 것이다.[69]

그 후 1976년에 크리스토퍼 카이저(Christopher B. Kaiser; 1941~)는 "Christology and Complementarity"[70]라는 논문을 통해 '예수 그리스도의 하느님-인간 이중성' 개념에 대해 보다 자세한 논의를 전개한다. 특히 그는 예수 그리스도의 하느님-인간 이중성의 다양한 특징들을 해석하기 위해 총 11가지의 상보적 고려 사항들을 소개하며 자세히 분석한다. 그 각각의 사항들은 다음과 같다: 존재의 일치(unity of being), 공통된 특성들(common properties), 개별적 완전성(individual completeness), 상호완전성(coexhaustiveness), 동등한 필요성(equal necessity), 상호교환성(reciprocity), 속성의 교환과 상호내재(interchange of attributes and coinherence), 상호배타성(mutual exclusiveness), 켤레 특성들

67 Niels Bohr, D. Favrholdt ed., *Niels Bohr Collected Works, Vol. 10: The Complementarity Beyond Physics (1928-1962)*, Amsterdam: North-Holland Publishing, 1999, 279 참조.

68 Austin, "Waves, Particles and Paradoxes", 93~96 참조.

69 Austin, "Waves, Particles and Paradoxes", 93.

70 Christopher B. Kaiser, "Christology and Complementarity", *Religious Studies* 12(1976), 37~48.

(conjugate properties), 비대칭과 창발성(asymmetry and emergence), 지시성(pointing).[71] 따라서 카이저의 분석은 그리스도론의 상보적 해석을 보다 심도깊고 풍요롭게 만드는데 기여했다.

카이저는 동시에 "하느님-세상 관계"(God-world relation) 역시도 상보적으로 해석한다:[72]

> 그리스도론과 상보성 사이의 평행관계가 적어도 중요하다는 점을 가정한다면, 우리는 논의의 시작점인 하느님-세상 관계라는 더 일반적인 문제로 돌아갈 수 있다. 만일 상보성이 하느님-세상 관계에는 적용불가능한 방식으로 그리스도론에 적용된다면, 후자(하느님-세상 관계)의 구조는 그리스도 안에서의 하느님-사람 관계의 구조와는 근본적으로 달라야 할 것이고, 이것은 일관되게 '그리스도 중심적인' 신학을 배제하는 것으로 보일 것이다. 반면에, 그리스도 안에서의 (하느님-사람) 관계의 패턴이 일반적인 하느님-세상 관계의 그리스도교적 이해를 위한 '패러다임'으로 받아들여진다면, 상보성이 전자(하느님-사람 관계)에게뿐만 아니라 후자(하느님-세상 관계)에게도 효과적으로 적용될 수 있게 하는 어떤 방식이 있어야만 한다는 사실이 뒤따르게 된다.[73]

한편, 원래 이론 핵물리학자였기 때문에 양자물리학에 대해 익히 잘 알고 있던 존 폴킹혼은 자신의 여러 저서들 안에서 '빛의 파동-입자 이중성'의 유비로서 "예수 그리스도의 하느님-인간 이중성"이라는 표현을 독자적으로 하지만 자세한 설명의 제시 없이 간략하게 사용

71 Kaiser, "Christology and Complementarity", 43~47 참조.

72 Kaiser, "Christology and Complementarity", 47~48 참조.

73 Kaiser, "Christology and Complementarity", 47.

해왔다.[74] 예를 들어 그의 저서 『양자물리학과 신학: 예기치 못한 관계』(*Quantum Physics and Theology: An Unexpected Kinship*)에서는 다음과 같은 간단한 설명이 나온다:

> 당시 물리학자들은 경험에 의해 '빛의 입자/파동 이중성'이라는 그림을 받아들이지 않을 수 없었는데, 그 당시에는 어떻게 일관되게 그렇게 될 수 있는지를 설명하는 깊이 있는 물리 이론이 없었다. 그리스도교 사상가들도 경험에 의해 '그리스도의 신성/인성 이중성'이라는 그림을 받아들이지 않을 수 없었는데, 그때까지는 어떻게 그렇게 될 수 있는지를 설명하는 깊이 있는 신학 이론에 다다르지 못했다.[75]

따라서 '예수 그리스도의 하느님-인간 이중성'이라는 개념은 적어도 과학과 종교 간의 대화에 대해 관심이 있는 이들에게는 현재 어느 정도 알려져 있는 것으로 볼 수 있다.[76]

---

74 John Polkinghorne, *Quantum Physics and Theology: An Unexpected Kinship*, New Haven: Yale University Press, 2007, 73~93; *One World: the Interaction of Science and Theology*, Philadelphia: Templeton Foundation Press, 2007, 98~101; *Theology in the Context of Science*, New Haven: Yale University Press, 2009, 19~47; *The Faith of a Physicist*, 124~145. 폴킹혼은 지금까지 전문적인 학술서들을 통해 엄밀한 신학적 논의를 전개하는 방식을 취하는 대신 소책자들을 통해 일반인들에게 신앙과 과학 간의 접점을 간략하게 제시하는 방식을 취해왔다. 따라서 그의 저서들에서 드러나는 "예수 그리스도의 하느님-인간 이중성"이라는 개념에는 그의 독자적인 자세한 설명이나 다른 문헌의 인용이 결여되어 있다. 따라서 그의 저서를 통해서는 왜 그가 이러한 개념을 도입했는지에 대해 명확히 알아내기 힘들다는 점을 지적하고자 한다.

75 Polkinghorne, *Quantum Physics and Theology*, 90.

76 하지만 이 개념이 오늘날에 어느 정도 알려진 개념임에도 불구하고 (적어도 국내와 영미권에서는) 위에서 필자가 인용한 문헌들 이외에는 다른 학술 논문이나 전문 서적들을 통해 더 이상 깊이 있게 연구되어 온 적이 없었다는 점을 이 자리를 빌어 언급하고자 한다.

2. 그리스도론과 관측 문제

앞서 살펴본 바와 같이 칼케돈 정식과 양자물리학의 상보성을 연결시키려는 시도는 앞서 언급한 몇몇 학자들에 의해 제시되어왔다. 하지만 양자물리학의 또 하나의 중요한 해석의 축인 '관측 문제'(관측 행위가 대상의 한 상태를 결정한다)를 칼체돈 정식과 연결시키려는 노력은 지금까지 제대로 시도된 적이 없었다. 따라서, 필자는 이제부터 양자물리학의 '관측 문제'와 '유비적으로'(ἀναλόγως) 바라볼 수 있는 그리스도론적 특징을 '필자의 독자적인 관점에 따라' 제시해 보고자 한다.

앞서 설명한대로, 칼케돈 정식은 예수 그리스도의 "하나의 위격과 하나의 히포스타시스 안의 두 본성"을 설명해주고 있다. 하지만 이 정식은 두 본성이 "하나의 위격과 하나의 히포스타시스" 안에 구체적으로 어떤 방식으로 존재하는지에 대해서 설명을 하는 대신에, "~되지 않으시고"라는 표현을 통해 당시의 단성론(monophysitism)의 주장("혼합되거나 변화되지 않으시고"(without confusion or change)를 통해) 및 네스토리우스주의(Nestorianism)의 주장("분리되거나 나뉘지 않으시고"(without division or separation)를 통해)을 배격하는 방식을 취하고 있다.[77]

우리가 잘 아는 바와 같이, 예수 그리스도는 인간들 안에서 온전한 인간으로서 사신 분이었다. 그분의 열두 제자들과 여러 여성 제자들은 공통적으로 그분의 인간으로서의 삶을 목격했고 다른 이들에게 증언했

77 Francis Schüssler Fiorenza and John P. Galvin eds., *Systematic Theology: Roman Catholic Perspectives,* Mineapolis: Fortress Press, 2011², 270; Gerald O'Collins S.J., *Christology: A Biblical, Historical, and Systematic Study of Jesus,* Oxford: Oxford University Press, 2009², 196.

다. 즉 그들은 인간으로서의 그분을 경험, 관측한 것이다. 이러한 그들의 경험, 관측은 그분을 인간으로 인식하려는 어떤 동기나 원의가 있을 경우에 인식되는 것이었다. 그들이 그분과 함께 식사를 하거나 그분과 대화를 나누고 그분과 친밀한 교감을 나누고자 의도하였을 때 그들은 그분을 한 인간으로서 경험할 수 있었다. 하지만 그들이 그분의 본성을 경험, 관측하고자 하는 의도나 원의가 없었을 때 그들은 뜻밖의 놀라운 경험을 하게 된다.

예를 들어 '예수의 거룩한 변모 사건'(마태 17,1–9; 마르 9,2–10; 루카 9,28–36)의 경우 세 명의 제자들(베드로, 야고보, 요한)은 넋을 잃고 "깊이 잠들었다가"[78] 깨어나서야 그분의 변모를 경험하게 된다. 그들은 잠에 빠져있던 동안 예수의 본성을 경험, 관측하고자 하는 원의를 잃었었다. 그러다가 갑자기 잠에서 깨어 정신을 차려보니, 그분은 거룩한 변모를 통해 신성을 드러내고 있었다. 그분의 양 옆에 모세와 엘리야가 나타나서 그분과 대화를 나누는 것은 그분이 인성을 초월한 분임을 명백히 드러낸 놀라운 체험, 관측이었다. 그분의 신성은 제자들이 의식하지 못한 때에 갑작스럽게, 예기치 못하게 드러나는 그분의 본성인 것이다.

그분의 이러한 신성이 갑작스럽게 드러난 또 다른 적절한 예로 들 수 있는 것은 바로 요한복음에서 소개하는 '예수께서 죽은 라자로를 살리신 기적 사건'(요한 11,1–44)이다. 예수께서는 "주님이 사랑하시는" (11,3) 그 라자로가 세상을 떠났는데도 불구하고 그가 죽은 지 "나흘이

78 베드로와 그 동료들은 깊이 잠들었다가 깨어나서야 예수의 영광을 보았고 또한 그분과 함께 서 있는 두 사람을 보았다. (루카 9,32)

나"(11,17) 지나서야 그의 무덤으로 찾아가신다. 제자들과 라자로의 누이들, 그 외 많은 유다인들은 그 둘 간의 관계를 알기 때문에 그가 나흘이나 지나서 무덤에 나타나는 것을 이해하지 못한다. 그래서 "예수께서 눈물을 흘리실"(11,35) 때 "소경의 눈을 뜨게 한 분이 이 사람을 죽지 않게 할 수는 없었단 말인가?"(11,37) 하며 수군댄다. 그들은 더 이상 예수께 인간적인 기대를 걸지 않고 있다. 단적으로 예수와 마리아 간의 대화 내용을 보면 마리아는 자신의 오빠를 살려달라고 애원하지 않고 다만 "주님, 주님이 여기 계셨더라면 제 동기는 죽지 않았을 것입니다"(11,32)라고 말할 뿐이다. 마르타 역시 말로는 "지금도 저는 주님이 하느님께 청하시는 것은 무엇이든지 하느님께서 주님께 베풀어 주실 줄로 알고 있습니다"(11,22)라고 하지만 정작 예수께서 무덤 입구의 돌을 치우라고 명하실 때 "주님, 나흘이나 되어 벌써 냄새가 납니다"(11,39)라고 하며 돌을 치우는 것을 만류한다. 바로 그러한 상황, 예수 주위의 사람들이 그분의 본성에 더 이상 신경을 쓰지 않고 있는 상황, 마치 거룩한 변모 사건 때에 잠들어 있던 제자들의 상태와 유사한 상황에서 예수께서는 죽은지 "나흘이나 되어 벌써 냄새가 나는"(11,39) 그 라자로를 살려내시고 죽은 육신에 생명력을 불어넣으시는 하느님으로서의 자신의 본성을 갑작스럽게 드러내 보이신다. 이로써 그분은 자신의 공생활을 통틀어 가장 위대한 기적인 라자로 소생 기적을 일으키신다.

예수께서 부활하신 후 제자들과 여인들에게 나타나시는 자기현현(self-manifestation) 사건들은 모두 예수를 경험, 관측하고자 하는 아무런 기대도, 의도도 없던 이들 앞에 스스로를 갑작스럽게, 예기치 못하게 드러내신 사건들이다. 이 모든 자기현현을 통해 그분은 스스로의 신성을, 죽음을 이기고 부활하신 자의 신적 본성을 명백하게 드러내신다. 특히 예수께서는 부활하신 후 "제자들은 유대인들이 두려워서 그 모여 있던 곳의 문들을 잠가놓고 있었는데도"(요한 20,19) 그 방에 들어가시는 것과, 엠마오로 가는 두 제자 곁에 "예수 친히 다가오시어 그들과 동행하시게 되었고"(루카 24,15) 식탁에서 "그들이 눈이 열리어 예수를 알아보았을 때 그분께서 그들에게서 사라지시는"(루카 24,31) 방식을 통해 당신 자신이 시공간을 초월하는 신적 능력을 지닌 분임을 명백히 드러내신다.

이러한 그분의 두 본성에 관한 축적된 경험들, 관측들은 물리적 대상(예를 들어, 그림 1,2의 전자)이 의도적으로 입자성을 관측하는 경우에는 입자처럼 행동하지만, 입자성을 의도적으로 관측하지 않는 경우에는 파동처럼 행동하는 양자물리학적 현상들과 유사하다. 그분은 "빛"이시며 "참된 빛"이시다.(요한 1,4-9 참조) 하지만 주위 사람들이 그분을 인간(혹은 입자로서의 빛)으로서 의도적으로 관측하게 되면 그분은 인간(혹은 입자로서의 빛)으로서 우리에게 드러나시고 인식된다. 하지만 주위 사람들의 그러한 의도적 관찰이 사라지는 몇몇 예외적인 때에는 그분은 하느님(혹은 파동으로서의 빛)으로서 스스로를 드러내시고 제자들은 우연히도 그분의 신성을 관찰할 수 있게 된다. 거룩한 변모 때의 그분의 모습이 "빛처럼 하얘졌다"[79]는 성경의 묘사는 그분이 하느님(혹은 파동으로서의 빛)으로서 스스로를 드러내셨다는 것을 말해준다. 사실 그

79 그리고 예수께서는 그들 앞에서 모습이 변하셨으니, 그 얼굴은 해처럼 빛나고 그 옷은 빛처럼 하얘졌다. (마태 17,2); 그 옷은 이 세상의 어떤 마전장이도 그렇게 희게 할 수 없을 만큼 새하얗게 번쩍였다. (마르 9,3); 예수께서 기도하시는 동안에 당신 얼굴 모습이 달라지고 그 옷이 하얗게 번쩍였다. (루카 9,29)

리스도의 신성을 파동으로 비유한 것은 라칭거도 이미 동의한 바이다:

> 슈뢰딩거는 물질의 구조를 파단(wave-packet)이라고 정의했고, 따라서 물질의 구조는 실체적인 것이 아니라 그 '실체성'이 실제로는 움직임의 구조에서 겹겹이 일어나는 파동에서부터 오는 순전히 현상적 실재라는 관념을 내세운 바 있다. 물질의 영역에서는 그런 제안이 물리학적으로도 그렇고 철학적으로도 틀림없이 의문시될 수 있다 하겠다. 그러나 신적 실재성, 즉 신의 절대적 실재를 놓고 생각한다면 매우 자극적인 비유라 하겠다. 그리고 가장 견실한 존재가 - 신이 - 본체가 아니라 다만 '파동'일 뿐인 여러 관계에서만 존립하면서 존재의 충만을 성취한다는 사실의 좋은 비교가 된다.[80]

그분의 이러한 특성을 우리는 양자물리학의 이중성 개념을 빌어와서 (앞서 설명한 대로) '예수 그리스도의 하느님-인간 이중성'이라고 부를 수 있게 되는 것이다. 이것은 피조물들의 공통적인 속성인 파동-입자 이중성이 그리스도의 '두 본성' 혹은 '이중적 본성'을 유비적으로 설명하는 데에 유용하게 쓰일 수 있음을 보여주는 것이다. 예수 그리스도는 '하느님-인간 이중성'을 가진 분으로서 우리가 그분을 인간으로 '관측'하려는 의도를 가졌을 때는 인간으로서 우리에게 인식되지만, 그러한 의도가 없는 경우에는 하느님으로서 예기치 못한 때에 우리에게 스스로를 드러내신다.

따라서, 물리적 대상의 파동성과 입자성이 '상보적'인 것과 마찬가지로, 예수 그리스도의 신성과 인성 역시도 '상보적'인 것으로 이해할 수 있게 된다.[81]

---

80 라칭거, 『그리스도 신앙 어제와 오늘』, 176~177.

81 Ian G. Barbour, *Myths, Models and Paradigms: the Nature of Scientific and Religious*

앞서 살펴보았듯이, 상보성은 하나의 대상이 경우에 따라 입자 혹은 파동으로 보일 수 있지만, 절대로 시간적으로 동시에 입자이며 파동일 수는 없음을 의미한다. 마찬가지로, 예수 그리스도 역시도 경우에 따라 신성을 드러내기도, 인성을 드러내기도 하였지만, 절대로 시간적으로 동시에 하느님이며 사람으로서 스스로를 드러낸 적은 없다. 아울러, 관찰자가 물리적 대상의 입자성을 더욱 명확하게 하려고 시도하면 할수록 결국 대상의 파동성이 더욱 희미해져 버리듯이, 예수 그리스도의 인성을 더욱 명확하게 하려고 우리 편에서 시도하면 할수록 그분의 신성은 더욱 희미해져 버리게 된다.

따라서 우리는 그분을 "두 본성 안에서 혼합되지 않으시고 변화되지 않으시는 분으로 인식"해야 한다. 하지만, 물리적 대상의 파동성과 입자성 모두 '하나의 물리적 대상'을 규정짓는 본성이듯이, 예수 그리스도의 신성과 인성은 모두 분명히 "하나의 위격과 하나의 히포스타시스" 이신 그분을 규정짓는 본성인 것이다. 따라서 우리는 그분을 "두 본성 안에서 분리되지 않으시고 나뉘지 않으시는 분으로 인식"해야 한다. 그럼으로써, 물리적 대상의 파동성과 입자성의 차이점이 하나의 물리적

Language, New York: HarperSanFrancisco, 1974, 151 참조. 이언 바버는 이 책에서 신성과 인성은 파동과 입자가 그러하듯 "동일한 논리적 레벨"(the same logical level)에 있지 않아 보인다는 점을 들어서 오스틴의 이전 논문 "Waves, Particles and Paradoxes"에서 제시한 '신성과 인성의 상보성'을 비판하는 입장을 보인다. 하지만, 말씀이신 예수 그리스도 본인께서 창조주의 신성과 동일한 논리적 레벨에 있지 않아 보이는 피조물의 인성을 '스스로 의도적으로 택하셔서' 우리 가운데서 거처하셨다는 점("정녕 말씀이 육신이 되시어 우리 가운데서 거처하셨다."(요한 1,14))을 고려한다면, 예수 그리스도의 두 본성은 '적어도 그분의 한 위격과 한 본체 안에서는' 충분히 동일한 논리적 레벨을 갖춘 것으로 여겨질 수 있으며, 따라서 '예수 그리스도 안에서의 두 본성의 상보성'을 주장하는 것은 충분히 타당해 보인다.

대상 안에서 결합으로 인해 구별이 없어지는 것이 아니라 오히려 두 본성의 각 속성이 보전되며 하나로 결합되어 있듯이, 그리스도의 신성과 인성이라는 이 두 본성은 "결합으로 인해 구별이 없어지지 않으시고, 오히려 두 본성의 각 속성이 보존되며, 하나의 위격과 하나의 히포스타시스로 결합"되어 있음을 받아들일 수 있게 된다.

인간의 협소한 관점에서 예수 그리스도를 이해하고 해석하려 한 지금까지의 모든 역사적인 시도들 안에는 사실 관찰자인 우리 편의 다양한 주관적 개입으로 인한 '관측 문제'가 포함되어 있었고, 그래서 아리우스(Arius)로부터 에우티케스(Eutyches)에 이르는 여러 편협하고 오류가 포함된 해석들이 나왔던 것으로 볼 수 있다. 그래서 우리가 예수 그리스도의 두 본성의 중요한 특징인 상보성을 제대로 인식하고 아울러 '관측 문제'로 인한 관측의 주관적 한계성을 제대로 받아들인다면, 그분을 "두 본성 안에서 혼합되지 않으시고 변화되지 않으시며 분리되지 않으시고 나뉘지 않으시는 분으로 인식"하는 것이 유비의 관점 안에서 가능해질 것이다. 아울러, 신성과 인성이라는 이 두 본성이 "결합으로 인해 구별이 없어지지 않으시고, 오히려 두 본성의 각 속성이 보존되며, 하나의 위격과 하나의 히포스타시스로 결합"되어 있다는 점 역시 제대로 받아들일 수 있을 것이다. 이것이 양자물리학적 유비를 통해 재해석된 칼케돈 정식인 것이다.

3. 4장의 결론

필자는 본 장을 통해 '과학적 경험과 관찰'을 통해 얻어진 양자물리학적 원리와 '종교적 경험과 관찰'을 통해 정리된 그리스도론의 칼케돈 정식을 '유비적으로' 서로 연결 짓고자 하였다. 이를 위해서 양자물리학에서 대단히 중요하게 받아들여지고 있는 두 가지 특징, 즉 상보성과 관측 문제를 그리스도론의 칼케돈 정식의 유비적 설명을 위해 도입해 보았다. 이로써 현재의 유물론적, 무신론적 사조에 맞서 이 현대세계에도 하느님이라는 개념과 그 본성에 관한 종교적, 신학적 설명이 과학적인 언어로 재해석됨을 통해 여전히 유용하고 생명력을 유지할 수 있다는 점을 강조하고자 하였다.

제5장
삼위일체론의 양자물리학적 해석

1. 얽힌 삼위일체론: 세 학자들의 견해들

3장에서 살펴본 양자물리학의 여러 중요한 특성들 중에서 '파동-입자 이중성'은 닐스 보어 등의 선구적인 연구로 인해 양자물리학의 태동기인 1920년대 이후부터 이미 널리 알려졌던 특성이었다. 그래서 '종교와 과학 간의 대화'를 연구하던 여러 학자들에게 이 특성은 이미 잘 알려져 있었기 때문에 – 4장에서 이미 살펴본 바와 같이 – 1960년대에 이미 칼케돈 정식을 "예수 그리스도의 하느님-인간 이중성"으로 해석하는 연구가 소개되었었다. 하지만, '중첩과 관측 문제' 및 '양자 얽힘' 개념은 소수의 양자물리학자들을 제외하고는 그다지 잘 알려지지 않은 개념이었으며, 특히 '양자 얽힘'은 양자 정보 이론(quantum information theory)이 물리학계에서 크게 주목받던 1990년대 후반이 되어서야 비로소 양자물리학 교과서들에 실리기 시작했고 일반 대중들에게도 소개되기 시작했다. 그러다보니 이제 소개할 주제인 양자 얽힘의 관점을 고려한 소위 "얽힌 삼위일체론"(Entangled Trinitarianism) 역시도 2000년대 초반에야 비로소 세상에 모습을 드러내기 시작했다. 삼위일체를 양자 얽힘의 관점에서 새롭게 보려는 이 시도는 존 폴킹혼, 커크 웩터-맥넬리(Kirk Wegter-McNelly) 및 어니스트 사이먼스(Ernest L. Simmons)에 의해 소개되었다. 이들 세 학자들은 공통적으로 '양자 얽힘'의 개념을 통하여 '세 위격 간의 관계'를 설명하는 데에 초점을 맞추고 있다.[82]

과학과 종교 간의 대화에 있어서 특별한 위치를 차지하는 영국의 성공회 사제인 존 폴킹혼은 1960년대까지 왕성하게 활동한 이론 핵물리학자 출신이지만 양자 얽힘 등의 양자물리학의 현대적 주제를 직접 연구한 적은 없었기 때문에 그가 양자 얽힘을 접하고 삼위일체와의 연결 가능성에 관심을 가지기 시작한 것은 2002년에 출판된 자신의 양자물리학 입문서인 "*Quantum Theory: A Very Short Introduction*"[83]을 집필할 무렵이었던 것으로 추측된다. 이 책에서 폴킹혼은 EPR 역설에서 처음 소개된 비국소성(non-locality)을 "분리 안의 함께함"(togetherness-in-

---

82 사실 '삼위 간의 관계'에 초점을 맞춘 삼위일체론은 카파도키아의 세 교부들 이래로 교회 역사 안에서 꾸준히 논의되어왔다. 이제부터 소개할 세 학자들의 얽힌 삼위일체론 및 본 장에서 제시할 양자 삼위일체론은 바로 이 역사적 흐름의 연장선상에 있는 것으로 볼 수 있다. 다음을 참조할 것: Catherine Mowry LaCugna, *God For Us: The Trinity and Christian Life*, New York: HarperSanFrancisco, 1991, 243~317; Luis F. Ladaria, trans. Maria Isabel Reyna and Liam Kelly, *The Living and True God: The Mystery of the Trinity*, Miami: Convivium Press, 2010, 245~272.

83 John Polkinghorne, *Quantum Theory: A Very Short Introduction*, Oxford: Oxford University Press, 2002.

separation)이라는 독자적인 표현으로 소개한다.[84] 이 책이 출판된 후 그가 양자 얽힘과 삼위일체론의 통합을 시도한 내용을 담은 저서 "*Science and The Trinity: The Christian Encounter With Reality*"[85]를 2004년에 출판함으로써 그의 삼위일체론에 대한 관점이 세상에 알려지기 시작했다:

> 이 비직관적인 분리 안의 함께함(비국소성)은 아인슈타인에게는 너무나 '유령 같이' 보였기 때문에 그는 양자물리학에서 무언가 불완전한 것이 있다고 가정했다. 그러나, 알랭 아스페와 동료들의 아름다운 실험들은 비국소성이 단지 자연의 특성(a property of nature)이라는 점을 보여주었다. 심지어 원자보다 작은 세계조차도 원자론적으로 취급될 수 없다는 것이 밝혀진 것이다! 20세기의 과학은 물리 세계의 구조 안에 깊이 위치해있는 상호연결성(interconnectivity)을 드러냈다. [……] 물리학처럼 방법론적으로 환원론적인 학문이 우리에게 이렇게 관계적이면서(relational) 전체론적인(holistic) 방향을 제시한다는 것은 충격적이다... 과학 집단 안에서 일어나고 있는 이러한 관계적이면서 전체론적인 사고의 주목할 만한 발전은 삼위일체적 사고 방식(Trinitarian ways of thought)과 대단히 잘 통한다. 삼위일체적 사고 방식은 결코 삼위일체를 '증명'하지는 못하지만, 모든 창조된 실재의 원천의 심장부에 있는 위격들 간의 페리코레시스적 교환 관계(the relation of perichoretic exchange between the divine Persons)를 보여주는 자연의 신학(a theology of nature)과 심오하게 일치한다. 누군가는 삼위일체 신학에 관한 존 지지울라스(John Zizioulas)의 통찰력 있는 저서인 "Being as Communion"에 나오는 '실재는 관계적이다'(Reality is relational)라는 문구를 인용할 수

84 Polkinghorne, *Quantum Theory*, 79~81 참조.

85 John Polkinghorne, *Science and The Trinity: The Christian Encounter With Reality*, New Haven: Yale University Press, 2004.

있을 것이다.[86]

폴킹혼은 이렇듯이 양자 얽힘과 "위격들 간의 페리코레시스적 교환 관계"를 연결지으면서 '실재의 관계성'을 강조한다. 그는 이후에 출판된 여러 저서들을 통해 양자 얽힘으로부터 확인된 이 '실재의 관계성'을 삼위일체의 본성으로서 반복적으로 소개한다.[87]

> '실재는 관계적이다'(Reality is relational)라는 이 과학적 발견은 삼위일체적 사고를 통해 '일체로서의 존재'(Being as Communion)에 관한 진리를 오랫동안 알고 있었던 그리스도교 신학의 맥락에서는 그리 놀랍지 않은 것으로 다가올 것이다. 삼위일체 하느님의 일치 안에서, 신학자들이 페리코레시스(perichoresis)라고 불러온 삼위 간의 사랑의 영원한 교환, 사랑의 상호 침투의 상호적 관계성이 있다. 과학의 관계적 맥락(relational context) 그 자체는 신학의 이 신비에 새로운 빛을 비춰주는 것도 아니고, 심지어 신학의 필연적인 진리를 입증해주는 것도 아니다. 하지만 물리 세계에 관한 과학의 묘사는 이 세계가 바로 삼위일체이신 하느님께서 창조하신 세계라는 믿음과 놀랍도록 잘 들어맞는다.[88]

한편, 미국의 개신교 신학자인 웰터-맥넬리는 2003년 발표된 자신의 박사학위 논문을 통해서 양자 얽힘과 삼위일체론을 연관 짓는

---

86 Polkinghorne, *Science and The Trinity*, 73~75.

87 John Polkinghorne, *Exploring Reality: The Intertwining of Science and Religion*, New Haven: Yale University Press, 2005, 30~31, 90~112; *Quantum Physics and Theology: An Unexpected Kinship*, New Haven: Yale University Press, 2007, 99~104; *Theology in the Context of Science*, New Haven: Yale University Press, 2009, 118~122; *Science and Religion in Quest of Truth*, New Haven: Yale University Press, 2011, 70~78.

88 Polkinghorne, *Theology in the Context of Science*, 121.

작업을 처음 시도하였다.[89] 그 후 2011년에 "*The Entangled God: Divine Relationality and Quantum Physics*"[90]라는 책을 출판함으로써 "얽힌 하느님"이라는 표현을 통해 자신의 독자적인 "얽힌 삼위일체론"을 소개하였다:

> 나는 삼위일체는 근본적으로 하느님 자신 "안에"("within") 얽혀있으며 피조물과 "함께"("with") 자유롭게 얽혀있다고 주장한다. [……] 하느님은, 창조의 신적 육화 행위를 통하여, 그리고 축복과 정의, 연민이라는 인간과 관련된 행위들을 통하여, 세상과 자유롭게 사랑으로 얽혀있다. [……] 하느님-세상 관계를 위한 신학적 은유로서의 얽힘은 피조물 내에 존재하는 고통과 악의 지속적인 현존을 이해하는 방식을 제공해 준다.[91]

웩터-맥넬리의 주장은 폴킹혼과 대체적으로 유사한 방식으로 삼위일체의 내적 속성인 페리코레시스, 삼위 간의 관계에 초점을 맞추는 것[92] 뿐만 아니라, (앞의 인용문에서도 강조되듯이) 하느님과 '피조물/세상' 간의 관계 역시도 양자 얽힘의 관점으로 본다는 점[93] 에 그 특징이 있다.

> 양자 얽힘은 피조물 안에 있는 하느님 자신의 관계성의 신학적

89 Kirk Wegter-McNelly, "The World, Entanglement, and God: Quantum Theory and the Christian Doctrine of Creation", *Ph.D. Dissertation*, Berkeley: Graduate Theological Union, April 2003.

90 Kirk Wegter-McNelly, *The Entangled God: Divine Relationality and Quantum Physics*, New York: Routledge, 2011.

91 Wegter-McNelly, *The Entangled God*, 125.

92 Wegter-McNelly, *The Entangled God*, 127~131 참조.

93 Wegter-McNelly, *The Entangled God*, 131~140 참조.

> 인 흔적(*vestigium*)으로 볼 수 있다. [……] 만일 얽힌 하느님이 존재 안에서 세상과 얽혀있다면, 양자 얽힘의 물리적 현상 그 자체는 삼위일체의 흔적(*vestigium trinitas*)으로서의 신학적인 중요성을 획득하게 된다.[94]

그가 보기에 양자 얽힘의 신학적 중요성은 삼위일체의 내적 속성뿐만 아니라 '하느님과 피조물/세상 간의 관계'를 통해서도 드러나게 된다. 그래서 신학적 개념으로서의 양자 얽힘은 창조주이신 하느님의 신적 충만(*pleroma*)으로서 사랑과 연관을 갖게 된다:

> 얽힌 하느님의 권능은 피조물에게 하느님의 얽히는 현존(entangling presence)을 통해 관계성과 일체성의 가능성을 부여한다는 점에서 충만한(plerotic) 것으로서 여겨질 수 있다. [……] 이러한 신적 권능은 심오하게 관계적이면서도 함부로 남용되는 단어인 "사랑"과 연관되어 있는 것이다.[95]

다른 한편, 미국의 루터파 신학자인 사이먼스는 2006년도에 "Quantum perichoresis: Quantum field theory and the Trinity"라는 논문을 발표한다.[96] 이 논문은 (제목에서 충분히 짐작할 수 있듯이) 삼위 간의 결합을 설명하는 페리코레시스의 은유로서 양자 얽힘을 (다소 부정확한 방식으로) 소개한다.[97] 그 후 2014년도에 그는 "*The Entangled Trinity:*

94 Wegter–McNelly, *The Entangled God*, 125, 135.

95 Wegter–McNelly, *The Entangled God*, 142~143.

96 Ernest L. Simmons, "Quantum perichoresis: Quantum field theory and the Trinity", *Theology and Science* 4(2006), 137~150.

97 이 논문은 저자의 양자물리학 지식의 부족으로 인해 '파동–입자 이중성'과 '중첩과 관측 문제', '양자 얽힘' 등을 개념적으로 명확하게 정리하지 못한 상태에서, 이 개념들을 혼용해서 신학적으로 적용하는 한계를 보여주고 있다. 또한 엄연히 구분되는 개별 분야인 양자역학(quantum mechanics)과 양자장론(quantum field

Quantum Physics and Theology"[98]라는 저서를 통해 자신의 독자적인 "얽힌 삼위일체론"을 소개한다. 그의 삼위일체론의 특징은 양자 얽힘 개념을 통해 (앞의 두 학자와는 달리) '만유재신론'(panentheism)의 입장을 노골적으로 변호한다는 점에 있다[99]:

> 이 연구의 주제는 페리코레시스가 하나님의 삼위일체적 삶 안에서 창조주와 피조물을 상호 작용 안에서 연관시키는 얽힌 중첩으로서 진화한다(evolve)는 것이며, 이는 하나님의 만유재신론적 모델을 지지하는 것이다. 내재적 삼위일체(immanent Trinity)는 구원경륜적 삼위일체(economic Trinity)와의 동시적 중첩 안에서 존재하며 하느님과 피조물 간의 얽힌 삶 안에서 진화한다. 얽힘은 만유재신론이 육화와 성화를 포함하여 하느님과 피조물 간의 관계를 모델화하는 방식에서 은유적 명확성을 준다. 중첩과 비국소적 관계적 전체론은 만유재신론적 모델에 빛을 비추어주는 방식 안에서 부분들 안의 전체를 위한 물리학적 은유를 제공해준다. 이 만유재신론적 모델에서는 세상은 하느님 안에 존재하고, 하느님은 세상보다 더 크지만 동시에 세상 안에 계시면서 그것을 넘어서는 방식으로 존재하신다.[100]

사이먼스가 보기에 하느님은 세상보다 더 큰 존재, 전체이시면서

theory)을 혼동하고 있다.

98 Ernest L. Simmons, *The Entangled Trinity: Quantum Physics and Theology*, Minneapolis: Fortress Press, 2014. 이 책 역시도 양자물리학적 개념 정리가 명확하지 못한 한계를 보여주고 있다.

99 반면, 폴킹혼은 그의 책 *Science and The Trinity* 전체를 통해 만유재신론에 대해 비판적인 입장을 드러내고 있다. 그에 따르면, 만유재신론은 '창조주와 피조물 간의 구분을 모호하게 만들며, 사용되는 언어가 명료하지 못하다'는 문제를 안고 있다. 필자 역시 폴킹혼의 이 견해에 대해 찬성하는 입장이다. 한편, 웰터-맥넬리는 만유재신론에 대해 특별한 입장을 제시하지 않는다.

100 Simmons, *The Entangled Trinity*, 2.

부분인 세상 안에 존재하시는 분, "부분들 안의 전체"이신 분이다. 바로 이 만유재신론은 기존의 페리코레시스에 (웰터-맥넬리가 강조한 바와 같이) 양자 얽힘이라는 개념을 통한 '하느님과 피조물/세상 간의 관계'를 포함시킬 때에 비로소 명확한 의미를 가지게 된다. 그래서 그는 자신의 삼위일체론 모델을 "페리코레시스적 삼위일체 만유재신론 모델" (the model of perichoretic Trinitarian panentheism)[101]이라고 부른다.

2. 양자 삼위일체론

이제 앞에서 살펴본 '양자 얽힘' 뿐만 아니라 양자물리학의 또 다른 중요한 특성인 '중첩과 관측 문제'도 적극 활용해서 새로운 "양자 삼위일체론"(Quantum Trinitarianism)을 본 장에서 제시해 보고자 한다. 앞서 소개한 세 학자들의 "얽힌 삼위일체론"은 세 위격 간의 "관계적 얽힘" 즉 "페리코레시스"를 양자 얽힘을 통해 설명하는 것에 초점을 맞춘 편이다 보니 내재적 삼위일체(immanent Trinity)를 설명하는 데에 치우쳐져 있으며, 구원경륜(economy) 안에서의 삼위일체의 속성 이해 등 삼위일체론의 다른 중요한 주제들에는 미흡한 모습을 보이고 있다. 그래서 필자는 '양자 얽힘' 뿐만 아니라 '중첩과 관측 문제'의 여러 물리학적 특성들을 보다 깊이 고려함으로써 세 학자들의 "얽힌 삼위일체론"보다 더욱 풍성한 내용을 담은 삼위일체론적 관점, 특히 구원경륜적 삼위일체(economic Trinity)에 초점을 맞춘 독자적 관점을 이제 제시해 볼 것이다.

101 Simmons, *The Entangled Trinity*, 2, 153~154 참조.

1) 내재적 삼위일체론

삼위일체 하느님의 본질적 특성을 설명하는 내재적 삼위일체론은 381년 제1차 콘스탄티노플 공의회 이래로 여러 공의회를 거쳐 지속적으로 발전되어왔다.[102] 이 삼위일체론은 CCC에서 다음과 같이 정리, 제시하고 있다[103] :

> 삼위는 한 하느님이시다. 세 신들이 아니라, 세 위격이신 한 분 하느님, 곧 "한 본체의 삼위"(DH 421)에 대한 신앙을 우리는 고백한다. 하느님의 삼위는 신성을 나누어 가지는 것이 아니라, 각 위격이 저마다 완전한 하느님이시다. 성부께서는 성자의 본성을 지닌 바로 그분이시며, 성자께서는 성부의 본성을 지닌 바로 그분이시고, 성부와 성자께서는 성령의 본성을 지닌 바로 그분이시다. 곧 본성으로 한 하느님이시다.(DH 530) 삼위의 각 위는 이러한 실재, 곧 하느님의 실체, 본질 또는 본성이시다.(DH 804)
>
> 하느님의 세 위격은 서로 실제적으로 구분된다. 하느님께서는 한 분이시지만 홀로는 아니시다.(DH 71) 세 위격은 서로 실제적으로 구별되므로 "성부", "성자", "성령"은 단순히 하느님의 존재 양상을 가리키는 이름에 불과한 것이 아니다. 성자이신 분은 성부가 아니시며, 성부이신 분은 성자가 아니시고, 성령이신 분은 성부나 성자가 아니시다.(DH 530) 세 위격은 그 근원이 가진 관계들로써 서로 구분된다. 성부께서는 낳으시는(출생하는; *generat*) 분이시고, 성자께서는 나시는(출생되는; *gignitur*) 분이시며, 성령께서는 발하시는(발출되는; *procedit*) 분이시다.(DH 804) 하느님의 단일성은 삼위

102 박종구, 『그리스도교 교의의 역사적 형성 연구』, 서울: 서강대학교 출판부, 2012, 147 이하 참조.

103 CCC 253~255항.

로 이루어져 있다.

하느님의 세 위격은 서로 관계를 맺고 있다. 하느님의 단일성은 나누어지지 않는 것이므로, 세 위격의 실제적 구분은 오로지 위격이 다른 위격과 가진 관계에 국한된 것이다. 삼위의 이름에서 성부는 성자에 대하여, 성자는 성부에 대하여, 성령은 성부와 성자에 대하여 관계를 갖는다. 한편 이 관계로 보아 삼위를 일컬을 때에도, 삼위는 오직 하나의 본성 또는 실체라고 믿는다.(DH 528) 사실 관계의 대립이 없다면 모든 것은 하나이다.(DH 1330) 이러한 단일성으로, 성부는 온전히 성자 안에 계시고 또 온전히 성령 안에 계시며, 성자는 온전히 성부 안에 계시고 또 온전히 성령 안에 계시며, 성령은 온전히 성부 안에 계시고 또 온전히 성자 안에 계신다.(DH 1331)

위의 인용문에서 첫 번째 단락은 세 위격의 단일한 실재성(*De Deo Uno*)을 설명한 반면, 두 번째 단락은 세 위격의 실제적 구분(*De Deo Trino*)을 설명하고 있다. 이 세 위격의 실제적 구분은 (두 번째 및 세 번째 단락에서 강조하듯이) "서로 간의 관계"를 통해 가능해진다. 즉, 각 위격은 단일한 신성으로서 실재하면서 신적 실체와 동일하지만, 그와 맺는 다른 위격과의 관계에 의해서 구분되고 정의되는 것이다.[104]

"실재는 관계적이다!" 그래서 '사회적 삼위일체론'(Social Trinitarianism) 모델을 주장한 위르겐 몰트만(Jürgen Moltmann; 1926~)은 이 위격들 간의 관계를 강조하여 삼위일체를 "관계를 맺은 위격들의 신적 공동체(divine community)"로 이해한다. 그에 따르면 위격들은 곧 위격들 간의 관계이며, 관계가 없이는 위격들은 존재하지 않는 것이

104 발터 카스퍼, 『예수 그리스도의 하느님』, 김관희 옮김, 수원: 수원가톨릭대학교 출판부, 2015, 639~642 참조.

다.[105] 몰트만의 이러한 관점은 '위격들 간의 관계'를 가장 중요한 삼위일체적 특성으로 둔다는 점에서 앞에서 설명한 세 학자들의 "얽힌 삼위일체론"의 관점과 상당히 유사하며, 특히 몰트만이 사용한 "분리 안에서의 예수와 아버지 간의 공동체"(community between Jesus and his Father in separation)[106]라는 표현은 폴킹혼이 양자 얽힘의 비국소성을 설명하기 위해 사용한 표현인 "분리 안의 함께함"(togetherness-in-separation)과 사실상 같은 표현으로 보인다.

우리는 세 위격과 이들 간의 상호 관계에 대해 위에서 사용한 언어 방식으로 설명할 수 있다. 하지만 이런 언어는 유비적일 수밖에 없다. '유비'는 무한한 존재에 대해서 유한한 방식을 통해서 설명하고자 하는 시도를 의미한다. 따라서 하느님에 관한 말할 수 없는 신비를 인간이 이해하기 위해서는 유비를 통해서 그나마 표현될 수 있으며 이 유비를 통해서 우리는 삼위일체 하느님의 신비를 인간의 언어로 말할 수 있게 된다.[107]

그래서 이제부터는 양자물리학의 중요한 개념인 양자 얽힘을 통해 내재적 삼위일체를 '유비적으로' 설명해보겠다. 양자 얽힘은 예를 들어 두 개의 광자가 얽힘이라는 특수한 관계를 통해 하나의 광자쌍을 이루어서 하나의 일정한 상태를 유지할 수 있다는 점을 보여준다. 이때 이

105 Jürgen Moltmann, trans. Margaret Kohl, *The Trinity and the Kingdom: the Doctrine of God*, Minneapolis: Fortress Press, 1993, 16~20, 148~161; trans. R.A. Wilson and John Bowden, *The Crucified God: The Cross of Christ as the Foundation and Criticism of Christian Theology*, Minneapolis: Fortress Press, 1993, 235~249; 존 J. 오도넬, 『삼위일체 하느님의 신비』, 박종구 옮김, 서울: 가톨릭출판사, 2008, 178~179.

106 Moltmann, *The Crucified God*, 244.

107 Ladaria, *The Living and True God*, 445~451; 오도넬, 『삼위일체 하느님의 신비』, 181~207.

광자쌍을 이루는 두 광자를 아무리 멀리 떨어뜨려 놓아도 이 둘 간의 얽힘 관계는 끊어지지 않고 유지된다.

따라서 내재적 삼위일체는 – 마치 하나의 광자쌍을 이루는 두 개의 광자가 '서로 끊어지지 않고 얽힌 상태를 영원히 유지'하듯이 – '성부와 성자가 성령을 매개로 서로 영원히 얽혀있는 상태'로서 이해할 수 있다.[108] 그 자체로 완전한 하느님이신 성부와 성자는 '얽힘'이라는 특유의 방식으로 하나의 쌍을 이룬다. 그 영원한 얽힘을 가능케 하는 '두 위격 간의 특별한 사랑과 친교의 끈'을 우리는 "성령"이라고 부른다.[109] 또한 우리는 그들 간의 얽힌 내적 관계를 "페리코레시스"라고 부른다. 이로써 앞서 살펴본 "실재는 관계적이다!"라는 폴킹혼의 주장은 이 유비 안에서 그대로 반영된다.

그런데 이에 덧붙여 강조할 점은, 위격 간의 이러한 얽힘은 단 하나의 상태만 가지는 것이 아니라 하느님으로서 가질 수 있는 '수많은 가능한 상태들'을 가진다는 것이다. 그래서 내재적 삼위일체는 다음과 같이 표현될 수 있다:

|내재적 삼위일체 〉 = ∑ ("성부의 특정 상태" | 성부〉 ♥"성자의 특정 상태"〉 성자)

108 본 장에서 제시하는 삼위일체론은 삼위일체론을 설명하기 위해 일상적으로 자주 사용되어온 "삼각자"나 "세잎 클로버"와 같은 모델과는 엄연히 다르다. 이러한 모델들은 마치 세 위격들이 전체의 어느 일정 부분을 구성하는 것처럼 설명함으로써, 그 자체로는 완전하지 못한 한 부분일 뿐이라는 착각을 불러일으킬 여지가 있다. 하지만 본 장의 양자 삼위일체론은 각 위격이 그 자체로서 하느님의 본성을 온전히 지니고 있으면서 동시에 '성부와 성자가 성령을 통해 얽혀있다'는 점을 이용해서 삼위일체의 여러 다른 속성들을 설명하고자 하는 이론이다.

109 오도넬, 『삼위일체 하느님의 신비』, 124~126 참조.

여기서 ♥는 "성부와 성자 간의 사랑과 일치의 끈"인 '성령에 의한 두 위격 간의 얽힘'을 의미한다. 또한 여기서 "∑"는 각 위격의 가능한 모든 상태들의 중첩을 의미한다. 따라서 '내재적 삼위일체'는 '성령에 의한 성부와 성자 간의 얽혀진 가능한 모든 상태들의 중첩'으로서 설명된다.

하지만 삼위일체 하느님의 본질적 특성인 이 '내재적 삼위일체'는 우리가 경험적 관찰을 통해 인식되는 것이 아니기 때문에 '성령에 의한 성부와 성자 간의 얽혀진 가능한 모든 상태들의 중첩'이라는 점만 우리가 개념적으로 알 수 있을 뿐 더 이상의 구체적인 논의 전개는 현실적으로 힘들다. 더 이상의 논의를 위해서는 인간 역사 안에서 주어진 계시에 대한 관찰/관측/측정 행위가 이제 개입되어야만 한다. 결국 하느님에 대한 인식은 '측정 행위'가 선행되어야 하기 때문이다. 그래서 삼위일체에 대한 인간의 인식/해석은 일종의 "관측 문제", 즉 '관측에 있어서 관찰자인 인간/세상도 함께 고려해야 하는 관찰의 주관성 문제'가 된다. 이는 웰터-맥넬리의 관점에 따르면 '하느님과 세상 간의 얽힘'으로 볼 수 있다.

2) 구원경륜적 삼위일체론

앞서 양자 얽힘을 통해 내재적 삼위일체를 설명했듯이, 이제 구원경륜적 삼위일체를 '유비적으로' 살펴보겠다. 성부는 성령의 얽힘으로 인해 성자와 쌍을 이루고 있는 존재로서 이해될 수 있다. 하지만 이 성부는 우리의 인식 영역인 세상의 바깥에 계신 분, 인간 역사 안에서 직접 접할 수 없는 분이어서 인간에게 명확히 드러나지 않는다. "일찍이 아무도 하느님을 보지 못했다."(요한 1,18ㄱ) "당신들은 그분의 목소리를 결코 들어본 적도 없고 그분의 모습을 본 적도 없습니다."(요한 5,37ㄴ) "그분만이 불사불멸하시고 가까이할 수 없는 빛 속에 사시는도다. 어느 인간도 그분을 보지 못했고 볼 수도 없도다."(1티모 6,16ㄱ)

그는 대신에 자신과 쌍을 이루고 있는 성자 예수 그리스도를 통해서 우리에게 드러난다. "아버지의 품안에 계시는 외아들 하느님이신 그분이 알려 주셨다."(요한 1,18ㄴ) 성자는 바로 드러나지 않는 성부를 이해하기 위한 열쇠이다. "나를 본 사람은 이미 아버지를 보았습니다."(요한 14,9) 이 성자/"말씀"은 성부와 원래 함께 계셨다가 죄로 인해 성부로부터 멀리 떨어진 '세상'에 파견되어 오신 분이다. "맨 처음에 말씀이 계셨다. 말씀이 하느님과 함께 계셨으니 그 말씀은 하느님이셨다. 그분은 맨 처음에 하느님과 함께 계셨다... 정녕 말씀이 육신이 되시어 우리 가운데서 거처하셨다."(요한 1,1-14) 성자는 '하느님-인간 이중성'을 지닌 분으로 우리에게 인식 가능한 존재로서 우리의 인식 영역 안, 인간 역사 안, 즉 '세상' 안에서 계시의 절정으로서 드러나셨다. 바로 이 성자의 세상 안으로의 파견으로 인해, 웰터-맥넬리의 관점에 따르면, '하느님과 세상 간의 얽힘'이 결정적으로 발생하게 된다.

내재적 삼위일체에서 살펴본 바와 같이, 성부와 성자는 '얽힘'이라는 특유의 방식으로 '하나의 쌍'을 이룬다. 그 얽힘을 가능하게 하는 둘 사이의 특별한 사랑의 관계를 우리는 "성령"이라고 부른다. 이 성령, 즉 사랑과 일치의 끈은 인간의 인식 영역 안과 바깥을 연결 짓는 비가시적인 관계를 나타내기 때문에 일반적으로는 우리의 명확한 인식의 대상이 되지 못한다. 그래서 베르나르 세스부에(Bernard Sesboüé, S.J.; 1929~)는 성령을 일컬어 "얼굴과 목소리가 없는 영"(l'Esprit sans visage et sans voix)이라고 부른다. 하지만 역사 안에서 성령을 예외적으로 경험한 예가 있는데, 단적으로 성자의 세례 및 성령 강림 사건이 그러한 적절한 예가 된다.

앞에서 광자쌍을 이루는 두 광자 간의 관계는 빛 속도로 정보를 교환함으로써 유지되는 것이 아니라 이미 처음에 얽힘이라는 관계를 통해 쌍을 이루어 유지되어온 것이기 때문에 두 광자 중의 하나만 '측정'을 통해 상태가 결정되면 다른 하나의 상태는 동시에 자동적으로 비국소적 원거리 작용을 통해 알 수 있게 된다는 점을 언급했었다. 마찬가지로 비록 인간의 인식 영역 바깥의 성부와 인간의 인식 영역인 세상 안의 성자 간에는 죄와 타락으로 인한 머나먼 거리가 존재하지만, 얽힘이라는 특별한 관계를 통한 '비국소적 원거리 작용'을 통해 "하나"로 일치되어 있으며, '구원경륜 안에서' 성자의 상태를 인식함으로써 '바로 동시에' 성부에 관해서도 이해할 수 있게 된다. "나와 아버지는 하나입니다."(요한 10,30)

따라서 '구원경륜적 삼위일체'는 '인간의 인식 작용에 의한 성자의 상태 측정을 통해 시공간상의 역사 안에서 특정된 삼위일체의 하나의 상태'로서 이해된다.[110] 우리가 특별히 주목할 개별적 '구원경륜적 삼

110 "만일 관찰로써 결정되는, 아직 결정되지 않은 중첩된 상태들이 삼위일체 내에 존재한다면, 이것은 하느님 안에 '가능태'가 있음을 암시하는가? 본질이 존재인("나는 있는 나") 신 관념과 양립할 수 있는가?"라는 질문이 있을 수도 있겠다. 하지만 하느님은 본질이 곧 존재이며, 이 명제는 결코 바뀔 수 없는 신성의 본질

위일체' 상태의 예로서는 육화(Incarnation), 세례(Baptism), 거룩한 변모(Transfiguration), 십자가(Cross) 및 부활(Resurrection) 등이 있겠다. 이러한 예들은 다음과 같이 표현이 가능하다:

1. "육화" | 구원경륜적 삼위일체 〉= "육화를 명하시는 성부의 상태" | 육화를 명하시는 성부 〉 ♥ "육화하는 성자의 상태" | 육화하는 성자 〉

즉, 〈 육화하는 성자 | "육화" | 구원경륜적 삼위일체 〉= "육화하는 성자의 상태" = "2000년 전 나자렛에서 마리아의 아들로 태어난 아기 예수".

따라서 계시로 주어진 "육화하는 성자의 상태"를 관찰하고 이해함으로써 "육화를 명하시는 성부의 상태", 즉 "한처음부터 함께 한 성자의 파견을 통해 세상을 구원하고자 하시는 성부" 역시도 동시에 이해할 수 있게 된다.

2. "세례" | 구원경륜적 삼위일체 〉= "메시아로서의 사명을 부여하시는 성부의 상태" | 메시아로서의 사명을 부여하시는 성부 〉 ♥ "메시아로서의 사명을 받는 성자의 상태" | 메시아로서의 사명을 받는 성자 〉

즉, 〈 메시아로서의 사명을 받는 성자 | "세례" | 구원경륜적 삼위일체 〉= "메시아로서의 사명을 받는 성자의 상태" = "요르단강에서 세례자 요한으로부터 세례를 받는 예수".

적 특성이다. 필자가 '관찰로써 결정되는 상태들'이라고 언급한 것은 '인간 차원에서 아직은 결정되지 않은 것으로 보이면서 곧 관찰로 결정될' 상태를 의미한다. 삼위일체 안에서는 아직 결정되지 않은 상태라는 것은 있을 수 없다. 다만 인간의 관점에서 보기에는 아직 결정되지 않은 것처럼 보이는 상태가 있을 수 있다는 것이다. 예를 들어 '최후의 심판 때에 재림하실 예수'의 상태는 인간의 관점에서 보기에 아직 결정되지 않은 것처럼 보이지만 삼위일체 안에서는 이미 결정되어 있는 상태이며 언젠가 인간들의 관찰을 통해 결정될 상태로 볼 수 있는 것이다.

따라서 계시로 주어진 "메시아로서의 사명을 받는 성자의 상태"를 관찰하고 이해함으로써 "메시아로서의 사명을 부여하시는 성부의 상태", 즉 "친히 "너는 내 사랑하는 아들이니, 나는 너를 어여삐 여겼노라"(마르 1,11)라고 밝히시면서 무죄한 당신의 아들을 세례를 통해 구원의 메시아로 준비시키는 성부" 역시도 동시에 이해할 수 있게 된다.

3. "거룩한 변모" | 구원경륜적 삼위일체 〉= "거룩하게 변모하도록 명하시는 성부의 상태" | 거룩하게 변모하도록 명하시는 성부 〉 ♥ "거룩하게 변모하는 성자의 상태" | 거룩하게 변모하는 성자 〉

즉, 〈 거룩하게 변모하는 성자 | "거룩한 변모" | 구원경륜적 삼위일체 〉= "거룩하게 변모하는 성자의 상태" = "거룩하게 빛나는 모습으로 모세, 엘리야와 함께 대화하는 예수".

따라서 계시로 주어진 "거룩하게 변모하는 성자의 상태"를 관찰하고 이해함으로써 "거룩하게 변모하도록 명하시는 성부의 상태", 즉 "친히 "내 사랑하는 아들"(마르 9,7)이라고 표현하시며 아들의 신적 본성이 드러나기를 원하시는 성부" 역시도 동시에 이해할 수 있게 된다.

4. "십자가" | 구원경륜적 삼위일체 〉= "넘겨주는 성부의 상태" | 넘겨주는 성부 〉 ♥ "넘겨지는 성자의 상태" | 넘겨지는 성자 〉

즉, 〈 넘겨지는 성자 | "십자가" | 구원경륜적 삼위일체 〉= "넘겨지는 성자의 상태" = "십자가상 죽음을 앞두고 피땀을 흘리며 몹시 괴로워하는 버림받은 예수".

따라서 계시로 주어진 "넘겨지는 성자의 상태"를 관찰하고 이해함으로써 "넘겨주는 성부의 상태" 역시도 동시에 이해할 수 있게 된다. 이 부분은 뒤에서 더욱 자세히 살펴볼 것이다.

5. “부활” | 구원경륜적 삼위일체 〉= “일으키는 성부의 상태” | 일으키는 성부 〉 ♥ “일으켜지는 성자의 상태” | 일으켜지는 성자 〉

즉, 〈 일으켜지는 성자 | “부활” | 구원경륜적 삼위일체 〉= “일으켜지는 성자의 상태” = “부활해서 제자들에게 발현하는 예수”.

따라서 계시로 주어진 “일으켜지는 성자의 상태”를 관찰하고 이해함으로써 “일으키는 성부의 상태”, 즉 “온 인류를 대신해서 넘겨짐과 죽임을 당한 아들을 일으키심으로써 죄와 죽음을 이기시고 구원을 가져오신 성부의 기쁨과 환희” 역시도 동시에 이해할 수 있게 된다.

이 다섯 가지 예들을 통해 명확히 알 수 있듯이 성부는 ‘하명’(下命; order, command) 혹은 소명(calling)으로, 성자는 성부의 뜻에 따라 철저히 ‘순명’(順命; obedience) 혹은 응답(response)으로 모든 활동을 한다. “나는 내 뜻이 아니라 나를 보내신 분의 뜻을 찾고자 하기 때문입니다.”(요한 5,30) 바로 이 ‘하명-순명 관계’가 양자 얽힘의 관점에서 바라본 구원경륜적 삼위일체의 중요한 특징인 것이다. 그리고 성부-성자 간의 이 모든 철저한 하명-순명 관계를 두 위격 간의 관계에 적용해서 한마디로 정리해 낸 개념이 바로 교회 안에서 그동안 통용되어온 “낳다”(출생하다; *generat*)와 “나시다”(출생되다; *gignitur*)라 할 수 있다.[111] 성부는 하명

---

111 토마스 아퀴나스, 『신학대전』 I. Q.27, A.2~4 참조: 하느님의 말씀의 발출은 출생이라 불린다. 말씀은 생명의 작용인 지성적 활동을 통해 발출한다. 그것은 자신과 결부된 근원에서 발출하며, 유사성에 따라 발출한다. 그것은 한 본성 안에서 존재한다. 하느님 안에서는 인식 활동과 존재가 동일하기 때문이다. 따라서 하느님 안에서의 말씀의 발출은 출생이라 불리고 발출하는 말씀 자신은 성자라고 불린다. 하느님 안에서의 발출은 행위자 자신 안에 머무는 행위에 의한 것으로서, 그러한 활동에는 지성의 활동과 의지의 활동이 있다. 이 중 말씀의 발출은 지성적 작용에 의한 것이다. 지성은 인식된 사물이 그 유사성에 따라 지성 안에 있음으로 해서 현실태가 된다. 따라서 지성의 성격에 따라 파악되는 발출은 유사성의 성격을 따르고, 그런 한에서 발출은 출생의 성격을 가질 수 있는데, 모든

으로 성자를 낳고, 성자는 순명으로 성부에게서 나신다. 바로 이 '근원적인' 하명–순명 관계는 성령을 통해 얽혀 있으면서 구원경륜 안에서 – 위에서 언급한 다섯 가지 예들과 같은 – 수많은 가시적, 역사적 사건들을 통해 세상에 드러났던 것이다.

여기서 측정의 주체는 사실 측정 대상을 제외한 누구나 가능하다. 그래서 성자의 측정 주체로는 성부 하느님, 천사와 영적 존재들, 그리고 인간들이 원칙적으로 가능하다. 육화의 상태나 부활의 상태 등 성자의 특징적인 상태는 우선 성부 하느님의 하명이 있은 후 성자의 순명과 이어지는 성부 하느님의 측정을 통해 하나의 상태가 결정된다. 이렇게 결정된 성자의 상태는 인간에 의해 후에 측정되어 그 상태의 특성이 가시적, 역사적 사건들로서 알려지게 된다.

이 모든 가시적, 역사적 사건들 중에서 특히 "십자가 사건"은 성부와 성자 간의 하명–순명 관계가 극적으로 드러남으로써 오직 삼위일체의 신비 안에서만 온전히 이해가 가능해지는 '특별한 삼위일체적 사건'이라고 말할 수 있다[112]: 바오로에 따르면, 십자가 사건은 성부와 성자의 이중적 순명을 내포하는 사건이다. 로마서 8,32는 성부를 "당신의 친아드님마저 아끼지 않으시고 오히려 우리 모두를 위해 그분을 넘겨주신 분"으로 묘사한다. 아울러 갈라 2,20에서는 성자를 "나를 사랑하시고 나를 위해 당신 자신을 바치신 하느님 아드님"으로 묘사한다. 이

출산자는 자신과 유사한 것을 낳기 때문이다.

112 Hans Urs von Balthasar, trans. Aidan Nichols, O.P., *Mysterium Paschale: The Mystery of Easter*, Edinburgh: T&T Clark, 1990, 89~140; Moltmann, *The Crucified God*, 235~249; Ladaria, *The Living and True God*, 104~107; 오도넬, 『삼위일체 하느님의 신비』, 108~116.

두 경우에 사용된 헬라어 단어 "παραδίδωμι"는 "넘겨주다"(hand over, deliver, give up)라는 의미이다. '넘겨준다'는 것은 무엇을 의미하는가? 바로 하느님의 포기를 의미하는 것이다. 십자가는 두 번에 걸친 하느님의 버려짐 사건이다. 성자는 성부에게서 버림을 받아 죽음에 넘겨진다. 반대로 성자를 포기하신 성부는 성자의 죽음으로 인해서 고통을 받는다. '양자 얽힘'의 관점에 따르면, 성부로부터 넘겨짐을 겪는 성자가 죽음을 겪는 '바로 그 순간' 성자를 넘겨준 성부는 성자의 죽음과 '동시에' 고통을 받게 되는 것이다. 십자가 사건의 순간에 하느님이라는 존재는 갈기갈기 찢기고 만다. 성부와 성자가 죽음, 어둠, 죄로 갈라지고 마는 것이며 버림받음이라는 큰 고통을 겪는 것이다. 바로 이 고통받는 하느님은 단지 유신론적인 관점에서 생각되어서는 이해가 되지 않는 것이다. 이것이 바로 삼위일체적 관점이 필요한 이유인 것이다. 십자가는 성자의 수난뿐만 아니라, 성부의 수난, 즉 성자를 상실한 고통도 함께 함축하는 사건, 하느님과 하느님 사이의 사건이기 때문이다.

이 십자가 사건에서 특히 조심해서 살펴보아야 할 점은 이 사건이 성부와 성자 사이의 사랑의 친교가 잠시나마 단절된 것처럼 보이는 사건이라는 점이다. 따라서 마치 두 위격 간의 사랑과 일치의 끈인 성령의 활동이 드러나지 않는 것처럼 보인다. 이는 다시 말하면 성령에 의한 두 위격 간의 사랑의 얽힘이 일시적으로 단절되는 것으로 해석될 수 있다. 이러한 해석은 성자께서 참 하느님인데도 불구하고 성부로부터 넘겨진 버림받은 죄인으로서 "땀이 마치 핏방울처럼 땅에 떨어지는"(루카 22,44) 극단적인 고통을 겪으시고, 더 나아가 "나의 하느님, 나의 하느님, 어찌하여 나를 버리셨습니까?"(마태 27,46)라고 울부짖는 죽음 직전의 장면을 통해 그 설득력을 얻는 것처럼 보인다. 하지만 아들은 아버지로부터 버려지는 것처럼 보이나 여전히 아버지께 대한 순명 안에 있고 성령 안에서 아버지의 뜻을 철저히 따르기 때문에, 십자가상의 죽음 사건은 여전히 삼위일체적 사건인 것이다. 따라서 십자가상의 성자의 죽음의 순간에도 성령에 의한 두 위격 간의 사랑의 얽힘은 여전히 존재하는 것이다.

세상의 죄에 대한 아버지의 분노에 대해 그 죄를 떠맡은 아들은 "이 잔을 저에게서 거두어 주소서"(마르 14,36)라는 자신의 뜻을 솔직히 밝힘에도 불구하고, 결국 자신을 넘기기를 허락/허용하시는 아버지의 뜻이 정해지는 그 순간 동시에 온전히 순명한다(*reductio in obedienciam*). 그분께서는 "자신을 낮추시어, 죽음, 곧 십자가의 죽음에 이르기까지 순종하셨도다."(필립 2,8) 그리고 유다 이스가리옷의 배반으로 인한 체포부터, 산헤드린과 빌라도 앞에서의 재판을 거쳐 십자가형에 이르는 여러 차례의 '넘겨짐'의 과정을 겪게 된다. 하지만 아들은 넘겨짐의 주체이신 아버지의 '넘겨줌'에 매순간 순명한다. 아버지는 인간에 대한 사랑으로 아들을 넘겨줌으로써 인간을 구원하시고, 동시에 아들은 아버지와 인간에 대한 사랑으로 기꺼이 자신을 내어주시는 것이다. 그럼으로써 인류에는 '죄로부터의 구원과 의로움'이 찾아오게 된다. "하느님께서는 죄를 모르는 그분을 우리를 위하여 죄로 만드시고 우리가 그 분 안에서 하느님의 의로움이 되도록 하셨습니다."(2코린 5,21) "아버지께서는 죄로 말미암아 흩어진 인류를 성자의 피와 성령의 능력으로 다시 한 가족이 되게 하시고..." (연중 주일 감사송 8) 이로써 하느님과 세상 간에는 세상의 어떤 죄도 끊을 수 없는 '영원하고도 결정적인 화해의 얽힘'이 이루어진다. "이제 그분은 죽음을 통하여 자기 육신의 몸으로 (여러분과) 화해시키셨습니다."(골로 1,22ㄱ)

결국 성자의 온전한 순명으로 인해 성령에 의한 두 위격 간의 사랑의 얽힘은 단 한순간도 단절되지 않게 된다. 따라서 십자가 사건은 영원히 자신의 존재를 타자 존재에게 내어 맡김으로써 가능한 '삼위일체적 사건'이며, 이렇게 상호 버림받음을 통해 위격적으로 구분된 성부와 성자는 성령의 얽힘 작용 안에서 영원히 한 분 하느님이신 것이다. 또한 바로 그 하느님은 성자를 내어주심으로 인한 세상과의 화해의 얽힘을 통해 사랑 그 자체이신 당신의 본성을 역사 안에서 명백히 드러내 보여주신다. "하느님은 사랑이십니다."(1요한 4,16ㄴ)

그런데 지금까지 살펴본 내용만 놓고 본다면 성령에 관해서는 '성부와 성자 간의 사랑의 얽힘' 이상의 설명을 하지 못한 것으로 보인다. 앞서 소개한 세 학자들 및 몰트만 등의 삼위일체론에서도 성령에 관한 논의는 성부/성자에 비해 상대적으로 잘 드러나지 않는 편이다.[113] 하지만 사실 성령은 이 세상에 직접적으로 지대한 영향을 끼치는 하느님이시다: 이미 강조한 바와 같이 성령은 성부와 성자 간의 사랑의 얽힘, 친교와 일치의 끈이다. 이 성령은 성자의 육화로 인해 성부와 세상을 연결 짓는 얽힘으로서 작용하신다. 그리고 십자가 사건을 통해 하느님과 세상 간에 '영원하고도 결정적인 화해의 얽힘'이 이루어지고 성령 강림을 통해 스스로를 드러내신 이후, 성자의 몸과 피인 성체와 성혈을 받아 모시는 세상의 성도들과 성부 사이를 연결짓는 얽힘 작용을 현재까

113 어쩌면 이 문제는 서구 신학의 공통된 문제일 수도 있겠다. 단적으로 카스퍼는 서구 신학에서의 성령론의 취약성을 언급하면서 이를 "성령 망각 현상"이라고 부르고 있다. 카스퍼, 『예수 그리스도의 하느님』, 456~460 참조.

지 하고 계신다. 그러면서 우리 안에서 '비국소적 원거리 작용'으로서 우리를 대신하여 우리를 위하여 시간의 지체 없이 성부께 탄식해 주시고 간구해 주신다. "이와같이 영께서도 우리의 연약함을 떠받쳐 주십니다. 사실 우리는 무어라 기도해야 마땅할지 모르고 있으나 영께서는 말로 다 할 수 없는 탄식으로 몸소 대신 빌어 주십니다. 그러나 마음을 꿰뚫어보시는 하느님께서는 영의 뜻하시는 바를 아시니, 사실 영께서 당신께 맞갖게 성도들을 위해 기도하고 계시다는 것을 아십니다."(로마 8,26-27) 하느님이신 성령께서는 친히 얽힘의 방식으로 세상을 위하여 기도/간구하시는 방식을 통해, "하느님은 사랑이십니다"라는 명제를 또 다시 확인시켜 주신다. 이렇듯이 성부로부터 발출된 성령은 성부와 성자 간의 사랑의 얽힘으로서 영원히 존재한다.

바로 이 성령은 - 전통적인 삼위일체론의 표현을 빌리면 - 하명하는 하느님인 성부로부터 순명하는 성자를 향하여 "발출되는" (*procedit*) 위격적 사랑의 얽힘이다. 그래서 발출의 주체로서 그 주도권을 쥔 분은 바로 하명하는 하느님인 성부인 것이다. 그런데 이 "하느님 안에서의 사랑의 발출"은 성자를 향한 사랑이 성부의 "의지"에 의해 생겨난 것이므로 - 토마스 아퀴나스가 강조한 바와 같이 - 성자를 낳는 것과는 구별된다고 할 수 있다.[114]

114 토마스 아퀴나스, 『신학대전』 I. Q.27, A.4 참조: 하느님 안에서의 사랑의 발출은 출생이라고 불려져서는 안 된다. 의지는 원해진 것의 어떤 유사성이 의지 안에 있음으로 해서가 아니라 의지가 원해지는 것에로의 어떤 경향성을 갖고 있는 데서 현실태로 되는 것이다. 의지의 발출은 유사성의 방식에 의한 것이 아니라 한 대상으로 충동해가고 움직여가는 방식에 의해 생겨난다. 그래서 하느님 안에서 사랑의 방식으로 발출하는 것은 출산된 자로서나 아들로서 발출하는 것이 아니라 영으로서 발출한다. 이 명칭은 생명의 움직임과 충동을 표현하는데 그것은 어떤 사람이 어떤 행동을 하기 위해서 사랑으로 움직여지고 충동되는 것으로 기

지금까지 살펴본 바와 같이, 구원경륜적 삼위일체는 '하나의 특정한 상태', 즉 '인간의 인식 작용에 의한 성자의 상태 측정을 통해 시공간상의 역사 안에서 특정된 사랑이신 삼위일체의 하나의 상태'로서 설명된다. 그 상태는 우리에게 드러난 성자 예수 그리스도를 통해 알려지고 관찰되며 계시된다. 그래서 성자 예수 그리스도는 바로 '계시의 정점'인 것이다. 그 구원경륜적 삼위일체 전체의 상태는 성자의 상태를 세상 안에서의 우리의 역사적 경험, 인식론적 경험, 계시적 경험을 통해 이해함으로써 최소한 어느 정도는 이해될 수 있다. 이것은 피조물 내의 속성인 '양자 얽힘'이 구원경륜적 삼위일체의 속성을 설명하는 데에 유용함을 보여주는 것이다. 따라서 인간이 역사 안에서 경험한 삼위일체 하느님은 곧 '위격 간의 얽힘으로 인해 사랑으로 충만된 한 상태'로서 유비적으로 이해될 수 있는 것이다. 이것이 양자물리학적 관점을 통해 우리가 새롭게 현대적으로 재해석한 구원경륜적 삼위일체인 것이다.

3) 내재적 삼위일체와 구원경륜적 삼위일체 간의 관계

그렇다면 우리가 지금까지 살펴본 내재적 삼위일체와 구원경륜적 삼위일체 간의 관계는 어떠한가? 카를 라너(Karl Rahner, S.J.; 1904~1984)는 "구원경륜적 삼위일체는 내재적 삼위일체이며, 그 역도 성립한다"(The Economic Trinity is the Immanent Trinity, and vice versa)라는 유명한 삼위일체론 공리를 제시했었다.[115] 이 공리를 글자 그대로 살

술되는 것과 같다.

115 Karl Rahner, trans. Joseph Donceel, *The Trinity*, London: Continuum, 2001; 카

펴보면 "구원경륜적 삼위일체 = 내재적 삼위일체"(The Economic Trinity is equal to the Immanent Trinity)라는 말로 해석될 여지가 있는데, 이 등식은 다분히 오해의 여지가 있다. 왜냐하면 우리가 앞에서 살펴보았듯이 내재적 삼위일체는 '가능한 모든 상태들의 중첩'인 반면, 구원경륜적 삼위일체는 '관찰/측정을 통해 인간 역사 안에서 드러난 하나의 특정한 상태'여서 둘 사이에는 엄연한 차이가 있기 때문이다.

라너의 이 공리에 대한 교황청 국제신학위원회(International Theological Commission)의 권위있는 해석에 따르면, 이 공리는 다음과 같이 해석되는 것이 옳다: "구원경륜 안에서 드러난 삼위일체는 내재적 삼위일체이고, 그 구원경륜 안에서 자유로이 무상으로 통교하는 분이 바로 내재적 삼위일체이다."(*Trinitas quae in salutis Oeconomia sese manifestat immanens Trinitas est, et Trinitas immanens ipsa est quae libere et gratiose sese in salutis Oeconomia communicat.*)[116] 그래서 이 공리는 양자 삼위일체론에 따르면 다음과 같은 재해석이 가능해진다: '관찰 가능한 계시의 절정이신 예수 그리스도를 통해서 드러난 구원경륜적 삼위일체는 곧 내재적 삼위일체의 하나의 개별적 상태이므로, 인간 역사 안에서 드러난 구원경륜적 삼위일체는 내재적 삼위일체에 상응한다. 또한, 내재적 삼위일체는 어떠한 제약 조건이 없는 가능한 모든 상태들의 중첩인데, 바로 이분은 스스로 자유로이 무상으로 통교함으로써 하나의 상태

스퍼, 『예수 그리스도의 하느님』, 607~614; Dennis W. Jowers, *The Trinitarian Axiom of Karl Rahner: the Economic Trinity is the Immanent Trinity and Vice Versa*, Lewiston: The Edwin Mellen Press, 2006, 67~111.

116 "Theologia, Christologia, Anthropologia", *International Theological Commission*, (1981), I.C.2.

인 구원경륜적 삼위일체로서 유한한 인간 역사 안에서 계시를 통해 드러나는 분이다.' 따라서 가능한 모든 상태들의 중첩인 내재적 삼위일체는 구원경륜 안에서 해체될 수는 없으며, 하나의 상태인 구원경륜적 삼위일체는 내재적 삼위일체를 드러내는 것이다. 구원경륜적 삼위일체는 계시의 충만함이신 예수 그리스도를 통해 우리의 역사 안에서 자유로이 통교되지만, 우리는 종말에 가서야 그분을 있는 그대로, 내재적 삼위일체 그 자체로서 보게 된다. 이 상태가 바로 "지복직관"인 것이다.

3. 5장의 결론

우리는 지금까지 양자 삼위일체론에 대해 살펴보았다. 삼위일체 하느님은 '양자 얽힘' 개념을 통해서 유비적으로 이해될 수 있는 하나의 가능성이 있음을 우리는 보았다. 이로써 양자적으로 얽혀있는 하나의 광자쌍은 인간을 넘어서 모든 물질계 안에서 보편적으로 발견되는 "삼위일체의 흔적"(*vestigium trinitas*)[117] 중의 하나로서 여겨질 수 있을 것이다. 따라서 본 장은, 웰터-맥넬리가 이미 언급했듯이, 인간뿐만 아니라 물질계 안에서도 바로 그 삼위일체의 흔적이 반영되어 있으며 그 물질계의 양자물리학적 원리들을 통해 삼위일체의 흔적의 반영을 유비적

117 아우구스티누스(Augustinus)는 자신의 저서 『삼위일체론』(*De Trinitate*)에서 인간은 하느님의 모상이며, 하느님의 모상의 내용은 바로 "삼위일체의 흔적"이라고 해석한다. 인간에게는 이러한 삼위일체의 흔적이 반영되어 있기 때문에, 인간의 속성을 통해 이러한 삼위일체의 흔적의 반영을 유비적으로 이해하면 비로소 삼위일체를 이해할 수 있다고 그는 주장한다. 아우구스티누스, 『삼위일체론』 VI.10.12 및 XI.1.1 이하 참조.

으로 이해함으로써 삼위일체를 어느 정도는 이해할 수 있다는 점을 보이려 시도한 것이다.[118]

이 새로운 양자 삼위일체론은 '얽힘', '상태' 등 소수의 양자물리학적 개념들만으로 설명이 가능하다는 장점이 있다. 이 이론은 철저히 인식론적인 경험, 관찰 및 유비에 입각한 것이어서 기존의 내재적 삼위일체론이 지닌 필연적인 불확실성과 지나친 사변적 논리들로 인한 피로감을 일부나마 덜어줄 수도 있지 않을까 싶다. 그래서 공의회 문헌이나 토마스 아퀴나스의 『신학대전』이 보여주는 사변적 접근법에서 큰 의미를 찾지 못한 이들에게는 이 새로운 이론이 좋은 유비를 제공해 줄 수 있다고 본다.

특히 양자 삼위일체론은 전통적인 삼위일체론에서 어려운 문제로 여겨져왔던 삼신론(Tritheism) 및 양태론(Modalism)으로부터 자유롭다는 큰 장점을 지닌다: 세 위격은 하나의 얽힌 상태(한 본성)를 유지하는 요소이므로 '한 본성 안의 세 위격'이라는 전통적인 정식은 자연스럽게 성립한다. 하지만 이 이론에서는 성부, 성자, 성령이 양태론적으로 드러날 여지가 없다. 사람이 되어 오심으로써 "보이지 않는 하느님의 보이는 모상"(골로 1,15 참조)이신 분, 그래서 "우리가 듣고 우리 눈으로 보고 살펴보고 또 우리 손으로 만졌던 분"(1요한 1,1 참조)은 성자이기 때

118 양자물리학을 매개로 삼위일체의 신비를 가늠해보려는 시도가 혹시라도 1차 원인인 하느님을 양자물리학의 원리가 적용되는 물질 세계 내 인과율(2차 원인)에 종속시킨다는 인상을 줄 염려는 없는가 하는 의문이 생길 수 있을 것이다. 필자가 본서 안에서 일관되게 고려한 하느님은 자신이 창조하신 양자물리학적 원리를 깨트리지 않으면서 신적 활동(divine action)을 행하는 분이다. 이 하느님은 자신이 창조하신 자연 과정들의 시간적 흐름 안에서 신적 활동을 하지만, 자연 과정에 개입하지 않고 종속되지 않으며 위반하지 않는 1차 원인으로서 영원히 우리와 함께 하시는 분인 것이다.

문이다.

또한, 양자 삼위일체론에 따르면 세상 안에서의 하느님의 활동(신적 활동; divine action)은 반드시 삼위일체적 얽힘이 전제될 때에만 설명이 가능하다. 성부나 성자, 성령이 다른 위격과는 별개로 세상 안에서 독자적인 활동을 하는 것은 원천적으로 불가능하다. 성자의 모든 공생활 활동 및 성령의 활동들은 모두가 삼위 간의 사랑의 얽힘 안에서만 일어날 수 있는 것이다. 따라서 얽힘으로 인한 하나의 특정한 상태(구원경륜적 삼위일체)를 개별 위격 각각을 통해 규정짓는 것이 아니라 위격 간의 얽힘 전체로서 바라보기 때문에, 세 가지 위격을 개별적으로 구분짓는 삼신론적인 문제에 빠질 위험도 사실상 없는 것이다.

하지만 본 장에서 제시한 양자 삼위일체론이 약점이 없는 완벽한 삼위일체론이라는 것은 아니라는 점을 밝히고자 한다. 이 이론은 성부와 성자를 광자로, 성령을 두 광자 사이의 얽힘으로 보면서 그 유비를 통해 삼위일체를 설명하는 이론이기 때문에 성부(혹은 성자)와 성령이 마치 본성이 다른 것처럼 비춰질 여지가 있다. 삼위일체를 신학적으로 설명한 세상의 모든 이론들이 지금까지 그러하듯이 이 이론 역시도 이러한 약점이 존재하고 있다는 점을 언급한다.

결론적으로 본 장에서 제시한 양자 삼위일체론은 양자물리학적 얽힘이라는 개념이 삼위일체론을 유비적으로 설명하는데 어느 정도 도움이 됨을 보여준다. 특히 본 장의 이론은 폴킹혼 등이 제시한 얽힌 삼위일체론의 주요 내용인 "페리코레시스"를 온전히 포용할 수 있다는 강점이 있음을 보여주었다.

마지막으로 강조하고자 하는 것은, 이 양자 삼위일체론은 양자물리학의 지속적인 발전에 따라 더욱 깊은 논의가 함께 이루어질 수 있다는 점이다. 물론, 폴킹혼이 이미 지적한 바와 같이 “과학의 관계적 맥락 그 자체는 신학의 이 신비에 새로운 빛을 비춰주는 것도 아니고, 심지어 신학의 필연적인 진리를 입증해주는 것도 아니다.” 하지만, 앞에서 이미 살펴본 바와 같이, “물리 세계에 관한 과학의 묘사가 이 세계가 바로 삼위일체이신 하느님께서 창조하신 세계라는 믿음과 놀랍도록 잘 들어맞는” 것을 볼 때 본 장에서 소개한 양자 삼위일체론은 물리학의 발전에 발맞춰 앞으로 많은 논의가 이루어질 잠재성이 있는 삼위일체론으로 성장할 것으로 기대해 본다. 어쩌면 이 점이 아마도 1장에서 “현대물리학의 사고방식이 아리스토텔레스의 철학보다 우리의 경우 어쩌면 더 큰 도움이 될지도 모른다”라고 언급했던 라칭거가 일찍이 기대했던 바였는지도 모른다.

제6장

예수 부활 사건의 양자물리학적 해석

1. 예수 부활 사건에 관한 간략한 요약

이 장에서는 마태오복음 28장, 마르코복음 16장, 루카복음 24장 및 요한복음 20장의 내용을 개략적으로 살펴보면서 이들 내용 안에서 묘사되고 있는 '예수 부활 사건'에 대해 정리해 보고자 한다.

이를 위해 우리는 '예수 부활 사건'에 관해 다음과 같은 질문들을 해 보고자 한다.

1. 예수 부활 사건은 과학적으로 증명될 수 있는 사건인가?

2. 예수 부활 사건은 역사적으로 실제로 있었던 사건인가?

3. '빈 무덤' 사건은 예수 부활의 확실한 증거가 될 수 있는가?

우선 첫 번째 질문에 접근해 보고자 한다. *예수 부활 사건은 과학*

적으로 증명될 수 있는 사건인가?

우리의 신앙은 초자연적이고 단 한번 발생하는(유일회적인) 계시를 누군가가 받아들이는 예외적인 사건으로부터 흔히 발생된다. 예를 들어, 모세라는 한 인물이 불타는 떨기나무를 통해 들려오는 음성을 접하는 초자연적이고 유일회적인 사건으로부터 이집트 탈출이라는 놀라운 구원의 역사가 시작되는 것을 살펴보자. 이때 계시를 받아들인 장본인(모세)의 주변인들(이스라엘 백성들)은 그들에게 전달된 계시 내용을 분석하기 시작한다. 그래서 그 계시 내용과 자신들의 경험을 비교한 후이 계시 내용이 받아들여질 만하다고 판단되면 그때에야 비로소 그 계시 내용을 신앙으로서 받아들이게 된다. 이렇듯이 신앙은 초자연적이고 유일회적인 사건의 주관자로부터 계시를 받아들인 누군가를 통해 주어지는 계시 내용을 나머지 사람들이 받아들임으로써 퍼져나가게 된다.

반면, (연역법에 기반한 수학을 제외한) 물리학, 화학, 생명과학 등 실험 및 관측에 입각한 과학은 경험적 사실들을 관찰하거나 특정 조건하에서 실험을 한 후, 방대한 데이터를 축적하는 과정을 가장 중요한 특징으로 여긴다. 만일 이 방대한 데이터로부터 유사한 패턴이나 질서가 보이게 되면 엄밀한 분석 과정을 거쳐서 발견되는 패턴이나 질서의 재현성, 보편성이 의심의 여지가 없을 때 결국 경험 법칙과 원리로 나아가게 된다. 이렇듯이 과학은 경험적 사실들로부터 귀납적 추론을 통해 경험 법칙, 원리로 나아가는 접근법을 따른다.

그러다보니 과학은 경험으로부터 얻어진 '수많은' 데이터에 '보편적'으로 존재하는 법칙, 원리를 발견하는 것을 그 목적으로 하기 때문에, 관측을 통해 주어지는 데이터의 양이 일단 많아야만 한다. 바로 이러한 수많은 데이터로부터 장소, 시간에 구애되지 않는 보편적 법칙을 찾는 것이 과학의 궁극적인 목적이라 할 수 있다.

반면 신앙은 인간의 역사 안에 주어진 '유일회적인' 계시를 자신의 경험에 비추어 받아들이는 과정을 통해 탄생되고 퍼져나간다. 여기서 신앙의 내용인 계시는 이 세상의 역사 안에서 단 한번 주어지며 결코 반복되지 않는 특징을 가진다. 모세가 경험한 '불타는 떨기나무 사건'은 인류 역사 안에서 오직 모세 만이 그의 평생 안에서 단 한번 경험한 것이다. 따라서 유일회적인 계시 내용은 그 자체로는 결코 보편적이라고 할 수 없지만, 그 계시 내용을 접한 사람들이 그 계시 내용과 자신들의 삶의 경험을 비교하는 과정에서 어느 정도의 보편성을 획득하게 되며 그 계시 내용은 점차 권위를 얻어 나가게 된다.

과학의 관점에서 보기에는 인간 역사 안에서 일어난 '모든 사건들'은 특정한 법칙을 통해 설명할 수 있어야 하며 그렇지 않은 예외적인 사건은 거짓 혹은 관찰의 오류로 여겨진다. 그러다보니 '수많은' 데이터에 의존하는 과학의 관점에서 보기에는 인간 역사 안에서 일어난 '유일회적인' 사건을 계시라는 차원으로서 이해하며 특별한 의미를 부여하는 것은 납득하기 힘들어 보인다. 과학이 보기에는 그러한 유일회적인 사건은 측정의 오류 내지는 데이터의 조작으로 보일 수 있기 때문이다. 현재 많은 과학자들이 본 장의 중심 주제인 '예수 부활 사건'을 쉽게 받아들이지 못하는 이유는 바로 이 유일회적 부활 사건이 그들의 관점에서는 측정의 오류(누군가가 헛것을 본 것)나 데이터의 조작(누군가가 자신의 이익을 위해 의도적으로 부활을 거짓 주장한 것)으로 보이기 때문이다. 누군가가 카메라나 캠코더로 예수 부활 당시의 순간을 촬영했거나 적어도 맨 눈으로라도 부활 당시의 순간을 목격하기만 했더라도 그나마 객관적인 근거를 확보할 수 있었을텐데 현실은 그렇지 못하기 때문에 더더욱 측정의 오류 내지는 데이터의 조작 혐의를 받을 수밖에 없는 상황인 것이다.

반면, 신앙의 관점에서 보기에는 세상의 모든 사건들은 특정한 법칙만으로는 설명 불가능한 '고유성'이 있으며 그 고유성 안에서 활동하시는 신적 존재의 계시를 찾을 수 있다고 여겨진다. 그러다보니 신앙의 관점에서 보기에는 예수 부활 사건을 비롯한 '유일회적인' 주요 사건들의 초자연성과 특별함을 과학이 단지 '단 한번 발생했으며 구체적인 근거도 희박하다'는 이유를 들어 평가절하하는 것은 신앙의 권위를 훼손하는 모욕적인 태도로 여겨진다.

과학은 법칙이라는 보편성의 눈으로 모든 사건들의 개별성을 설명하려고 시도한다. 반면, 신앙은 특정한 계시 사건이라는 개별성의 눈으로 모든 사건들의 보편성을 설명하려고 시도한다.[119] 따라서 과학과 신앙 사이의 바로 이러한 첨예한 긴장 속에서 우리가 살펴보아야 할 주제가 바로 '예수 부활 사건'인 것이다. 그리고 이 예수 부활 사건은 적어도 과학의 영역 안에서는 설명되기에 대단히 어려운 주제임을 우리는 받아들여야 할 필요가 있다. 부활 사건이 '단 한 번 발생했으며 그 근거가 희박하다'는 점 자체가 이미 귀납적 추론에 입각한 과학의 영역에 들어서기에 부적합해 보이기 때문이다.

그렇다면 우리는 다음과 같은 질문을 할 수 있다. 이 세상에는 분

119 김도현, 「현대의 과학 시대에서도 신앙은 과연 의미가 있는가?: 과학주의에 관한 비판적 고찰을 통한 신앙의 의미 탐색」, 『신학전망』 204(2019), 135~137 참조.

명히 '기적'이라는 것이 존재하지 않는가? 과달루페, 루르드, 파티마 등의 성모 발현 성지들만 둘러봐도 여러 다양한 기적들이 이미 존재했고 교회의 공식 기록들과 증언들이 쌓여있기 때문에, 예수 부활 사건 역시 인간 역사 안에 분명히 존재한 역사적 사건이자 일종의 기적 사건으로서 받아들여질 수 있지 않을까? 그래서 우리는 이제 두 번째 질문에 다다르게 된다. *예수 부활 사건은 역사적으로 실제로 있었던 사건인가?*

사실 이 질문에 대해서도 우리는 자신있게 말을 하기가 쉽지 않다. 만일 요세푸스의 역사서나 당시 로마의 역사서 중의 단 한 권 안에라도 예수 부활 사건이 간략하게나마 기록으로 언급이 되어 있다면 우리는 그 사건의 역사적 근거에 대해 말을 하기가 더 쉬울 것이다. 그런데 유감스럽게도 우리가 성경이라고 부르는 책들 외에는 예수 부활 사건 그 자체를 언급하는 책이 존재하지 않고 있다. 그리고 더 심각한 문제는 바로 성경에 포함된 책들인 4복음서가 언급하고 있는 예수 부활 사건이 각 복음서 별로 제각각 다르게 묘사되고 있다는 점이다.[120]

---

120 안식일이 지나고, 주간 첫날 밝아올 무렵에 막달라 (여자) 마리아와 다른 마리아가 묘소를 보러 갔다. 그런데 갑자기 큰 지진이 일어났다. 주님의 천사가 하늘에서 내려오더니 다가가서 그 돌을 굴려 내고 그 위에 앉았던 것이다. 그의 모습은 번개 같았고 그의 옷은 눈같이 희었다. 지키던 자들은 천사를 보고 두려워 떨다가 마치 죽은 사람처럼 되었다. (마태 28,1-4); 그리고 안식일이 지나자 막달라 (여자) 마리아와 야고보의 (어머니) 마리아와 살로메는 (무덤에) 가서 예수께 발라 드리려고 향료를 샀다. 그들은 주간 첫날 이른 새벽, 해가 떠오를 무렵에 무덤으로 갔다. 그들은 서로 말하기를 "누가 우리를 위해 무덤 입구에서 돌을 굴려 내어 줄까요?" 하였다. 그러면서 눈을 들어 바라보니 돌은 이미 굴러나 있었다. 사실 그 돌은 매우 컸던 것이다. 그들이 무덤으로 들어가 보니 웬 젊은이가 흰 예복을 입고 오른편에 앉아 있었다. 그들은 몹시 놀랐다. (마르 18,1-5); 그 여자들은 주간 첫날 아침 일찍, 미리 마련해 두었던 향료를 가지고 무덤으로 갔다. 그들은 무덤에서 돌이 굴러나 있는 것을 보고 (안으로) 들어갔으나 주 예수의 시신이 보이지 않았다. 그래서 그들이 어찌할 바를 모르고 있는데 마침 남자 둘이 번쩍이는 옷을 입고 그들에게 나타났다. (루카 24,1-4); 주간 첫날, 아직 어두운

그러다보니 무신론적 계몽주의의 영향력이 절대적이던 18세기 이후로 예수 부활 사건에 대한 해석은 더욱 악화되어 전설 혹은 위대한 신화의 일부로 치부되는 일이 발생했고[121], 현재도 그 영향력은 여전히 살아 있는 것으로 보인다. 그래서 예수 부활 사건의 역사성은 많은 이들로부터 부정되거나 의심을 받고 있으며 단지 신앙적 사건 – 여기서 말하는 신앙적 사건이라는 말은 과학적, 역사적 근거가 부족하기 때문에 단지 신앙 안에서만 그나마 의미를 부여할 수 있는 사건이라는 부정적인 뉘앙스의 표현이다 – 으로 격하되고 있는 상황 하에 있다.

그런데 4복음서에서 언급되고 있는 예수 부활 사건의 내용들을 자세히 살펴보면 다음과 같은 공통점이 있음을 우리는 찾아낼 수 있다. 첫째, 4복음서는 공통적으로 어떤 특정한 시점에, 즉 "안식일이 지나고, 주간 첫날 밝아올 무렵에"(마태 28,1) 제자들이 예수의 무덤을 방문했다가 무덤이 비어있다는 것을 확인하였다. 이를 신학자들은 통상적으로 '빈 무덤'(empty tomb) 사건이라고 부른다. 무덤이 비어있었다는 점

새벽에 막달라 (여자) 마리아가 무덤으로 가서 보니 무덤에서 돌이 이미 치워져 있었다. 그래서 그는 달음질쳐 시몬 베드로와, 예수께서 사랑하시던 다른 제자에게로 가서 알렸다. "(사람들이) 무덤에서 주님을 빼돌렸습니다. 그분을 어디에다 (옮겨) 놓았는지 모르겠습니다." 그래서 베드로와 그 다른 제자는 나와서 무덤으로 갔다. 둘은 같이 달렸는데 그 다른 제자가 베드로보다 더 빨리 앞서 달려 먼저 무덤으로 갔다. 그러고는 꾸부리어 염포가 놓여 있는 것을 들여다보았으나 들어가지는 않았다. 그러자 시몬 베드로도 그를 뒤따라와서 무덤으로 들어가 염포가 놓여 있는 것을 보았다. 또한 그분의 머리를 덮었던 수건은 염포와 함께 놓여 있지 않고 따로 한 곳에 개켜져 있었다. 그제야 무덤에 먼저 왔던 그 다른 제자도 들어와서는 보고 믿었다. (요한 20,1–8) 이 네 부분을 살펴보면 무덤 앞 바위가 치워지는 방식, 예수 부활 사건의 첫 목격자들, 천사들의 유무와 수, 목격자들이 천사와 만나는 장면 등에 있어서 제각기 차이가 나는 방식으로 기술되어 있음을 알 수 있다.

121 게르하르트 로핑크, 『예수 마음 코칭: 평신도를 위한 역사 비평학』, 김혁태 역, 서울: 생활성서사, 2015, 527 참조.

자체는 당시에 여러 사람이 쉽게 확인할 수 있는 것이므로 사실일 가능성이 높다. 뒤에서 더 자세히 살펴보겠지만 무덤 자체가 비어있는 것에 대해서는 그 진위 여부와 이유에 대해 여러 가지 이성적인 추정이 가능할 것이다.

둘째, 바로 이 '빈 무덤' 사건 이후부터 예수의 제자들은 삶의 큰 변화를 보여주었다. 예수의 죽음 직후 "유대인들이 두려워서 그 모여 있던 곳의 문들을 잠가놓고 있었던"(요한 20, 19) 그의 제자들은 – 사도행전 2장에서 잘 보여주듯이 – 성령 강림 사건이 일어난 그 날부터 갑자기 군중들 속에서 예수 부활 사건에 관하여 대담하고 일관되게 주장하기 시작한다. "이 예수를 하느님께서 되살리셨으며 우리는 모두 그 증인들입니다." (사도 2,32)

특히 베드로는 "모태에서부터 앉은뱅이로 태어난 사람 하나"(사도 3,2)를 일으킨 기적 이후 성전에 모여든 군중들에게 이렇게 말한다: "여러분은 생명의 주관자를 죽였지만 하느님께서는 죽은 자들 가운데서 그분을 일으키셨으니, 우리는 그 증인들입니다." (사도 3,15) 이에 "사도들이 백성을 가르치며 예수를 내세워 죽은 이들 가운데서의 부활을 선전하는 데 격분한 나머지 그들을 붙잡아 이튿날까지 감옥에 가두어 두었던"(사도 4,2–3) 산헤드린의 대제관, 원로들과 율사들은 "사도들을 불러들인 다음 절대로 예수의 이름으로 발설하지도 말고 가르치지도 말라고 명했으나"(사도 4,18) 베드로와 요한은 이 명령에 맞서 다음과 같이 대담한 발언을 한다: "하느님의 말씀보다 여러분의 말을 듣는 것이 하느님 앞에서 옳은 일인지 여러분 스스로 판단해 보시오. 우리는 보고 들은 것을 말하지 않을 수 없습니다." (사도 4,19–20) 베드로와 요한의

이 말은 그들이 "보고 들은 것"에 대한 '강력한 확신'으로부터 비롯된 것이다. 특히 베드로와 요한, 이 두 사도에게 특별하게 남아있는 "보고 들은 것" 중의 하나가 바로 요한복음 21장에만 기술되어 있는 발현 사건인 것이다.

그 후 몇몇 제자들이 심지어 죽임까지 당하는 불상사가 이어짐에도 불구하고 그들의 확신에 찬 주장은 결코 멈춰지지 않는다. 그들은 오히려 사마리아와 다른 이교도들에게까지 확신에 찬 동일한 주장을 전파하게 되고, 그 주장을 듣고 받아들인 사람들의 숫자는 나날이 늘어간다. 그리고 지난 2000년간의 인류 역사 안에서 이 주장은 단 한번도 사그라들거나 그쳐지지 않고 '신앙 고백'이라는 이름으로 예수의 제자들의 제자들의 제자들의... 제자들에 의해 현재까지 이어지고 있는 중에 있다. "나는 예수의 부활은 사실 언어라고 본다. 초기 그리스도교 신앙인들이 죽음 후에 어떻게 되는가를 상상한 결과 부활이 생겨난 것이 아니고 예수의 부활이 있었기 때문에 신앙 고백이 발생한 것이라고 본다. (서공석)"[122]

현재 우리가 접하고 있는 교회는 바로 예수 부활 사건이라는 그 특별한 사건에 대해 '강력한 확신'을 가졌었던 베드로와 요한 이래로 2000년간 그 사건을 일관되게 확신에 차서 신앙의 핵심으로 고백해 온 특정 집단을 일컫는 것이다. 바로 이 교회의 2000년간의 존재 역사 및 그 집단 안에서 2000년간 일관되게 이어져 온 신앙 고백의 역사는 그 자체로 그 집단이 가장 중요하게 여겨온 신앙 고백의 내용인 예수 부활 사

122 서공석, 정양모, 심상태, 유동식, 서광진 외 8인, 『내가 믿는 부활: 삶의 신학 콜로키움』, 서울: 대화문화아카데미, 2012, 63.

건이 신뢰할만하다는 나름의 근거가 될 수 있지 않을까? 만일 예수 부활 사건이 사실이 아니라면 교회는 2000년동안 일관되게 사람들을 혹세무민한 역사상 최악의 사기꾼 집단이 되고 말 것이다. 교회의 존립 가능성은 사실상 예수 부활 사건의 신뢰성 유무에 달려있다고 해도 과언이 아닌 것이다. 다행히 교회가 우여곡절 속에서도 2000년간 살아남은 것을 보면 예수 부활 사건이 인류 역사 안에서 어느 정도의 설득력을 얻은 것으로 볼 수 있을 것이다. 비록 이 설득력이 예수 부활 사건의 역사성을 100% 보증해 주지는 못한다고 할지라도 말이다.

그나마 예수 부활 사건의 역사성을 설명해줄 수 있는 의미있는 증언이 있다면 바로 바오로의 증언일 것이다: "그리스도께서는 성경 말씀대로 우리 죄를 위해서 죽으시고 묻히셨으며, 또 성경 말씀대로 사흘 만에 일으켜지시고, 게파에게, 다음에는 열두 제자에게 나타나셨습니다. 이어서 그분은 한번에 오백 명이 넘는 형제들 앞에 나타나셨습니다. 그 중의 대부분은 아직도 살아 남아 있지만 몇몇은 잠들었습니다. 이어서 그분은 야고보에게, 그 다음에는 사도들에게 나타나셨으며 맨 마지막으로는 배냇병신 같은 나에게도 나타나셨습니다."(1코린 15,3-8) 서기 56년경 바오로가 코린토인들에게 보낸 편지를 통해 전한 이 증언이 옳다면 예수께서는 부활 이후 게파, 열두 제자, 오백명 이상의 형제들, 야고보, 사도들 및 바오로에게 차례로 나타나신 것이다. 이 증언은 바오로 자신이 회심 체험 이후 만난 여러 제자들로부터 예수 부활 사건에 대해 수소문한 결과를 정리한 것으로 볼 수 있으며 - 비록 교회 내 인사의 증언이어서 외부 인사의 증언에 비해 객관성이 떨어져 보일 수는 있지만 - 어느 정도 모호하게나마 역사성을 지닌 증언으로 볼 수 있겠다.

하지만 예수 부활의 진위 여부에 관한 이러한 역사적 모호성에도 불구하고 최소한 '빈 무덤' 사건 그 자체는 다음의 네 가지 고려 사항으로 인해 역사 안에서 실제로 일어난 사건으로 보인다[123]: 1. 공간적 정보. 아리마태아 출신 요셉의 주도로 예수의 매장이 이루어졌고, 이로써 '무덤'의 위치에 대한 정보도 확실히 알 수 있었다. 2. 시간적 정보. 4복음서에 공통적으로 "주간 첫날"이라는 동일한 날짜가 분명히 등장하고 있다. 유다교의 안식일 다음날이며 유다인들의 셈법에 따르면 예수께서 돌아가신지 사흗날인 주간 첫날이 주님 부활의 날(주일)이 된 것이다. "성경 말씀대로 사흘 만에 일으켜지시고"(1코린 15,4)라는 바오로의 신앙 고백은 바로 '빈 무덤' 사건이 일어난 시간과 직접 관련된 것이다. 3. 빈 무덤에 관한 여성 증인들. 만일 빈 무덤 사건이 처음부터 끝까지 지어낸 이야기라면 빈 무덤에 관한 증인을 굳이 여성들로 삼았을 리가 없었을 것이다. 당시 유다 사회는 여성의 증거력 자체를 인정하지 않는 분위기였다. "그들은 막달라 여자 마리아와 요안나와 야고보의 (어머니) 마리아였다. 그들과 함께 다른 여자들도 사도들에게 이 일을 말하였다. 그러나 사도들은 이 말들이 헛소리처럼 여겨져 믿지 않았다"(루카 24,10-11)는 구절 역시 이러한 당시의 분위기를 고스란히 전해준다. 이런 맥락에서 바오로는 (이미 살펴본 바와 같이) 예수 부활의 증인으로 남자들만 - 게파, 열두 제자, 오백명 이상의 형제들, 야고보, 사도들 및 바오로 - 을 언급한다. 심지어 바오로는 4복음서 모두가 공통적으로 부활 사건의 첫 증인으로 지목하는 마리아 막달레나조차도 언급하

123 로핑크, 『예수 마음 코칭』, 527~529 참조.

지 않고 있다. 이렇듯이 여성 비하적인 분위기 하에서 4복음서가 부활 사건의 증인들로 여러 여성들을 공통적으로 언급한 것은 그 자체가 사실일 가능성이 높음을 보여준다. 4. 예수 부활 사건에 관한 반대자들의 증언. 누군가가 예수의 시신을 몰래 빼돌렸다는 증언이 당시에 있었다고 마태오 복음은 말하고 있지만[124], 그 증언 자체도 '빈 무덤'을 전제로 해서 말하는 것인 만큼 예수 부활 사건 자체를 반대하는 사람들도 당시에 무덤 자체가 비었었다는 점 만큼은 받아들인 것으로 보인다. 바로 이러한 4가지 이유로 인해서 '빈 무덤' 사건 그 자체의 역사성 만큼은 사실로서 받아들여질 수 있을 것으로 보인다.

그렇다면 이제는 '빈 무덤' 사건 그 자체에 대해 자세히 논의해 보고자 한다. *'빈 무덤' 사건은 과연 예수 부활의 확실한 증거가 될 수 있는가?* 우리는 빈 무덤과 관련해서 다음과 같은 생각을 할 수 있다. 우선, (이미 살펴본 바와 같이) 누군가가 예수의 시신을 몰래 빼돌렸을 것으로 의심할 수 있지 않나 하는 것이다. 이러한 의심은 충분히 합리적으로 보일 수 있지만, 이 경우는 그 이후 수많은 제자들에게 동시다발적으로 예수께서 발현했다는 성경의 서술이 거짓 내지는 사기가 되기 때문에 - 무신론자들에게는 무척 반가운 해석이 되겠지만 - 교회 안

124 여자들이 돌아가고 있는 동안에 마침 경비대의 몇 사람이 성안으로 가서 일어난 일들을 모두 대제관들에게 알렸다. 그들은 원로들과 함께 모여 의논한 끝에 군인들에게 많은 은전을 주면서 말했다. "너희는 '우리가 잠들어 있는 동안에 그의 제자들이 밤에 와서 그 (시체)를 훔쳐 갔다' 고 하여라. 이 소문이 총독의 귀에 들어가더라도 우리가 [그를] 설득해서 너희를 걱정 없도록 해 주겠다." 그들은 은전을 받고 지시받은 대로 하였다. 그래서 이 말은 오늘[날]까지 유대인들 사이에 퍼져 있다. (마태 28,11-15) 마태오 복음의 이 부분에 따르면 이미 빈 무덤 사건 당시에 누군가가 예수의 시신을 몰래 빼돌렸을 것으로 의심하는 분위기가 있었음을 알 수 있다.

에서는 결코 받아들여질 수 없는 해석이다. 교회에서 이 해석을 받아들이게 된다면 예수 부활 사건에 관한 신앙에 기반해서 세워진 교회가 거짓, 사기에 입각해서 생겨난 것이 되므로 그 존립 자체가 큰 위협을 받을 수 있기 때문이다. 그리고 빈 무덤 사건이 단지 예수의 시신이 빼돌려진 사건에 불과하다면 베드로와 요한은 '강력한 확신'에 차서 목숨까지 내걸고서 자신들이 "보고 들은 것"에 대해 선포하지는 못했을 것이다.

그렇다면 만일 누군가가 예수의 시신을 빼돌린 것이 아니라면, 어떤 해석이 가능할 것인가? 천사와 같은 초자연적 존재가 예수의 시신(죽은 몸)을 무덤으로부터 빼낸 경우도 가능할 수 있겠다. 하지만 이 경우는 '예수의 능동적인 되살아남'을 증언하고 있는 공관 복음의 내용들[125]과 맞지 않는 문제가 있고, 예수께서 후에 제자들에게 발현한 것이

125 그러자 천사가 입을 열어 여자들에게 말했다. "당신들은 두려워하지 마시오. 나는 당신들이 십자가에 처형되신 예수를 찾고 있는 줄 압니다. 그분은 여기 계시지 않습니다. 말씀하신 대로 일으켜지셨기 때문입니다. 와서 그분이 누우셨던 곳을 보시오. 어서 가서 그분의 제자들에게 '그분은 죽은 이들 가운데서 부활하셨습니다. 이제 그분은 여러분에 앞서 갈릴래아로 가실 것이니 여러분은 거기서 그분을 뵙게 될 것입니다' 하고 말하시오. 자, 당신들에게 (다) 일러 주었습니다." (마태 28,5-7); 그러자 젊은이는 그들에게 이렇게 말했다. "너무 놀라지 마시오. 여러분은 십자가에 처형되신 나자렛 사람 예수를 찾고 있지만, 그분은 부활하시어 여기에 계시지 않습니다. 보시오, 그분을 안장했던 곳입니다. 그러니 가서 그분의 제자들과 베드로에게 '예수께서는 여러분에게 말씀하신 대로 여러분에 앞서 갈릴래아로 가실 것이니, 여러분은 거기서 그분을 뵙게 될 것입니다' 하고 말하시오." (마르 16,6-7); 여자들은 겁이 나서 얼굴을 아래로 숙이고 있는데 그 남자들이 그들에게 말했다. "왜 살아 계신 분을 죽은 자들 가운데서 찾고 있습니까? [그분은 여기 계시지 않고 부활하셨습니다.] 그분이 전에 갈릴래아에 계셨을 때에 여러분에게 말씀하신 것을 상기하시오. 인자는 죄인들의 손에 넘어가 십자가에 처형되었다가 사흘 만에 다시 살아나야 한다고 하셨습니다." (루카 24,5-7) 공관복음의 이 세 단락은 비록 세부적인 내용에 있어서는 차이가 있지만 공통적으로 천사(들) 혹은 젊은 남자(들)이 '예수의 능동적인 되살아남'을 증언하고 있다.

실은 예수의 시신이라는 문제가 생길 수 있기 때문에 애초부터 설득력이 떨어지는 것으로 보인다. 복음서에서 묘사하고 있는 예수 부활 사건을 직접 목격한 제자들의 체험이 참으로 옳다면, 예수의 되살아난 몸은 우리의 몸이 그러하듯이 분명히 '살아있는' 몸이어야만 한다. 예수의 시신이 제자들 앞에서 생선을 먹을 수는 없기 때문이다.[126]

그렇다면 또 다른 가능한 해석은 무엇이 있을까? 바로 "하느님께서 죽은 이들 가운데서 일으키심"(사도 4,10)을 통해 예수께서 죽은 상태에서 살아난 후, 바위로 굳게 닫혀있는 무덤으로부터 초자연적인 방식으로 빠져나간 경우가 있을 수 있다. 바로 이 경우가 교회의 역사 안에서 지금까지 가장 중요한 신앙으로서 신경을 통해 고백되고 있는 '예수 육신의 부활'에 해당할 것이다.

이 예수 육신의 부활은 시신이 살아났다는 점에 있어서는 라자로의 시신이 소생한 것[127]과 어느 정도 비슷해 보일 수 있을 것이다. 죽은 몸이 다시 살아났다는 공통점이 있으니 말이다. 하지만 두 사건은 완전히 다른 사건으로 보아야 할 것이다. 시신의 소생의 경우는 그 살아난 몸이 몇 년 혹은 몇 십년이 지나면 다시 노화 과정을 거치면서 죽음을 겪게 된다. 다시 말해서 소생은 단순한 '육체적 생명의 연장'인 것이다.

126 그들은 기뻐하면서도 아직 믿지 못하여 놀라워하고 있는데 예수께서 "여기에 무엇 좀 먹을 것이 있습니까?" 하고 그들에게 물으셨다. 그래서 그들이 구운 물고기 한 토막을 드렸더니 예수께서 받아서 그들 앞에서 잡수셨다. (루카 24,41-43) 이 부분은 되살아나신 예수의 몸이 우리의 몸처럼 살아있고 움직이며 소화능력도 있음을 분명하게 표현한다.

127 이렇게 말씀하시고는 큰 소리로 "라자로야, 나오너라" 하고 외치셨다. (그러자) 죽었던 이가 손과 발이 띠로 묶인 채 나왔는데 그 얼굴은 수건으로 감싸여 있었다. 예수께서 그들에게 "그를 풀어 주어 가게 하시오" 하고 말씀하셨다. (요한 11,43-44)

라자로는 기적적으로 다시 살아났지만 때가 되어 다시 숨을 거두었을 것이다. 그리고 그 사람의 몸은 이전에 한번 죽었던 그 몸 그대로이다. 따라서 소생의 경우는 특별한 물질적인, 육체적인 변화가 생겼다기 보다는 기존의 멈춰선 심장이 다시 뛰면서 기존의 혈액이 혈관을 따라 다시 돌고 들숨이 다시 기존의 허파에 들어오면서 멈추었던 호흡의 과정이 다시 생겨난 예외적인 생리학적 사건으로 보면 정확할 것이다.

하지만 예수 육신의 부활은 이와는 전혀 다르다. 예수의 부활한 몸은 일반적인 인간의 몸과는 다른 특성을 지닌다. 바로 벽이나 문을 뚫고 들어가는 것이 가능한 몸이 된 것이다.[128] 마치 유령이 나타난 것처럼[129], 기존의 예수님의 육체, 인간의 육체와는 다른 엄청난 물리적인 변화가 생긴 것이다. 이 물리적인 변화는 단지 벽을 뚫고 들어가는 정도의 변화만을 낳은 것은 아닌 것으로 보인다. 예수께 일반적으로 선생님을 의미하는 "랍비"(ῥαββί) 대신 "랍부니"(ραββουνι; 요한 20,16)라는 특별한 호칭으로 부르면서까지 열렬히 따랐던 마리아 조차도 부활한 예수를 한눈에 알아보지 못하고 동산지기로 착각하는 일이 발생한 것[130]을 미루어 볼 때 어쩌면 겉모습의 변화도 일정 부분 생겼을 것으로

128 그 날, 곧 주간 첫날 저녁에 제자들은 유대인들이 두려워서 그 (모여) 있던 곳의 문들을 잠가놓고 있었다. (그런데) 예수께서 오시어 한가운데에 서서 "여러분에게 평화!" 하고 말씀하셨다. 이렇게 말씀하시며 손과 옆구리를 그들에게 보여 주셨다. 그러자 제자들은 주님을 뵙고 기뻐하였다. (요한 20,19-20) 부활한 예수는 방의 문이 모두 잠겨 있음에도 불구하고 방 안으로 들어올 수 있었다. 이 점은 예수의 부활한 육신이 그의 죽음 이전의 육신, 즉 일반적인 인간의 육신과 엄연히 다르다는 점을 보여준다.

129 그들은 질겁하여 겁먹은 나머지 유령을 보는 줄로 생각했다. (루카 24,37)

130 천사들이 그에게 "부인, 왜 울고 있습니까?" 하고 물으니 그는 "(사람들이) 제 주님을 빼돌렸습니다. 그분을 어디에다 (옮겨) 놓았는지 모르겠습니다" 하고 말했다. 그는 이렇게 말하고 나서 뒤로 돌아서자 예수께서 서 계신 것을 보았다.

추측해 볼 수 있을 것이다. 그리고 엠마오로 가던 두 제자에게 나타나시고[131] 사라지시는 장면[132]을 자세히 살펴보면 부활한 예수는 "다른 모습으로 나타나셔서"(마르 16,12) 두 제자들이 한 눈에 "그분을 알아보지 못할"(루카 24,16) 정도로 무언가 변화된 겉모습을 지니고 있을 뿐만 아니라, 일반적인 인간과는 달리 시공간을 초월해서 순간적으로 나타나고 순간적으로 사라질 수 있는 능력을 지니고 있음을 복음서는 보여주고 있다. 하지만 예수의 이 부활한 육신은 두 손과 옆구리에 여전히 십자가 처형 당시의 못자국을 고스란히 간직하고 있는, 그래서 그의 수난 사건과 절대로 무관하지 않은 육신이기도 하다.[133]

그러나 그분이 예수이신 줄은 알지 못했다. 예수께서 그에게 말씀하셨다. "부인, 왜 울고 있습니까? 누구를 찾고 있습니까?" 그는 그분이 동산지기인 줄로 생각하고 "여보십시오, 당신이 그분을 들어내었거든 어디에다 (옮겨) 놓았는지 제게 말해 주셔요. 제가 그분을 모셔 가겠습니다" 하고 말했다. 예수께서 "마리아!" 하고 부르시자 그는 돌아서서 예수께 히브리어로 "랍부니!" 하였다. 이는 선생님이라는 말이다. (요한 20,13-16)

131 그 뒤 그들 가운데 두 사람이 길을 가고 있을 때에 예수께서는 다른 모습으로 나타나셨는데 그들은 시골로 가던 중이었다. (마르 16,12); 마침 그들 가운데 두 사람이 그 날 예루살렘에서 육십 스타디온 떨어진 엠마오라는 마을로 가고 있었다. 그들은 (그 동안의) 모든 사건에 관해서 서로 이야기했다. 그들이 이야기하며 토론하고 있는데 예수 친히 다가오시어 그들과 동행하시게 되었다. 그러나 그들의 눈이 가리워져서 그분을 알아보지 못하였다. (루카 24,13-16)

132 예수께서는 그들과 함께 (식탁에) 자리잡으시자 빵을 드시고 찬양하신 다음 떼어서 그들에게 주셨다. 그제서야 그들은 눈이 열리어 예수를 알아보았다. 그러자 예수께서는 그들 (앞)에서 사라지셨다. (루카 24,30-31)

133 이렇게 말씀하시며 손과 옆구리를 그들에게 보여 주셨다. 그러자 제자들은 주님을 뵙고 기뻐하였다... 그래서 다른 제자들이 그에게 "우리는 주님을 뵈었소" 하고 말하자 그는 "내가 그분의 손에 있는 못자국을 (눈으로) 보고, 내 손가락을 그 못자국에 넣어 보고, 또한 내 손을 그분의 옆구리에 넣어 보지 않고는 결코 믿지 못하겠소" 하고 말하였다. 여드레 후에 제자들이 다시 (집)안에 (모여) 있었는데 토마도 함께 있었다. 문들이 잠겨 있었는데도 예수께서 오시어 한가운데에 서시며 "여러분에게 평화!" 하고 말씀하셨다. 그러시고는 토마에게 "당신 손가락을 이리 내밀어 내 손을 살펴보시오. 그리고 당신 손을 내밀어 내 옆구리에 넣어 보시오. 그리하여 믿지 않는 사람이 되지 말고 믿는 사람이 되시오" 하고 말씀하셨

이로써 예수는 부활한 육신은 죽음 이전의 고통의 흔적 역시 포함한 육신, 다시 말하면 부활로 인해 완전히 새로워진 육신이라기보다는 '과거의 육신에 새로운 무언가가 더해진 육신'으로 여겨질 수 있다. 과거의 육신에 새로운 무언가가 더해진 바로 이 육신의 부활은 육신이 단지 영원히 썩지 않고 부패하지 않는 것, (몇몇 공산주의 지도자들의 시신이 현재 그러하듯이) 육신의 영원한 방부의 상태를 의미하는 것이 아니라 엠마오로 가던 두 제자 앞에 나타난 예수께서 그러했듯이 시공간을 초월한 존재로서의 육신의 상태를 의미하는 것이다. 바로 이 점이 '빈 무덤' 사건을 통해 얻어낸 결론이라 할 수 있다.

이제 예수 부활 사건에 대해 요약하자면, 부활 이후의 예수는 두 가지 모습을 동시에 우리에게 보여준다. 즉, 문이 잠겨 있는데도 벽을 뚫고 들어오는 현상은 시공간적 제약을 초월한 유령처럼 보이지만, 생선을 직접 집어서 드시고 제자들이 그분을 만질 수 있는 것은 시공간적 제약을 가진 우리들의 모습인 것이다. 그분의 부활은 육체적 소생도 아니고 유령이 인간 앞에 발현하는 것도 아니다. 그분의 부활은 시공간적 제약을 가진 죽음 이전의 상태와 시공간적 제약이 사라진 죽음 이후의 상태가 혼합된 새로운 상태, 바로 제 3의 상태를 드러낸 유일무이한 사건인 것이다. 바로 이런 식으로 그분의 부활은 시공간적 제약과 함께 그 제약을 넘어서는 현상이 함께 발생함을 통하여 이 세상에 드러났다. 그분의 여러 제자들은 선생님의 이 부활 체험에 크게 놀라워하면서 그분께서 돌아가시기 전에 하신 말씀들의 의미를 온전히 깨닫게 되

다. (요한 20,20.25-27)

고 드디어 그분을 믿게 된다.[134] 그리고 온전한 신앙 고백을 하기에 이른다.[135]

그럼에도 불구하고 인간들 중에는, 심지어 그분의 제자들 중에서도 "의심을 품고" "믿지 않으며" "완고한 마음"을 가진 이들이 나타나게 된다.[136] 왜냐하면 이 사건은 일찍이 본적도, 들어본 적도 없던 전대미문의 사건이었기 때문이다. 그리고 이러한 의심과 불신은 2000년이 지난 오늘날에도 여전히 우리 안에서 진행 중에 있는 것이다. 일차적으로, 앞서 설명한 바와 같이, 이러한 의심과 불신은 과학의 영역과 역사학의 영역에서 여전히 살아있는 중이다. 그리고 더 심각한 점은 '빈 무덤' 사건의 목격자들의 큰 확신으로부터 탄생한 교회의 구성원들 안에서도 여전히 이러한 의심과 불신이 사라지지 않고 있다는 점이다. 교회는 여전히 의심과 불신, 완고한 마음에 맞서 싸워야 하는 상황에 있다. 그래서 바오로가 그러했듯이 강한 자기 확신과 신앙 고백이 필요한 것일지도 모른다. "실상 예수께서 죽으셨다가 부활하셨다는 것을 우리는 믿습니다." (1테살 4,14ㄱ)

134 그제야 무덤에 먼저 왔던 그 다른 제자도 들어와서는 보고 믿었다. 사실 그들은 아직도 그분이 죽은 이들 가운데서 다시 살아나야만 한다는 성경(말씀)을 깨닫지 못하고 있었던 것이다. (요한 20,8–9)

135 토마는 대답하여 "나의 주님, 나의 하느님" 하고 여쭈었다. (요한 20,28)

136 그들은 예수를 뵙고 절을 올렸다. 그러나 몇몇은 의심을 품었다. (마태 28,17); 그분은 그들의 믿지 않음과 완고한 마음을 꾸짖으셨다. 그분의 부활하신 모습을 본 사람들의 (말을) 그들이 믿지 않았기 때문이다. (마르 16,14)

2. 예수 부활 사건과 양자 터널링

이제부터는 예수 부활 사건의 핵심적인 내용을 앞선 2장에서 소개한 양자 터널링 현상에 비추어 해석해 보고자 한다.

앞에서 살펴본 바와 같이, 교회의 역사 안에서 지금까지 가장 중요한 신앙으로서 신경을 통해 고백되고 있는 '예수 육신의 부활'에 해당하는 해석은 바로 "하느님께서 죽은 이들 가운데서 일으키심"(사도 4,10)을 통해 예수께서 죽은 상태에서 살아난 후, 바위로 굳게 닫혀있는 무덤으로부터 초자연적인 방식으로 빠져나간 것이다. 여기서 중요한 점은, 부활하신 예수께서는 벽이나 문을 뚫고 들어가는 것이 가능한 몸이 되어, 바위로 굳게 닫혀있는 무덤으로부터 빠져나간 후 제자들이 모여있는 방의 문이 모두 잠겨 있음에도 불구하고 그 방 안으로 들어가는 모습을 보여주었다는 점이다.[137] 이 점은 예수의 부활한 육신이 그의 죽음 이전의 육신, 즉 일반적인 인간의 육신과 엄연히 다르다는 점을 보여준다. 하지만 그럼에도 불구하고 예수의 이 부활한 육신은 두 손과 옆구리에 여전히 십자가 처형 당시의 못자국을 고스란히 간직하고 있어서 그의 수난 사건과 절대로 무관하지 않은 육신이기도 하다는 점을 이미 앞에서 살펴보았다.[138]

---

137 그 날, 곧 주간 첫날 저녁에 제자들은 유대인들이 두려워서 그 (모여) 있던 곳의 문들을 잠가놓고 있었다. (그런데) 예수께서 오시어 한가운데에 서서 "여러분에게 평화!" 하고 말씀하셨다. 이렇게 말씀하시며 손과 옆구리를 그들에게 보여 주셨다. 그러자 제자들은 주님을 뵙고 기뻐하였다. (요한 20,19-20)

138 이렇게 말씀하시며 손과 옆구리를 그들에게 보여 주셨다. 그러자 제자들은 주님을 뵙고 기뻐하였다... 그래서 다른 제자들이 그에게 "우리는 주님을 뵈었소" 하고 말하자 그는 "내가 그분의 손에 있는 못자국을 (눈으로) 보고, 내 손가락을 그 못자국에 넣어 보고, 또한 내 손을 그분의 옆구리에 넣어 보지 않고는 결코 믿지

그래서 앞에서 자세히 살펴본 바와 같이, 예수의 부활한 육신은 부활로 인해 완전히 새로워진 육신이라기보다는 '과거의 육신에 새로운 무언가가 더해진 육신'으로 여겨질 수 있게 된다. 부활 이후의 예수는 두 가지 모습을 동시에 우리에게 보여준다. 즉, 문이 잠겨 있는데도 벽을 뚫고 방 안으로 들어오는 현상을 보여주면서 동시에 생선을 직접 집어서 드실 수 있고 제자들이 그분을 만질 수 있는 육신의 모습 역시도 보여준다. 그분의 부활은 과거의 몸이 그대로 다시 살아나는 육체적 소생도 아니고 유령과 같은 영혼이 인간 앞에 발현하는 것도 아니다.

따라서 예수의 부활한 육신은 다음과 같이 설명될 수 있다: 그분의 육신은 부활 사건을 통해 고전물리학적인 육신에서 양자물리학적인 육신으로 전이가 발생한 것으로 우리에게 보인다. 다시 말하면, 그분의 육신은 부활 사건 이전에는 다른 인간들과 동일한 육신을 지녔지만, 부활 사건을 통해 바위로 굳게 닫혀있는 무덤으로부터 빠져나가고 벽을 뚫고 방 안으로 들어오는 것이 가능한, 즉 양자 터널링이 가능한 육신으로 바뀌게 된 것으로 관찰되는 것이다. 하지만 이 양자 터널링이 가능한 육신도 (유령과 같은 영혼이 아닌) 말 그대로 물질로 구성된 육신이기 때문에 생선을 직접 집어서 드실 수 있고 제자들이 그분을 만질 수 있는 육신인 것이다.

앞서 설명한 대로 전자나 광자 등의 입자들이 양자 터널링이 가능

못하겠소" 하고 말하였다. 여드레 후에 제자들이 다시 (집)안에 (모여) 있었는데 토마도 함께 있었다. 문들이 잠겨 있었는데도 예수께서 오시어 한가운데에 서시며 "여러분에게 평화!" 하고 말씀하셨다. 그러시고는 토마에게 "당신 손가락을 이리 내밀어 내 손을 살펴보시오. 그리고 당신 손을 내밀어 내 옆구리에 넣어 보시오. 그리하여 믿지 않는 사람이 되지 말고 믿는 사람이 되시오" 하고 말씀하셨다. (요한 20,20.25-27)

한 이유는 '파동-입자 이중성'에 의해 그 입자들이 파동성을 동시에 지니고 있기 때문이다. 그리고 앞선 4장에서 이미 살펴본 바와 같이, 예수 그리스도 역시도 자신만의 고유한 '파동-입자 이중성'인 '하느님-인간 이중성'을 특성을 가지고 있다. 그분의 '하느님-인간 이중성'이 '삼위일체적 사건'인 십자가 사건을 통해 극적으로 드러난 결과가 바로 '예수 부활 사건'인 것이며, 이 사건 이후 예수의 육신은 '하느님-인간 이중성'이 온전히 드러나는 육신, 즉 양자물리학적 육신으로 전이된 것으로 관찰된 것이다. 따라서 예수 부활 사건 이후에 예수의 육신이 제자들에게 보여준 특이한 현상들은 실은 양자물리학적 육신으로의 전이가 관찰된 결과인 것이다.

그렇다면, 고전물리학적인 육신과 양자물리학적인 육신 사이의 전이라는 것이 과연 현실적으로 가능한 것일까? 우리가 잘 아는 바와 같이, 고전물리학적 세계(일반적으로 거시세계에 해당한다)와 양자물리학적 세계(일반적으로 미시세계에 해당하는 것으로 여겨지지만 실은 거시세계까지 아우른다)는 분명히 다르며 그 두 세계 사이에 어떤 경계가 존재하는 것처럼 보인다. 그런데 어떤 물리학적 대상이 어떻게 고전물리학적 세계와 양자물리학적 세계 사이에서 경계를 넘어서 전이가 일어나는지는 사실 명확하지 않다. 최근에 많은 양자물리학자들은 고전물리학적 세계와 양자물리학적 세계 사이에서 발생하는 전이를 설명하려는 가장 잘 알려진 시도로 양자 비일관성(양자 비결맞음; quantum decoherence)이라는 개념을 도입하고 있다. 이 개념에 따르면, '한 물리학적 관찰 대상과 그것의 주위 환경과의 상호작용'이 양자 일관성(양자 결맞음; quantum coherence)를 파괴하여 그 대상의 양자물리학적 특성이 고전물리학적 특성으로 전이된다는 것이다. 다시 말하면, 한 물리학적 대상의 양자물리학적 특성을 측정하는 동안 이 대상이 주위 환경으로부터 완벽하게 격리/차단되지 않으면, 양자 일관성이 주위 환경과 공유될 것이고 결국 시간이 지남에 따라 양자 일관성이 손실되는 것처럼 보이게 된다는 것이다.[139]

사실 예수 그리스도는 부활 사건 이전에도 이미 '하느님-인간 이중성'이라는 자신만의 특성을 가지고 있는 분이었다. 따라서 그분의 육신은 처음부터 '양자물리학적 육신'인 것으로 볼 수 있다. 하지만 공생활 기간 동안 그분은 제자들이라는 주위 환경에 지속적으로 노출되어 있었기 때문에 그 주위 환경과의 상호작용의 결과 양자 일관성이 손실된 '고전물리학적 육신'을 지닌 것처럼 여겨진 것이다. 그래서 (이미 4장에서 살펴본 바와 같이) 거룩한 변모 사건과 같은 예외적인 경우를 제외하면, 그분의 육신은 우리 인간과 동일한 것처럼 보였다. 하지만, 부활 사건 직후 그분은 주위 환경과의 상호작용이 없는 상태에서 양자 일관성이 충만한 '양자물리학적 육신', 즉 양자 터널링이 수시로 가능한 육신을 보여줄 수 있었던 것이다. 따라서, 그분의 육신은 부활 사건을 통해 고전물리학적인 육신에서 양자물리학적인 육신으로 전이가 발생한 것처럼 우리에게 보이는 것이다.

139 W.H. Zurek, "Decoherence and the transition from quantum to classical", *Physics Today* 44(Oct., 1991), 36~44; "Decoherence, einselection, and the quantum origins of the classical", *Review of Modern Physics* 75(2003), 715~775; Maximilian A. Schlosshauer, *Decoherence and the Quantum-To-Classical Transition,* Berlin: Springer-Verlag, 2007, 1~114.

3. 육신의 부활과 양자 터널링

예수 그리스도는 그분 스스로가 양자 터널링을 하는 '양자물리학적 육신'을 지닌 분인 동시에, '고전물리학적 육신'을 지닌 세상의 다른 모든 이들이 한 영역(이 세상, 현 생명)에서 다른 영역(저 세상, 새 생명)으로 넘어갈 수 있도록 – 즉, 빠스카(passover) 할 수 있도록, 다르게 말하면 구원(salvation)의 상태로 넘어갈 수 있도록 – 도와주는 분이시다. 그분의 십자가 상 죽음 사건은 바로 모든 인류가 구원으로 나아가는 것을 막는 무한한 높이의 퍼텐셜 에너지 장벽의 높이를 유한하게 낮춰주는 역할을 한 결정적인 사건으로 볼 수 있다. 그럼으로써 예수 부활 사건을 통해 그분 스스로가 양자 터널링을 한 이후 인류의 적어도 일부는 한 영역에서 다른 영역으로 양자 터널링이 가능하도록 돕는 역할을 한 것이다.

사실 인간 역시도 '하느님의 모상'을 가진 이들, 곧 "하느님의 말씀을 받은 신"으로서 창조되었기 때문에[140] '양자물리학적 육신'을 가졌지만, 주위 환경과의 상호작용, 특히 악과의 접촉으로 파생된 죄와 죽음으로 인해 전혀 그 사실을 깨닫지 못하고 다른 영역으로 넘어가는 구원의 방법을 모른 채 살아간 것이다. 하지만 십자가 사건으로 인해 퍼텐셜 에너지 장벽이 낮아지게 된 결과 인간 구원의 길이 비로소 열린 것이다. 자신도 예수 그리스도처럼 "육신의 부활"을 누릴 수 있을 것이라

140 예수께서 그들에게 대답하셨다. "당신들의 율법에 '내가 너희를 신이라 하였다' 고 기록되어 있지 않습니까? 하느님의 말씀을 받은 그 사람들을 신이라 하였고 또 성경은 폐기될 수 없는 것입니다." (요한 10, 34–35)

는 믿음이 있는 이들에게는 낮아진 장벽을 양자 터널링할 방법을 예수 그리스도의 복음을 통해 알게 되고 그럼으로써 새로운 세상을 누릴 수 있게 되는 것이다. 이것이 바로 '양자물리학적 관점에서 바라본 구원'인 것이다. 그리고 이 '양자물리학적 구원'을 가능케 하는 분은 바로 십자가에 달려 돌아가심으로써 성령으로 인해 서로 얽혀있는 성부 하느님께 온전한 순명을 보여준 성자 예수 그리스도 그 분인 것이다. 예수 그리스도는 스스로 "죽은 자들 가운데에서 일으켜지심"으로써 그를 따르는 모든 이들이 당신처럼 양자 터널링을 할 수 있고 구원의 상태로 넘어갈 수 있음을 보여준 "잠든 이들의 맏물"이었다.[141] 그래서 우리는 그 분을 구원자(savior, 구원의 주체)라고 부를 수 있게 되는 것이다.

> 우리는 그리스도께서 참으로 죽은 이들 가운데서 부활하셨으며 영원히 사시는 것과 같이, 의인들도 죽은 후에 부활하신 그리스도와 함께 영원히 살며 그리스도께서 마지막 날에 그들을 다시 살리시리라는 것을 굳게 믿고 바란다. 그리스도의 부활과 마찬가지로 우리의 부활도 지극히 거룩하신 삼위일체 하느님의 업적이 될 것이다. [……] '육신'이라는 용어는 연약하고 죽어야 할 운명에 놓여 있는 사람을 가리킨다. '육신의 부활'은 죽은 다음에 불멸하는 영혼뿐 아니라 우리의 "죽을 몸도"(로마 8,11) 다시 살아나리라는 것을 가리킨다. 죽은 이들의 부활에 대한 신앙은 처음부터 그리스도교 신앙의 핵심 요소였다. "죽은 이들의 부활은 그리스도인들의 확신이며,

141 그리스도께서 죽은 자들 가운데서 일으켜지셨다고 선포되고 있는데도 여러분 가운데에는 죽은 자들의 부활이 없다는 말을 하는 사람들이 더러 있다니 어떻게 그럴 수 있습니까? 죽은 자들의 부활이 없다면 그리스도께서도 일으켜지지 않으셨을 것입니다. 그리고 그리스도께서 일으켜지지 않으셨다면 우리의 선포도 실상 헛된 것이고 여러분의 믿음도 헛된 것입니다. [……] 그러나 그리스도께서는 이제 죽은 자들 가운데서 일으켜지셨으니, 잠든 이들의 맏물이십니다. (1코린 15,12-14.20)

우리는 부활을 믿는 이들이다." (CCC 989~991항)

가톨릭 교회의 전통적인 '육신의 부활' 신앙을 설명하는 바로 이 글에서 "'육신'이라는 용어, 즉 연약하고 죽어야 할 운명에 놓여 있는 사람" 및 "우리의 죽을 몸"이 바로 '고전물리학적 육신'을 의미하고, "우리의 죽을 몸이 다시 살아나는 것"이 바로 양자 터널링에 해당하는 것이다. 그리고 양자 터널링은 바오로의 관점에 따르면 "우리에게 하느님의 은총을 다시 얻게 해 주고, 죄로 생겨난 죽음에 대한 승리이며, 은총에 대한 새로운 참여"인 의화(justification)인 것이다.[142] 그리고 우리 인간들의 '육신의 부활', 즉 우리들의 '양자물리학적 구원'은 위의 인용구에서 말하듯이 바로 "삼위일체 하느님의 업적"이 될 것이다.

4. 2부 전체의 결론: '양자적 존재'인 예수 그리스도

우리는 4장에서 6장까지 예수 그리스도의 여러 특성들을 살펴보았다. 그는 '하느님-인간 이중성'을 중요한 특성으로 가진 분이고, 성령을 통해서 성부 하느님과 '얽혀있는' 분이며, '양자물리학적 육신'을 지닌 분임을 우리는 확인할 수 있었다. 또한 그를 따르는 모든 이들에게

142 예수님께서는 당신의 죽음을 통해서 우리를 죄에서 구해 주시고, 당신의 부활을 통해서 우리에게 새 생명의 길을 열어 주신다. 이것은 무엇보다도 먼저 우리에게 하느님의 은총을 다시 얻게 해 주는 의화이다. "그리하여 그리스도께서 아버지의 영광을 통하여 죽은 이들 가운데에서 되살아나신 것처럼, 우리도 새로운 삶을 살아가게 되었습니다." (로마 6,4) 의화는 죄로 생겨난 죽음에 대한 승리이며, 은총에 대한 새로운 참여이다. (CCC 654항)

당신처럼 '양자 터널링'을 통해 구원과 의화, 온전한 은총의 상태로 넘어갈 수 있음을 보여준 구원자이기도 하다. 한마디로 말해서 예수 그리스도는 '양자적 존재'(quantum being)인 것이다.

양자물리학이 우리의 우주 전체를 설명함에도 우리가 거시세계에서는 고전물리학을 통해 우주를 설명하듯이, 예수 그리스도 역시도 양자적 존재임에도 우리가 거시적으로 그분을 고전적 존재로서 이해하고 있는 것이다. 그러다보니 우리는 그분을 하느님이신 성자 혹은 인간 둘 중의 하나로 바라보면서 그분을 해석해 온 것이다. 하지만 그분은 양자적 존재로서 받아들여질 때에야 비로소 온전한 이해에 다다를 수 있게 되는 것이다.

따라서 2부 전체를 마무리하면서 '양자물리학에 대한 폭넓은 이해가 예수 그리스도를 유비적으로 이해하는 데에 큰 도움을 줄 수 있다는 점을 우리는 분명히 받아들일 필요가 있다'는 결론을 내리고자 한다.

제3부
창조신학, 빅뱅 우주론을 만나다

> 창조에 관한 교리 교육은 매우 중요하다. 이 교리는 인간과 그리스도인 삶의 근본 그 자체와 관련된다. 왜냐하면 창조 교리는 "우리는 어디에서 왔는가?", "우리는 어디로 가는가?", "우리의 기원은 무엇인가?", "우리의 목적은 무엇인가?", "모든 존재하는 것은 어디에서 와서 어디로 가는가?" 하는 모든 시대에 걸친 인간들의 근본적인 질문에 대한 그리스도교 신앙의 대답을 분명하게 제시하기 때문이다. 기원과 목적에 대한 두 질문은 따로 떼어 놓을 수 없는 것이다. 이 둘은 우리의 삶과 행동 방식의 의미와 방향을 결정짓는다. (CCC 282항)

제 3부는 바로 "우리의 삶과 행동 방식의 의미와 방향을 결정짓는" 창조에 관한 교리를 다루고자 한다. 그런데 이 창조에 관한 교리는 자연과학과 직접적으로 관련이 있으면서 동시에 그것을 뛰어넘는 주제이다.

> 이러한 연구에 큰 관심을 기울이다 보면 자연과학 고유의 영역을 넘어서는 다른 차원의 질문들로 강렬한 자극을 받게 된다. 이 질문은 단순히 언제 어떻게 우주가 물질적으로 생겨났는지, 또는 인간은 언제 발생했는지에 관한 것이라기보다는, 그러한 기원의 의미가 무엇인지를 묻는 것이다. 그 기원이 우연이나, 맹목적인 운명이나, 이름 모를 필연성의 지배를 받는지, 또는 하느님이라고 불리는, 지성을 지닌 선한 초월적 존재의 지배를 받는지를 묻는다. (CCC 284항)

교회는 우주와 인간의 "기원의 의미"가 무엇인지, 그리고 "그 기원이 우연이나, 맹목적인 운명이나, 이름 모를 필연성의 지배를 받는지, 또는 하느님이라고 불리는, 지성을 지닌 선한 초월적 존재의 지배를 받는지", 즉 '그 기원의 원인에 관한 본성'을 묻고자 한다. 이러한 물음이야말로 지난 2000년간 교회가 지녀온 모든 교의적, 실천적 가치들을 떠받드는 토대이기 때문이다. 그런데 이러한 질문을 하기 위해서는 '우주의 기원 및 인간의 기원 그 자체'에 대한 자세하고도 정확한 논의가 반드시 전제되어야 할 필요가 있다. 만일 창조에 관해 신학적인 질문을 하면서 빅뱅 우주론(Big Bang cosmology)의 주요 내용을 전혀 받아들이지 않거나 다른 과학적인 원리, 법칙들을 수용하는 것을 거부한다면 그러한 질문은 비록 신학 안에서는 의미있는 질문일 수 있겠지만 그 이상의 포용력과 설득력을 갖출 수는 없는 교조적인 신학으로서의 근본적인 한계를 가질 것이기 때문이다. 특히 우주와 인간을 구성하는 '물질의 창조'의 경우는 최근에 들어서 빅뱅 우주론과 연관을 지으려고 하는 해석이 많기 때문에 빅뱅 우주론에 대해 어느 정도의 배경 지식이 필요한 상황이다. 사실 많은 이들이 현재 다음과 같은 질문을 던지고 있다:

빅뱅은 과연 창조의 증거인가?[143]

따라서 제 3부에서는 그동안 교회 안에서 지속적으로 제기되어 온 전통적인 질문인 우주와 인간의 "기원의 의미" 및 '그 기원의 원인에 관한 본성' 보다는 우주와 인간의 '기원 그 자체'에 좀 더 초점을 맞추어서 "우리의 삶과 행동 방식의 의미와 방향을 결정짓는" 창조에 관한 교리에 접근해 보고자 한다. "빅뱅은 과연 창조의 증거인가?"라는 질문은 사실 우주와 인간의 '기원 그 자체'에 좀 더 초점을 맞추어서 창조 교리에 접근하려는 시도로부터 나오는 것이기 때문이다.

바로 이 질문에 대해 논의하기 위해 앞선 2장에서 살펴본 세 가지 전제들 및 이로부터 도출되는 네 가지 사실들을 다시 한번 언급해 보고자 한다.

첫째, 창조주인 하느님에 대한 인간의 직접적인 인식은 불가능하다.

둘째, 하느님의 속성은 피조물들의 속성을 통해 일부나마 유비적으로 파악될 수 있다.

셋째, '비판적 실재론'의 관점에 따라, 자연 안의 모든 피조물들은 관찰자의 참여를 통해 경험적 세계의 개별적이고 구체적인 실재로서 관찰되고 해석된다.

---

143 실제로 가톨릭 교회의 경우 (과연 이 시도가 적절한 것이었는지는 차치하고라도) 1951년 11월 22일 교황 비오 12세가 '최근의 천문학적 발견들(빅뱅 우주론을 의미한다)이 창세기 첫 장의 "빛이 생겨라"(Fiat lux)를 통한 우주 창조를 설명해 주고 있으며 이는 곧 하느님의 존재를 증명하는 것'이라는 취지의 연설을 교황청 과학원(Pontifical Academy of Sciences)에서 행한 적이 있었다. Pope Pius XII, "The Proofs for the Existence of God in the Light of Modern Natural Science", *Address to the Plenary Session and to the Study Week on the Subject 'The Question of Microseisms'*, Pontifical Academy of Sciences (1951. 11. 22). (http://www.pas.va/content/accademia/en/magisterium/piusxii/22november1951.html)

이 세 가지 전제로부터 다음의 내용들이 자연스럽게 도출된다:

1. 위의 첫째 및 둘째 전제로부터 '자연/피조물을 통한 계시'라는 개념이 자연스럽게 받아들여질 수 있다. 인간은 하느님에 대한 직접적인 인식, 통찰, 깨달음을 갖지 못한다. 그 대신에 신적 속성은 자연/피조물의 여러 속성들과 다른 여러 방식들을 통한 간접적인 계시로서 인간에게 주어지는 것이다. 따라서 이 신적 계시는 필연적으로 인간과 자연을 기술하는 언어들을 통해 유비적으로 표현되어지며 그 이외의 다른 더 나은 방식은 현실적으로 존재하지 않는다.

2. 둘째 전제가 말하듯이, 하느님의 속성은 피조물들의 속성을 통해 유비적으로 파악될 수 있다. 그런데 이 세상의 모든 피조물들의 속성 중에서 '물리적 속성'은 근본적으로 빅뱅에 의해 탄생한 것들이다. 세상에 존재하는 어떠한 피조물들도 필연적으로 빅뱅에 의해 세상에 존재하게 되었기 때문에 빅뱅으로부터 자유로운 물리적 속성은 우리의 자연과 우주 안에서는 결코 존재할 수 없기 때문이다. 따라서 하느님의 속성은 빅뱅 우주론의 결론들을 통해 부분적으로나마 유비적으로 파악될 수 있는 것이다.

3. 셋째 전제가 말하듯이, 자연 안의 모든 피조물들은 관찰자의 참여를 통해 경험적 세계의 개별적이고 구체적인 실재로서 관찰되고 해석된다. 인간은 역사적으로 주위의 모든 개별적이고 구체적인 피조물들의 속성을 '관찰자에 의한 관찰/관측/측정'이라는 방법을 동원해서 이해해왔다. 특히 창조신학은 창조의 결과물인 물질과 영혼을 관찰자가 관찰한 내용에 의지해서 이해되어야 한다.

4. 이제 둘째 전제와 셋째 전제를 합치게 되면 하느님의 속성 역시

도 부분적으로나마 유비적으로 '관찰자에 의한 관측'을 통해 해석될 수 있는 것이 된다. 그리고 이러한 해석 가능한 속성 중에는 빅뱅의 속성이 포함될 것이다. 빅뱅의 속성은 모든 피조물들의 첫 시작 당시에 부여된 보편적인 속성이므로, 이 속성은 곧 하느님에 관해서도 일부나마 적용 가능한 속성이 될 것이다.

바로 이러한 세 가지 전제들 및 이로부터 도출되는 네 가지 사실들로부터 우리는 창조신학(creation theology)에 관한 논의를 자연스럽게 전개해 나갈 수 있다. 또한 제 3부에서는 창조신학과 직접적으로 관련되면서 위의 세 번째 사실 – 피조물들의 속성을 '관찰자에 의한 관찰/관측/측정'이라는 방법을 동원해서 이해한다 – 로부터 도출된 다음의 두 가지 추가적인 사실들을 받아들이고자 한다.

첫째로, 우리 모두가 관찰자로서 일상적인 경험을 관찰해온 바에 따르면, 우리가 살아가고 있는 이 창조된 물질 세계 안에는 시간이 흐르고 있으며, 이 물질 세계는 시간으로부터 결코 자유로울 수 없다. 다시 말하면, 창조된 물질 세계 안에는 시간성(temporality)이라는 특성이 고스란히 반영되어 있다. 그래서 시간의 본성에 관해 우리가 좀 더 알게 될 때 우리는 시간의 속박 하에 있는 창조된 물질 세계, 우리의 우주에 대해 더욱 잘 이해할 수 있게 될 것이다.

둘째로, 우리의 신앙의 조상들이 교회 안에서 관찰자로서 인간을 관찰해온 바에 따르면, 인간을 '영육 이원론'의 관점에서, 즉 영혼과 육체의 결합물로서 바라보는 것이 인간의 본성 및 인간의 창조를 이해하기 위해 합당해 보인다.

> 하느님의 모습으로 지어진 '인간'은 육체적이며 동시에 영적인 존재이다. "주 하느님께서 흙의 먼지로 사람을 빚으시고, 그 코에 생명의 숨을 불어넣으시니, 사람이 생명체가 되었다."(창세 2,7)는 성경의 이야기는 바로 이러한 사실을 상징적 언어로 설명하는 것이다. 그러므로 하느님께서는 전체적인 인간을 원하신 것이다. [……] '영혼'은 인간의 영적 근원을 가리킨다. [……] "육체와 영혼으로 단일체를 이루는 인간"(GS 14)은 그 육체적 조건을 통하여 물질세계의 요소들을 자기 자신 안에 모으고 있다. (CCC 362~364항)

따라서, 현재까지의 교회의 관점에 따르면 우리 인간은 "육체와 영혼으로 단일체를 이루는 인간"[144]인 것이다. 그런데 우리가 잘 아는 바와 같이, 육체는 물질인 반면 영혼은 비물질이다. 이는 육체의 창조는 물질의 창조의 연장선상에서 해석이 가능하지만, 영혼의 창조는 물질의 창조와는 다른 방식의 접근이 필요하다는 의미인 것이다.

바로 위에서 제시한 두 가지 추가적인 사실들로부터 제3부는 다음과 같은 구성을 통해 "빅뱅은 과연 창조의 증거인가?"라는 질문에 대해 나름의 응답을 해 보고자 한다. 우선 7장에서는 시간의 창조/생성[145]에 관해 설명하고자 한다. 이를 위해 물질의 창조의 첫 출발점으로 여겨지는 빅뱅 사건과 시간의 창조/생성 사건이 동일한 사건인지를 살펴본 후 시간의 본성인 "시간의 화살"(the arrow of time), 즉 시간이 특정 방향으로만 흐르는 현상이 바로 빅뱅의 결과라는 점도 논의해 보고자 한다. 이어서 8장에서는 빅뱅의 결과로서의 (인간의 육체를 포함한) 물질의 창

144 이 표현이 제2차 바티칸 공의회의 『현대 세계의 교회에 관한 사목 헌장』(*Gaudium et spes*; GS) 14항에서 공식적으로 사용되었음을 상기해보면 교회의 이 관점은 현대에도 여전히 유효함을 알 수 있다.

145 창조(creation)와 생성(generation)은 형이상학적으로는 엄밀히 구분될 수 있는 개념이지만 제3부에서는 구분없이 사용하도록 하겠다.

조/생성의 의미를 다루어 보고자 한다. 이를 통해 필자는 교회의 전통적인 창조 개념인 "무로부터의 창조"(*creatio ex nihilo*)[146]를 '빅뱅 사건으로부터의 시간 및 물질의 생성'이라는 물리적 현상을 통해 해석하고자 한다. 이어서 9장에서는 인간 영혼의 창조/생성에 관해 해석을 하면서 이것 역시도 빅뱅과의 연관성이 있는지를 논의해 보고자 한다. 이를 통해 영혼의 창조/생성은 "지속적 창조"(*creatio continua*) 개념과 연관이 있다는 점을 밝힐 것이다.

이로써 '우주와 인간의 기원'은 교회의 전통적인 두 개념인 무로부터의 창조와 지속적 창조 두 방식을 모두 수용해야 된다는 점을 제 3부에서는 명확히 보여줄 것이다. 아울러 제 3부의 목적인 "빅뱅은 과연 창조의 증거인가?"라는 질문에 대해 이제 어느 정도 분명한 응답을 줄 것이다. 필자 본인의 이 해석이 학계에서 '창조'라는 고전적인 개념을 보다 현대적으로 이해하고 받아들이는 데에 나름의 영감을 제시할 수 있기를 희망한다.

146 하느님께서는 창조를 위하여 이미 존재하는 아무것도 아무런 도움도 필요로 하지 않으신다는 것을 우리는 믿는다.(*Credimus Deum nulla re praeexsistenti neque ullo adiutorio egere ad creandum*; DH 3002). [……] 하느님께서는 자유로이 "무로부터" 창조하셨다.(*Deus libere creat "ex nihilo"*; DH 800, 3025) (CCC 296항)

제7장
빅뱅 우주론에 관한 간략한 소개

빅뱅 우주론은 우리 우주의 기원과 현재까지의 팽창을 설명하는 물리 우주론으로서, 간단하게 말하면 초기에 매우 높은 에너지로 응축된 작은 점이 대폭발을 통해서 팽창하여 현재의 우주가 되었다고 보는 이론이다.

벨기에의 가톨릭 교구사제이자 루뱅 가톨릭대학교에서 활동하던 이론천문학자인 조르주 르메트르(Georges Lemaître; 1894~1966)는 1927년 공간의 균질성(homogeneity) 및 등방성(isotropy)을 가정하여 아인슈타인의 중력장 방정식의 수학적 해를 구하는 과정을 통해, 우리의 우주는 반드시 팽창해야 된다는 점을 이론적으로 밝혀내게 되었다.[147] 이는 정

147 G. Lemaître, "Un Univers homogène de masse constante et de rayon croissant rendant compte de la vitesse radiale des nébuleuses extra-galactiques", *Annales de la Société Scientifique de Bruxelles* 47(1927), 49~59. 이 논문은 1931년 영국 왕립천문학회(Royal Astronomical Society)를 통해 다음과 같이 영어로 번역, 소개됨으로써 학계에 널리 알려지게 되었다: "Expansion of the universe, A homogeneous

적인(static) 우주를 당연하게 받아들인 아인슈타인이 보기에 "터무니없는" 주장으로 보였다.[148]

하지만 그로부터 2년 뒤인 1929년 에드윈 허블(Edwin Hubble; 1889~1953)이 수십 개의 외부 은하들을 면밀히 관찰하여, 멀리 떨어진 각 은하들의 거리와 그들이 멀어지는 속도 – 은하로부터 나오는 별빛의 색깔의 적색편이(red shift)를 관측함으로써 측정 가능하다 – 가 비례한다는 소위 허블 법칙(Hubble's law)[149]을 발표함으로써 빅뱅이라는 개념은 천문학적인 첫 번째 근거를 얻게 되었다.[150]

그 후 1964년에는 우주의 극초단파를 연구하던 미국 벨 연구소의 관측천문학자 아노 펜지아스(Arno A. Penzias; 1933~)와 로버트 윌슨(Robert W. Wilson; 1936~)이 우주의 모든 방향에서 거의 균일하게 마이

---

universe of constant mass and increasing radius accounting for the radial velocity of extra-galactic nebulae", *Monthly Notices of the Royal Astronomical Society* 91(1931), 483~490. 다음의 책도 참고할 것: Georges Lemaître, Jan Govaerts and Jean-François Stoffel eds., trans. Christine Leroy and Stephen Lyle, *Learning the Physics of Einstein with Georges Lemaître: Before the Big Bang Theory,* Gewerbestrasse: Springer Nature Switzerland AG, 2019.

148 1927년 브뤼셀에서 열린 제5차 솔베이 학회(Solvay Conference)에서 정적인 우주가 아니라 팽창하는 우주를 이론적으로 주장한 르메트르의 발표를 들은 아인슈타인은 르메트르에게 다음과 같이 말한 것으로 알려져 있다: "당신의 계산은 정확하지만, 당신의 물리는 터무니없군요!"(Vos calculs sont corrects, mais votre physique est abominable!) Andre Deprit, "Monsignor Georges Lemaître", in A. Barger ed., *The Big Bang and Georges Lemaître: Proceedings of a Symposium in honour of G. Lemaître fifty years after his initiation of Big-Bang Cosmology, Louvain-la-Neuve, Belgium,* 10-13 October 1983, Dordrecht: D. Reidel Pub. Co., 1984, 363~392, 370.

149 2018년 10월 29일 국제천문연맹(International Astronomical Union)의 공식 결정에 따라 현재는 허블-르메트르 법칙(Hubble-Lemaître law)이라고 불리고 있다. (https://www.iau.org/news/pressreleases/detail/iau1812/?lang)

150 Edwin Hubble, "A relation between distance and radial velocity among extra-galactic nebulae", *Proceedings of the National Academy of Sciences USA* 15(1929), 168~173.

크로파 잡음(microwave noise)이 발생하고 있다는 사실을 발견했다.[151] 이 마이크로파 잡음을 우리는 현재 "우주 (마이크로파) 배경 복사"(Cosmic (Microwave) Background Radiation)라고 부르는데, 이는 초기 우주의 온도가 대략 3천 도에 달할 정도로 뜨거웠고 당시의 물질의 분포 또한 은하나 별이 형성되지 않은 상당히 균일한 상태였다는 것을 보여주는 명백한 증거이기 때문에, 빅뱅 우주론의 가장 중요한 증거로서 현재까지 받아들여지고 있다.[152] 이 우주 배경 복사의 균일도를 엄밀하게 관측하기 위해 COBE(Cosmic Background Explorer)[153], WMAP(Wilkinson Microwave Anisotropy Probe)[154], Planck[155] 등의 관측 위성이 차례로 우주로 보내졌는데, 특히 WMAP이 지구로 전송해 온 데이터를 분석한 결과에 따르면 우주의 나이가 약 138억년임이 밝혀졌다.[156] 더 나아가서 최근에 들어서는 우리 우주의 팽창 속도가 시간이 흐름에 따라 더욱 빨

151 A.A. Penzias and R.W. Wilson, "A Measurement of Excess Antenna Temperature at 4080 Mc/s", *Astrophysical Journal* 142(1965), 419~421.

152 Eric Gawiser and Joseph Silk, "The cosmic microwave background radiation", *Physics Reports* 333-334(2000), 245~267 참조.

153 N.W. Boggess *et al.*, "The COBE Mission: Its Design and Performance Two Years after the launch", *Astrophysical Journal* 397(1992), 420~429; D. J. Fixsen *et al.*, "Cosmic microwave background dipole spectrum measured by the COBE FIRAS instrument", *Astrophysical Journal* 420(1994), 445~449.

154 C. Bennett *et al.*, "First-Year Wilkinson Microwave Anisotropy Probe (WMAP) Observations: Foreground Emission", *Astrophysical Journal Supplement* 148(2003), 97~117.

155 P.A. Ade *et al.*, "Planck 2015 results. XIII. Cosmological parameters", *Astronomy & Astrophysics* 594(2016), A13.

156 C.L. Bennett *et al.*, "Nine-Year Wilkinson Microwave Anisotropy Probe (WMAP) Observations: Final Maps and Results", *Astrophysical Journal Supplement* 208(2013), 20.

라지고 있음을 알게 되었다.[157]

관측 데이터 및 이론에 입각하여 현재까지 정리된 빅뱅 우주론은 다음과 같이 요약될 수 있다[158]:

1. 우주 탄생 후 10^{-43}초 뒤의 시점 – 물리학자들은 이 시점을 특별히 플랑크 시간(Planck time)이라고 부르며 우주에 대해 물리적으로 의미 있는 말을 할 수 있는 가장 이른 시간으로 여긴다 – 에 우리가 알고 있는 공간과 시간의 개념이 현재와 같은 의미를 가지게 되고 물리학의 모든 법칙들이 적용되는 것으로 본다. 바로 이 순간 우주 전체의 크기는 양성자보다 훨씬 작고 그 온도는 약 10^{32} K으로 추정된다.

2. 그 직후인 빅뱅 후 10^{-34}초 뒤의 순간 즈음에는 우주를 구성하는 네 가지 기본 힘들 – 중력(gravitational force), 전자기력(electromagnetic force), 강한 핵력(strong nuclear force) 및 약한 핵력(weak nuclear force) – 이 차례로 분리되고 공간이 급팽창(물리학자들은 이를 인플레이션(inflation)이라고 부른다[159])하여 우주의 크기는 약 10^{30}배 증가하게 된다. 이 무렵 시공간 구조 내에서의 양자 요동(quantum fluctuation)에 의해 물질의 형성이 시작된다. 이때의 우주는 약 10^{27} K

---

157 A.G. Riess *et al.*, "Observational evidence from supernovae for an accelerating universe and cosmological constant", *Astronomical Journal* 116(1998), 1009~1038; S. Perlmutter et al., "Measurement of Ω and Λ from 42 high-redshift supernovae", *Astrophysical Journal* 517(1999), 565~586.

158 Edward W. Kolb and Michael S. Turner, *The Early Universe*, Boulder: Westview Press, 1994, 491~498; D. Perlov and A. Vilenkin, *Cosmology for the Curious*, New York: Springer, 2017, 155~171; Nicola Vittorio, *Cosmology*, Boca Raton: CRC Press, 2018, 57~103.

159 Alan H. Guth, "Inflationary universe: A possible solution to the horizon and flatness problems", *Physical Review* D 23(1981), 347~356; *The Inflationary Universe: The Quest for a New Theory of Cosmic Origins*, New York: Perseus Books, 1997.

의 온도로 너무 뜨거워서 광자, 쿼크(quark; 양성자(proton)와 중성자(neutron) 등을 구성하는 입자), 렙톤(lepton; 전자와 뉴트리노(neutrino)를 포함하는 입자) 등이 섞인 뜨거운 수프만 존재하며 양성자와 중성자는 아직 형성될 수 없다.

3. 이어서 빅뱅 후 10^{-4}초 뒤의 순간 즈음에는 쿼크들끼리 서로 결합할 수 있게 되어 이제 물질(matter)인 양성자, 중성자와 그들 각각의 반물질(antimatter)인 반양성자(antiproton), 반중성자(antineutron)를 형성한다. 우주는 이제 냉각되고, 물질과 반물질 입자쌍 – 즉, 양성자와 반양성자 쌍 및 중성자와 반중성자 쌍 – 이 서로 충돌하여 에너지를 방출하며 사라진다. 이때 어떤 이유인지 분명치 않지만 그 당시 물질이 반물질보다 약간 더 많이 있어서 – 이를 '*CP* (대칭성) 위배'(*CP* violation)라고 부르며 8장에서 다시 언급할 것이다 – 이 여분의 물질은 반물질 상대를 찾지 못한 채 살아남아 오늘날 우리가 알고 있는 물질 세계를 형성하게 된다.

4. 빅뱅 후 약 1분의 시간이 지난 후 우주는 이제 충분히 냉각되어 양자와 중성자가 충돌하여 질량이 작은 핵 – 즉, 수소, 헬륨, 리튬 등의 핵 – 을 형성할 수 있게 된다. 또한, 우주 전체에 방사선이 생겨나지만 핵들과 상호작용을 하느라 멀리 퍼져나가지는 못한다.

5. 빅뱅 후 약 37~38만년 후가 되면 이제 온도는 3000 K까지 떨어지고, 따로 자유롭게 존재하던 전자는 드디어 원자핵에 달라붙어 원자를 형성할 수 있게 된다. 방사선은 원자와는 크게 상호 작용하지 않기 때문에 이제 먼 거리를 자유롭게 퍼져나갈 수 있게 된다. 이 방사선이 바로 '우주 배경 복사'를 형성한다. 이 무렵 수소와 헬륨 원자가 중력의

영향을 받아 서로 뭉치기 시작하여 결국 은하와 별의 형성이 시작된다.

[그림 6-1]은 빅뱅 우주론에 관해 현재까지 정리된 이러한 내용들을 시각적으로 잘 보여주고 있다.

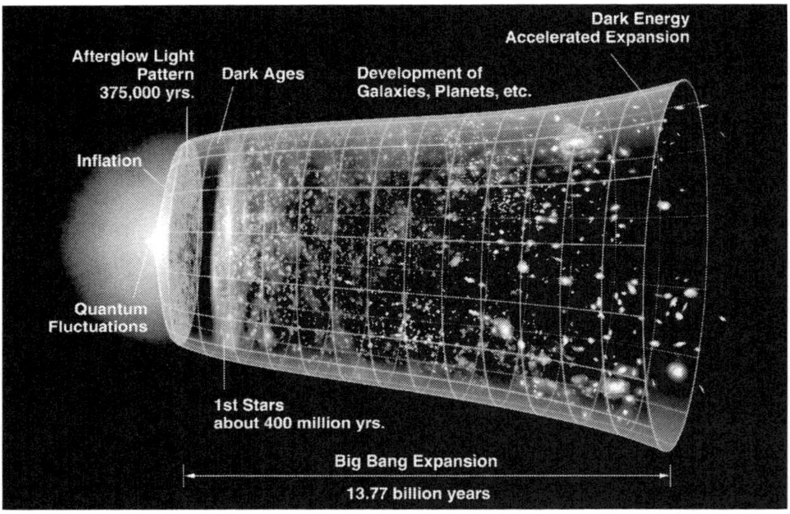

[그림 6-1] 현재의 빅뱅 우주론에 따르면, 우리의 우주는 대략 138억년 전에 빅뱅으로 인해 시작되었고, 빅뱅 직후 아주 짧은 시간 동안 급팽창이 있었으며, 오늘날까지 가속 팽창을 하고 있다. (출처: https://en.wikipedia.org/wiki/Big_Bang)

제8장
시간의 창조와 빅뱅

현재까지의 물리학자들의 연구 결과들을 종합해 본 바에 따르면, 우리의 우주는 138억년 전 무한히 뜨겁고 무한히 밀집된 특이점으로부터 빅뱅에 의해 생겨난 것으로 알려져 있다. 이 빅뱅의 시점은 우주의 탄생의 시점인 동시에 '시간의 시작'의 시점으로서 간주 될 수 있다. 우리가 현재까지 물리학적으로 이해하기로는, 빅뱅 이전에는 공간이나 시간이 없었으며 시간적으로 빅뱅 이전의 때로 거슬러 갈 수도 없는 것으로 알고 있다.

따라서 빅뱅 사건은 '시간의 생성으로서의 무로부터의 창조' 혹은 '0인 시간으로부터 0이 아닌 시간으로의 전이'(transition from zero time to nonzero time)를 일으킨 사건으로서 간주될 수 있을 것이다. 필자는 본 장을 통하여 "무로부터의 창조"를 '그 전에는 존재하지 않던 시간이 새롭게 생성되는 사건'으로서 해석하고자 한다.

그렇다면 정말 우리는 빅뱅 사건을 '시간의 생성으로서의 무로부터의 창조' 사건과 동일시 할 수 있을 것인가? 이를 위해 시간의 가장 중요한 속성인 "시간의 화살"이 실은 빅뱅에 의한 것임을 이제부터 물리학적으로 설명하고자 한다. 만일 이 설명이 물리학적으로 타당한 것이라면, 빅뱅이야말로 시간의 창조를 유발시킨 바로 그 사건이라는 점을 우리는 쉽게 받아들일 수 있게 될 것이며, 따라서 빅뱅 사건을 "무로부터의 창조"가 물리적으로 일어난 사건, 시간 생성을 실제로 일으킨 사건으로서 받아들일 만한 과학적인 근거를 얻을 수 있게 될 것이다.[160]

1. "시간의 화살"

우리가 날마다 경험하고 있듯이, 시간이 지닌 가장 신비로운 점은 그것이 반드시 특정한 방향을 향하여 흐른다는 것이다: 시간은 과거로부터 현재, 미래를 향해 흐른다. 이러한 '시간이 한쪽 방향으로만 흐르는 방향성'을 일컬어 물리학자들은 특별히 "시간의 화살"이라고 부른다.

이 "시간의 화살"이라는 말은 1919년 일식 관측을 통해 아인슈타인의 일반 상대성 이론(general theory of relativity)의 중요한 예측인 '중

160 사실 "무로부터의 창조"(*creatio ex nihilo*)라는 말에서 사용되는 '무'(*nihilo*)라는 개념은 존재론적/형이상학적인 개념이자 하느님의 창조 능력을 설명하기 위한 신학적 개념이지 물리학적인 개념이 아니다. 따라서 빅뱅 우주론을 직접적으로 "무로부터의 창조"와 연결짓는 것은 다소 위험한 시도일 수 있다. 하지만 본 장에서는 '시간의 창조/생성'에 초점을 맞추어서 '원래 존재하지 않던 시간이 빅뱅이라는 사건을 계기로 존재하게 된 것'을 '시간이 무로부터 빅뱅에 의해 창조된 것'으로 유비적으로 보려고 시도한다.

력장에 의한 빛의 휘어짐'을 처음으로 입증한 장본인인 아서 에딩턴(Arthur Eddington; 1882~1944)이 1927년에 행한 역사적인 기포드 강좌(The Gifford Lectures)에서 처음 사용한 표현[161]으로서 현재까지 거의 100년 동안 물리학자들이 즐겨 사용하는 표현이 되었다. 시간은 공간이나 질량, 에너지 등과 물리학에서 다루는 다른 물리학적 대상들과는 달리 반드시 한쪽 방향으로만, 즉 과거에서 현재를 거쳐 미래를 향하는 방향으로만 흐르는 것으로 알려져 있다.

현재까지 알려진 모든 물리학 법칙들은 법칙 체계 안에서 시간의 방향을 구분하지 않고 있다. 이를 물리학자들은 '시간 역전 불변성'(time reversal invariance)이라고 부르며, 현재까지 알려진 모든 물리학 법칙들은 법칙 내의 시간을 역전시켜도 법칙 자체는 불변성을 보여주는 것으로 알려져있다. 따라서 물리학 내에서도 시간의 화살의 존재는 대단히 특이하며 이해하기 어려운 것으로 여겨져왔다.

단적으로, 거시 세계의 모든 물리 현상을 설명하는 뉴턴 역학에서는 시간이 역전될 때, 즉 시간 t를 $-t$로 대체할 때, 운동의 방향이 바뀌는 것 외의 어떠한 차이도 발생하지 않는다. 예를 들어, 어떤 투수가 야구공을 특정 방향을 향해 던진다고 할 때, 시간을 역전시키면 야구공의 방향이 투수의 방향으로 바뀌는 것을 제외하면 야구공이 그리는 포물선 자체는 그대로 형태를 유지한다. 세상의 모든 물체의 거시적 운동을 설명하는 강력한 법칙인 – 뉴턴 역학 제 2법칙이라고 흔히 부르는 – 힘과 물체의 가속도의 관계를 설명하는 역학 법칙은 '물체가 받는

161 A.S. Eddington, *The Nature of the Physical World*, New York: The Macmillan Company, 1929, 68 이하 참조.

힘 = 물체의 질량 × 물체의 가속도' (수학적으로는 $F=ma$로 쓴다)로 기술되는데 여기서 가속도 a는 물체가 이동한 거리 벡터 x를 시간 t에 따라 두 번 미분한 것으로 계산되기 때문에 – 즉 $a=d^2x/dt^2$ 이기 때문에 – 이 역학 법칙은 시간의 역전에 의해 전혀 수정되거나 바뀌지 않는다. 다만 이동한 거리를 시간에 따라 한번 미분한 양인 속도 $v=dx/dt$는 시간의 역전에 의해 물체가 움직이는 방향이 반대로 바뀔 뿐이다. 따라서 뉴턴의 역학 체계에서는 시간의 화살은 사실상 특별한 의미를 가지지도 않고 역학 법칙 안에 포함될 여지도 없다. 뉴턴 역학에서는 시간의 원점과 단위, 방향을 우리가 원하는대로 설정할 수 있으며 역학 법칙은 시간 역전 불변성을 만족한다.

아인슈타인의 최대 업적인 특수 상대성 이론 및 일반 상대성 이론의 경우는 시간을 공간의 한 축과 사실상 동일한 방식으로 보면서 시간과 공간을 시공간 4차원으로 묶어버림으로 해서 오히려 시간 만의 특징인 시간의 화살이 상대성 이론에 포함될 여지가 더욱 없게 되었다. 그러다보니 시간은 마치 공간의 한 축이 그러하듯이 언제든 역전이 가능한 것으로 잘못 오해되는 문제가 야기되고 있다. 상대성 이론 하에서 역학 법칙은 시간 역전 불변성을 당연히 만족한다.

더 나아가서, 양자역학의 경우에도 그 상황은 다르지 않다. 비상대론적 양자역학(non-relativistic quantum mechanics)을 기술하는 슈뢰딩거 방정식이나, 슈뢰딩거 방정식에 특수 상대성 이론을 결합하여 상대론적 양자역학(relativistic quantum mechanics)을 기술하는 디랙 방정식(Dirac equation)의 경우도 시간을 역전시키는 것이 가지는 특별한 의미가 없다. 따라서 미시 세계를 기술하는 양자역학에서도 시간의 화살은 사실상 특별한 의미를 가지지도 않고 역학 법칙 안에 포함될 여지도 없다.

이 상황은 장론(field theory)의 경우에도 바뀌지 않는다. 고전장론(classical field theory)인 뉴턴의 중력 법칙이나 맥스웰의 전자기장 이론의 경우도 시간의 화살은 사실상 특별한 의미를 가지지도 않고 장론 안에 포함될 여지도 없다. 더 나아가서, 양자장론(quantum field theory)의 경우도 마찬가지인 상황에 있다.

시간의 화살이 엄연히 우리의 경험 세계 안에서 분명히 실재하는데도 불구하고 물리학의 모든 법칙들과 이론들에서 반영되고 있지 못한 바로 이 문제는 사실 이론물리학의 수학적 기반이 라플라스(Pierre-Simon de Laplace; 1749~1827) 이래로 미분을 핵심적인 내용으로 삼고 있는 '미분방정식' 및 '미분기하학'(differential geometry; 일반 상대성 이론의 수학적 기반인 리만 기하학(Riemann geometry)은 미분기하학의 한 종류이다)에 기반을 두고 있기 때문이다. 미분방정식과 미분기하학은 그 수학적 특성상 시간을 단지 수학적인 변수 중의 하나로서 간주하기 때문에 시간 만의 고유한 특성인 시간의 화살이 미분방정식 및 미분기하학 안에 반영될 가능성이 애초에 없는 실정이다.

그러다보니 시간의 화살은 누구나 경험 세계 안에서 자연스럽게 알고 있고 분명히 실재하는 물리적 현상임에도 불구하고 갈릴레오 갈릴레이(Galileo Galilei; 1564~1642) 이래로 400년간의 물리학의 비약적 발전에 걸맞게 제대로 물리학적으로 연구되지 못해온 측면이 있다. 물리학자들 중에서 그나마 시간의 화살에 대해 관심을 가져온 이들은 통계물리학자들로서 그들은 에딩턴이 1927년에 제안한 내용[162]을 따라서

162 "결론은 엔트로피 이외의 다른 통계학적 특성들은 시간의 화살을 구분하는 데에

열역학 제 2법칙이라고도 흔히 불리는 엔트로피(entropy) 증가 법칙의 주요 내용 및 볼츠만의 H-정리(Boltzmann's H-Theorem)를 시간의 화살과 비교하는 방식으로 그 물리적 내용을 해석하려 시도해 왔다.[163]

그리고 이와는 별도로 1960년대 이래로 입자물리학의 발전에 따라 세 가지 중요한 대칭성인 *C*(전하 켤레 대칭성; charge conjugation symmetry)[164], *P*(공간 역전(패리티) 대칭성; parity symmetry)[165], *T*(시간 역전 대칭성; time reversal symmetry)[166]에 관한 연구들이 입자물리학 이론 및 실험을 통해 이루어짐에 따라 '*T* 비대칭성으로서의 시간의 화살'이 조금씩 학계에서 주목을 받게 되었다. 특히 1964년에 있었던 기념비적인 실험인 '중성 *K* meson의 2π 붕괴에서의 *CP* 대칭성 위배 관찰 실험'[167]은 간접적으로 *T* 대칭성의 위배를 의미하는 것으로 여겨졌고, 이는 *T* 비대칭성으로서의 시간의 화살을 (비록 간접적이지만) 실험적으로 확인

사용될 수는 있겠지만, 성공할 때만 성공할 수 있고 실패할 때는 실패할 수 있는 것들이다. 따라서 그것들은 (시간의 화살을 구분하기 위한) 독립적인 테스트로서 간주될 수 없다. 물리학에 관한 한 시간의 화살은 오직 엔트로피만의 속성인 것이다." Eddington, *The Nature of the Physical World*, 80.

163 H. Dieter Zeh, *The Physical Basis of the Direction of Time*, Berlin: Springer-Verlag, 2007[5], 39~68 참조.

164 주어진 물리 법칙/방정식에서 한 입자의 전하의 극성을 q => $-q$로 바꿀 때에도 그 물리 법칙/방정식이 변하지 않는 성질을 말한다.

165 주어진 물리 법칙/방정식에서 한 입자의 공간적 위치를 x => $-x$로 바꿀 때에도 그 물리 법칙/방정식이 변하지 않는 성질을 말한다.

166 주어진 물리 법칙/방정식에서 한 입자의 시간적 위치를 t => $-t$로 바꿀 때에도 그 물리 법칙/방정식이 변하지 않는 성질을 말한다.

167 J.H. Christenson, J.W. Cronin, V.L. Fitch, and R. Turlay, "Evidence for the 2π Decay of the K_2^0 Meson" *Physical Review Letters* 13(1964), 138~140. 이 논문의 내용은 물질과 반물질 사이에 약하기는 하지만 의심할 여지가 없는 비대칭성이 자연적으로 존재한다는 것을 실험적으로 보여주는 결과를 담고 있다. 이 논문으로 인해 제임스 크로닌(James W. Cronin; 1931~2016)과 밸 피치 (Val L. Fitch; 1923~2015)는 1980년에 노벨 물리학상을 수상하게 된다.

한 최초의 결과로서 받아들여져 왔다. 그 이후 2000년대 들어서서 중성 B meson에서의 *CP* 대칭성 위배 관찰 실험들을 통해 시간의 화살의 간접적인 증거들이 지속적으로 확보되어왔다.[168] 그래서 중성 *K* 및 B meson에서 물질과 반물질 간의 *CP* 대칭성 위배는 활용 가능한 모든 실험 측정과 입자물리학의 표준 모델 간의 높은 일관성 덕분에 현재까지 잘 확립되어 왔다. 입자물리학의 역사 안에서 현재까지 단 한번도 위배된 적이 없던 *CPT* 대칭성[169]에 기초하여, *CP* 대칭성의 위배는 약한 핵력(약한 상호 작용(weak interaction)이라고도 한다) 하에서 이들 입자의 거동이 *T* 대칭성 위배(*T* violation), 즉 시간의 화살을 낳는다는 것을 간접적으로나마 강력히 시사해왔다.[170] 하지만 *T* 대칭성 위배를 직접적으로 관찰하는 것은 또 다른 문제이고 이 관찰은 (뒤에서 살펴보겠지만) 2000년대에 이르러서야 비로소 이루어지게 된다.

이렇듯이 통계물리학, 입자물리학과 우주론, 전자기학 등 물리학의 여러 분과에서 시간의 화살에 관한 다양한 해석이 제시되어왔고,

168 B. Aubert *et al.* (BABAR Collaboration), "Observation of *CP* Violation in the B^0 Meson System", *Physical Review Letters* 87(2001), 091801; K. Abe *et al.* (Belle Collaboration), "Observation of Large *CP* Violation in the Neutral *B* Meson System", *Physical Review Letters* 87(2001), 091802; B. Aubert *et al.* (BABAR Collaboration), "Direct *CP* Violating Asymmetry in $B^0 \rightarrow K^+\pi^-$ Decays", *Physical Review Letters* 93(2004), 131801; Y. Chao *et al.* (Belle Collaboration), "Evidence for Direct *CP* Violation in $B^0 \rightarrow K^+\pi^-$ Decays", *Physical Review Letters* 93(2004), 191802.

169 *CPT* 대칭성은 주어진 물리 법칙/방정식이 *C, P, T*의 과정, 즉 *q* = > -*q*, *x* = > -*x*, *t* = > -*t*을 모두 거친 후에도 원래의 법칙/방정식으로 돌아오는 성질을 의미한다. Gerhart Lüders, "Proof of the *TCP* Theorem", *Annals of Physics* 281(2000), 1004~1018 참조.

170 J. Bernabéu and F. Martínez-Vidal, "Time-Reversal Violation", *Annual Review of Nuclear and Particle Science* 65(2015), 403~427 참조.

그 결과 현재까지 시간의 화살은 여러 종류가 제안되어 왔다.[171] 이 여러 종류의 시간의 화살 중에서 물리적 실재성이라는 측면에서 가장 중요한 의미가 있는 것으로서 많은 관심과 논의가 주어진 것으로는 다음의 세 가지 종류가 있다. 그것은 우주론적 시간의 화살(cosmological arrow of time), 열역학적 시간의 화살(thermodynamic arrow of time), 그리고 심리학적 시간의 화살(psychological arrow of time)이다: 우주론적 시간의 화살은 우주의 빅뱅과 관련된 것으로, '우주는 빅뱅 초기의 아주 작은 크기의 우주에서 출발하여 지속적으로 팽창을 하고 있으며 이 팽창의 방향이 바로 시간이 흐르는 방향이다'라는 것이다. 열역학적 시간의 화살은 엔트로피 증가 법칙과 관련된 것으로, '엔트로피가 증가하는 과정은 엎질러진 물을 다시 담을 수 없듯이 절대로 거꾸로 되돌릴 수 없으며, 이 엔트로피가 증가하는 방향이 곧 시간이 흐르는 방향이다'라는 것이다. 그리고 심리학적 시간의 화살은 우리 인간이 살아가면서 느끼는 시간의 방향을 말하는 것인데, '인간은 과거는 기억하지만 미래는 기억하지 못한다'는 점을 의미한다. 우리는 왜 미래를 기억해내지 못하는 것일까? 왜 우리는 시간의 한쪽 방향만 기억하는 것일까? 이는 답하기에 결코 쉬운 문제가 아니다.

바로 이 세 가지 시간의 화살의 근본적인 이유 및 그들 간의 관계를 설명하려는 시도가 1980년대에 이르러 여러 물리학자들에 의해 시

171 Steven F. Savitt, "Introduction", in Steven F. Savitt ed., *Time's Arrows Today: Recent physical and philosophical work on the direction of time*, Cambridge: Cambridge University Press, 1995, 4~6; Rüdiger Vaas, "Time After Time – Big Bang Cosmology and the Arrows of Time", in Laura Mersini-Houghton and Rüdiger Vaas eds., *The Arrows of Time: A Debate in Cosmology*, Berlin: Springer-Verlag, 2012, 7~8.

도되었고, 특히 스티븐 호킹(Stephen Hawking; 1942~2018)은 이 세 가지 시간의 화살이 동일한 것이라는 점을 증명하는데 성공했다고 주장하기도 했었다.[172] 이렇듯이 스티븐 호킹부터 션 캐롤(Sean Carroll; 1966~)까지 여러 저명한 이론물리학자들의 연구에 따르면, 시간의 화살의 근본 원인은 바로 '빅뱅'에 있다.[173] 이 빅뱅의 결과 우주의 초기부터 열역학적 시간의 화살이 생겨났고 후에 생겨난 인간에게는 심리학적 시간의 화살이 생겨났다는 것이 이들의 주장인 것이다.

1) 우주론적 시간의 화살

우주를 연구해온 많은 물리학자들은 우주가 팽창함에 따라 우주가 계속 커지면서 우주의 팽창 방향으로 시간의 화살이 향하게 된다고 주장해 왔다. 1920년대 이래로 수많은 관측 덕분에 우주가 실제로 팽창하고 은하계가 점점 더 멀어지고 있다는 사실이 분명해졌다. 따라서 논리적으로, 훨씬 더 이른 시간에는 우주가 훨씬 더 작았고, 시간을 계속 거슬러가면 궁극적으로 우리가 빅뱅 당시의 상태라고 부르는 단일 지점이나 특이점에 다다를 수 있다고 우리는 합당하게 추정할 수 있다. 따라서 우주는 특이점으로부터의 빅뱅으로 인해 시간이 발생함과 동시에 외적으로 팽창하는 방향성을 가지고 있는 것으로 보인다. 결국 시간의 화살은 빅뱅에 의해 생겨났으며 이는 우주의 팽창과 같은 방향성을

172 Stephen W. Hawking, *A Brief History of Time: From the Big Bang to Black Holes*, New York: Bantam Books, 1988, 143~153 참조.

173 Sean Carroll, *From Eternity to Here: The Quest for the Ultimate Theory of Time*, New York: Dutton, 2010 참조.

지니는 것으로 여겨지고 있다.[174]

2) 열역학적 시간의 화살

열역학적 시간의 화살은 열역학 제 2법칙, 즉 엔트로피 증가 법칙과 관련된 것으로, '엔트로피가 증가하는 과정은 비가역적이며, 이 엔트로피가 증가하는 방향이 곧 시간이 흐르는 방향이다'라는 것이다. 엔트로피라는 물리량은 흔히 무질서(disorder)의 정도 혹은 자유(freedom)의 정도라고 불리는 것으로서 한 원자/분자가 특정 조건 하에서 배열/배치될 수 있는 모든 경우의 수와 관련된 양으로 정의된다.

이 엔트로피 값의 증가는 곧 비가역성(irreversibility)과 직접적으로 관련된 것이다. 열역학 제 2법칙에 따르면, 외부로부터 완전히 차단된 한 물리계 내의 엔트로피 값은 비가역적인 과정을 겪는 경우 반드시 증가해야 하며 가역적인 과정을 겪는 예외적인 경우에만 원래 값을 유지한다.

그런데 여기서 중요한 점은 세상에 존재하는 수많은 사건들이 실제로 비가역적이라는 것이다. 단적인 예로, 달걀을 오믈렛으로 바꿀 수는 있지만 오믈렛을 달걀로 바꿀 수는 없는 것이다. 그리고, 시간이 특정한 방향을 갖고 흐르는 이유가 바로 우주가 비가역적인 과정들로 가득 차 있는 것과 관련이 있어 보인다는 점이다. 우리는 우리가 살아가는 이 자연, 우주 안에서 어떤 사건이 항상 이전에 일어나고, 또 다른

174 Huw Price, "Cosmology, time's arrow, and that old double standard", in Steven F. Savitt ed., *Time's Arrows Today: Recent physical and philosophical work on the direction of time*, Cambridge: Cambridge University Press, 1995, 66~94 참조.

사건이 뒤를 이어 나중에 일어나는 일련의 사건들을 발견한다. 이러한 사건들은 모두 함께 시간의 화살을 정의한다. 이 사건 진행의 방향이 반대로 바뀌는 경우는 우리의 삶 안에서 거의 발견할 수 없다. 이미 깨진 달걀이 시간이 지나면서 깨지지 않은 온전한 달걀로 바뀌는 경우는 – 달걀이 깨지는 사건을 촬영한 동영상을 거꾸로 돌리지 않는 한 – 우리가 관찰할 수 없는 것이다. 이 자연, 이 우주에서 태어난 모든 생명체는 시간이 흐름에 따라 노화와 죽음을 향해 나아간다. 노화의 방향, 죽음으로의 방향을 거슬러서 시간이 지나면서 점점 젊어지는 생명체를 발견한 예는 적어도 아직까지는 없었다. 따라서 시간의 화살은 과거로부터 미래로의 필연적인 비가역적 시간 흐름의 방향이며 이를 거스르는 것은 우리가 이 자연, 이 우주 안에서 살아가는 한 불가능한 것으로 여겨진다.

우주를 연구하고 있는 물리학자들에 따르면, 빅뱅 직후의 우주는 크기가 작았고 그 우주 안의 물질들이 특정 조건 하에서 배열/배치될 수 있는 모든 경우의 수가 작은 값을 가지므로 엔트로피 값이 아주 작은 상태였다고 설명한다. 그 반면에 현재와 같이 크게 팽창한 우주의 경우는 엔트로피 값이 빅뱅 직후와 비교할 때 엄청나게 증가한 것으로 이해한다. 따라서 빅뱅 직후의 우주의 팽창은 우주 전체의 엔트로피의 증가를 낳았고 이는 곧 우주의 비가역성을 증가시킨 것이므로, 결국 우주론적 시간의 화살이 열역학적 시간의 화살로 이어진다고 이해할 수 있겠다.[175]

175 Stephen W. Hawking, "Arrow of time in cosmology", *Physical Review D* 32(1985), 2489~2495 참조.

3) 심리학적 시간의 화살

심리학적 시간의 화살은 '인간은 과거는 기억하지만 미래는 기억하지 못한다'는 점을 의미한다. 우리는 우리의 인식이 알려진 과거에서 알려지지 않은 미래에 이르기까지 타고난 감각을 갖고 있는 것처럼 보인다. 우리는 알려지지 않은 것을 예상하고 자동적으로 그쪽으로 나아가며, 과거를 기억할 수 있지만 이미 알려지고 고정된 과거를 변화시키려는 데에 시간을 낭비하지 않는다.[176]

스티븐 호킹은 심리학적 시간의 화살도 궁극적으로는 열역학적 시간의 화살에 의존한다고 주장했다. 가능한 무질서한 미래의 집합들의 경우 잠재적으로 무한한 가짓수를 가질 수 있는 반면, 과거의 경험들은 상대적으로 작은 수의 집합을 형성하기 때문에, 결국 우리는 유한한 수의 과거의 경험들만을 기억할 수 있다는 것이다. 따라서 열역학적 시간의 화살의 결과로서 심리학적 시간의 화살이 생겨난 것으로 이해할 수 있게 된다.[177]

4) 세 가지 종류의 화살은 과연 동일한가?

> "요약하면, 과학의 법칙은 정방향과 역방향을 구별하지 않는다. 그러나 과거와 미래를 구분 짓는 세 가지 시간의 화살이 있다. 무질서가 증가하는 시간의 방향인 열역학적 시간의 화살, 과거를

---

176 Jenann Ismael, "From Physical Time to Human Time", in Yuval Dolev and Michael Roubach eds., *Cosmological and Psychological Time*, Heidelberg: Springer, 2016, 107~124 참조.

177 Hawking, *A Brief History of Time*, 145~152 참조.

> 기억하고 미래를 기억하지 못하는 시간의 방향인 심리학적 시간의 화살, 우주가 수축보다는 팽창하는 방향인 우주론적 시간의 화살이다. 나는 심리학적 시간의 화살이 본질적으로 열역학적 시간의 화살과 동일하다는 점을 보여 주었다. 그래서 두 화살은 항상 같은 방향을 가리키게 된다. 우주에 대한 무경계 제안(no boundary proposal)[178]은 우주가 매끄럽고(smooth) 질서 정연한(ordered) 상태로부터 시작해야 하기 때문에 잘 정의된 열역학적 시간의 화살의 존재를 예측한다. 그리고 우리가 우주론적 시간의 화살과 일치하는 이 열역학적 시간의 화살을 관찰하는 이유는 지적인 존재가 우주의 팽창 단계에서만 존재할 수 있기 때문이다. 우주의 수축 단계는 강한 열역학적 시간의 화살이 없기 때문에 부적합하다."[179]

결국, 호킹에 따르면 세 가지 시간의 화살은 모두 동일한 것으로서 빅뱅에 의한 우주의 팽창이라는 단일한 사건에 의해 일관되게 설명될 수 있는 것으로 보인다.

2. "시간의 화살"의 물리학적 검증

하지만 이러한 여러 논의들에도 불구하고 거의 100년 동안 물리학

178 "무경계 제안"(no boundary proposal)은 스티븐 호킹이 그의 동료 제임스 하틀(James Hartle; 1939~)과 함께 '$t=0$에서의 수학적인 해의 특이점(singularity)'을 피할 목적으로 실수 시간(real time) t 대신에 허수 시간(imaginary time)을 대입해서 $t=0$에서의 특이점을 없앤 특정한 이론을 의미한다. 이렇게 허수 시간을 도입하게 되면 수학적인 특이점이 해소되고 경계가 사라지게 되어서 이 이론이 소개된 후 물리학자들 사이에서 무경계 제안이라고 불리게 되었다. J.B. Hartle and S.W. Hawking, "Wave function of the Universe", *Phys. Rev. D* 28(1983), 2960~2975.

179 Hawking, *A Brief History of Time*, 152.

자들은 '시간은 과연 한쪽 방향으로만 흐르는 것이 맞는가? 그리고 그렇다면 왜 그런가?'에 대한 근본적인 답을 찾지 못한 채 오랜 기간 고민해왔다. 특히 에딩턴이 시간의 화살이라는 개념을 소개하면서 그것을 엔트로피 증가와 연결시킨 것에 대한 반대의 견해들이 생겨나기 시작하면서 이 문제의 해결은 더욱 미궁에 빠지는 것처럼 보였다: "에딩턴이 엔트로피와 시간의 화살을 연결시킨 것은 반증가능한(falsifiable) 것이 절대 아니다. 더 큰 문제는 이 연결에는 전혀 실험적인 근거가 없으며 이 연결이 처음 제안된 이후 거의 90년이 지났는데도 어떠한 실험적인 근거도 발전시키지 못했다는 것이다. 이 연결을 위한 유일한 정당화는 엔트로피와 시간 둘 다 증가한다는 사실 뿐이다. 그것은 상관관계(correlation)이지 인과관계(causation)가 아닌 것이다."[180] 만일 이러한 주장이 옳다면, 열역학적 시간의 화살 개념이 큰 상처를 입게 됨에 따라 앞에서 논의한 '세 가지 화살의 동일성'이 더 이상 의미가 없어질 뿐만 아니라 시간의 화살 자체에 대한 논의가 심각한 타격을 입을 가능성이 높아지게 된다.

바로 이러한 위태로운 상황의 와중에 빅뱅 우주론 및 입자물리학의 연구가 정점에 달한 2000년대, 특히 2012년 이후에 이르러 다음과 같은 세 가지 중요한 물리학적 결과들을 통해 이제는 시간의 화살의 존재와 그 원인을 명백히 받아들일 수 있게 되었다:

첫째, 앞서 언급한 바와 같이 천문학자들은 빅뱅이 '138억년 전'이라는 특정한 시점에 일어났다는 확실한 증거를 2000년대에 수집한

180 Richard A. Muller, *Now: The Physics of Time*, New York: W.W. Norton & Company, 2017, 172.

WMAP의 데이터를 통해 확보하는 데에 성공했다. 따라서 '시간은 출발점/시작점이 있다'(즉 $t=0$인 순간이 있다)는 사실은 현재 의심의 여지 없이 받아들여지고 있는 상황이다. 이는 우주론적 시간의 화살이 주장하는 내용인 '빅뱅이 시간의 화살의 시작이자 원인'이라는 내용에 큰 힘을 실어준다.

둘째, 현재의 이론물리학적 연구에 따르면, 시간은 공간과 달리 '반드시 1차원'이어야만 한다. 만일 시간이 2차원 이상이 되면 시간이 한쪽 방향으로 흐른다는 말 자체가 성립되지 않게 된다. 즉, 시간이 한쪽 방향으로 흐른다는 것은 시간이 반드시 1차원일 때에만 성립이 되는 말인 것이다. 이 논의는 MIT의 저명한 이론물리학자 맥스 테그마크(Max Tegmark; 1967~)의 '생명체 생존의 불안정성 문제'에 관한 최신 연구에 주로 기반하고 있다. 테그마크의 연구에 따르면, 시공간 상에서 공간의 차원은 정확히 3이다. 만일 우리의 공간이 3차원이 아니게 되면 생명체는 생존할 수 없게 된다. 공간의 차원이 3보다 작게 되면 이 공간 내에서의 중력은 물질을 서로 끌어당기지 않게 되기 때문에 태양계를 허용하지 않게 되어서 생명체가 생존할 환경이 조성될 수 없게 된다. 반면, 공간이 3차원 이상이 되면 원자와 태양계가 안정된 상태에 있을 수 없게 되어 결국 생명체가 생존할 환경이 조성될 수 없게 된다. 더 나아가서, 시간의 경우도 1차원이 아니게 되면 이와 유사한 문제가 발생한다. 테그마크에 따르면, 시간 차원이 1보다 크거나 작으면 물리학은 예측 능력을 모두 잃게 되고 생명체의 두뇌가 진화를 할 이유가 없어지게 된다. 따라서, 우리가 현재 경험하는 바와 같이, 생명체가 생존하고 진화하기 위해서는 공간은 3차원이어야만 하고 시간은 1차원이

어야만 한다.[181]

셋째, 현재의 실험물리학적 연구에 따르면, *T* 대칭성, 즉 시간 역전 대칭성(time reversal symmetry)을 직접적으로 깨트리는 입자물리학 실험 결과를 통해 '시간이 한쪽 방향으로만 흘러야만 하는 실험적인 근거'가 최근에 발견되었다. 이러한 시간 역전 대칭성의 깨어짐을 물리학자들은 '시간 역전 위배'(time-reversal violation)라고도 부른다. "시간 역전 위배는 기본 입자의 상호작용을 찍은 영화가 앞으로 진행되어야 하는지 뒤로 진행되어야 하는지를 애매모호함이 없이 결정할 수 있음을 의미한다."[182]

이 시간 역전 위배는 1998년 유럽 입자 물리 연구소(Conseil Européen pour la Recherche Nucléaire; CERN)의 CPLEAR 그룹에서 행한 중성 *K* meson 붕괴 실험을 통해 처음으로 확인되었다.[183] 그리고 2011년도에도 페르미연구소(Fermilab)의 실험을 통해 같은 주장이 제기되었다.[184] 하지만 후에 이 실험들의 결과 데이터 해석에 있어 의문이 제기되었다.[185] 그 후 2012년도에는 스탠퍼드 선형 가속기 센터(Stanford Linear Accelerator Center; SLAC)의 중성 *B* meson 붕괴 실험[186]을 통해 시

181 M. Tegmark, "On the dimensionality of spacetime", *Classical and Quantum Gravity* 14(1997), L69~L75; "Is 'the Theory of Everything' Merely the Ultimate Ensemble Theory?" *Annals of Physics* 270(1998), 1~261.

182 Muller, *Now*, 185.

183 A. Angelopoulos *et al.* (CPLEAR Collaboration), "First direct observation of time-reversal non-invariance in the neutral-kaon system", *Physics Letters B* 444(1998), 43~51.

184 E. Abouziad *et al.*, "Precise Measurements of Direct *CP* Violation, *CPT* Symmetry, and Other Parameters in the Neutral Kaon System," *Phys. Rev. D* 83(2011), 092001.

185 Michael Zeller, "Particle Decays Point to an Arrow of Time", *Physics* 5(2012), 129.

186 J.P. Lees *et al.* (BABAR Collaboration), "Observation of Time-Reversal Violation in

간 역전 위배가 물리학적으로 올바른 것으로서 완전히 인정을 받게 되었다.[187]

이 실험이 우리에게 말해주는 내용은 이러하다: 입자물리학의 표준 모델에 따르면, 태초에 빅뱅의 시점에서는 우주를 구성하는 네 가지 기본 힘인 중력, 전자기력, 강한 핵력 및 약한 핵력이 모두 하나로 통합이 되어 있었으나, 빅뱅 직후에 이 네 가지 힘들이 갈라지면서 중력과 전자기력은 원거리 작용을 하는 장거리 힘(long-ranged force)이 된 반면, 강한 핵력과 약한 핵력은 아주 짧은 영역에서만 작용하는 단거리 힘(short-ranged force)이 되었다. 그런데 약한 핵력은 다른 힘들과 달리 시간의 화살의 특성을 포함한 힘으로서 다른 힘들로부터 갈라져 나가게 되었고 바로 이 힘의 존재로 인해 빅뱅 이후의 현재의 우리 우주에는 시간의 화살이 존재하게 되었다는 것이다. "그래서 입자물리학에서 명백한 시간 역전 위배의 오랜 기다림은 드디어 끝이 났다."[188] 이 역사적인 실험을 통해 시간의 화살은 '물리학적으로 직접적인 증거와 존재 이유'를 드디어 확보하게 된 것이다: 시간의 화살은 물리적으로 분명히 존재하는 것이며, 그 원인은 빅뱅 직후 다른 힘들로부터 갈라져 나간 약한 핵력이 가진 고유한 특성에 의한 것이다.

---

the B^0 Meson System", *Physical Review Letters* 109(2012), 211801; J. Bernabéu and F. Martínez-Vidal, "Colloquium: Time-reversal violation with quantum-entangled *B* mesons", *Review of Modern Physics* 87(2015), 165~182.

187 "*B* meson 붕괴를 연구한 이 실험은 다른 기본 대칭성들과의 가정된 관계에 의존하지 않고 시간 역전 위배를 직접 관찰했다. [……] 이것은 *CP* 변환이 아닌 *T* 역전을 통해서만 발생될 수 있는 비대칭의 측정을 가능케 한 것이다." Zeller, "Particle Decays Point to an Arrow of Time", 129.

188 Zeller, "Particle Decays Point to an Arrow of Time", 129.

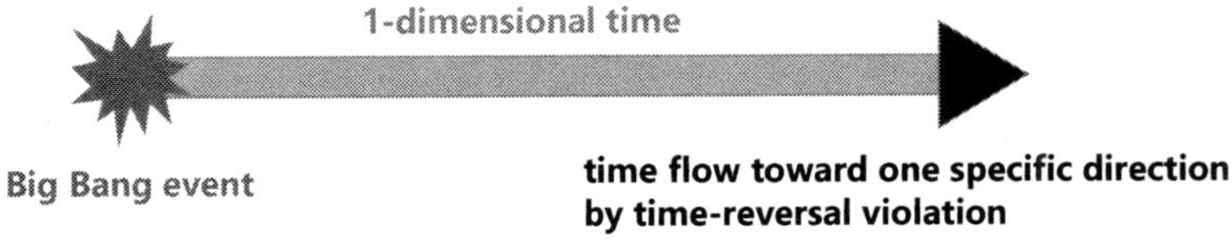

[그림 8-1] '시간의 화살'의 세 요소: 출발점으로서의 빅뱅 사건($t=0$), 1차원 시간, 시간 역전 위배에 의한 특정 방향($t>0$)으로의 시간의 흐름.

위에서 언급한 세 가지 물리학적 결론들을 하나로 합치게 되면 [그림 8-1]에서 표현되듯이 '시간의 화살'이 완성된다. 이로써 우리는 무로부터의 창조인 빅뱅 사건이 현재 우리가 물리적으로 경험하는 시간의 화살을 특별히 야기한 원인이 되는 사건, 즉 시간의 생성 사건으로서 이해할 수 있게 된다. 더 나아가 시간은 1차원이며 특정 방향($t>0$)으로 흐른다는 우리의 경험이 물리학을 통해 옳다는 점을 우리는 분명히 확인할 수 있게 되었다.

우리가 흔히 "무로부터의 창조"라는 말을 할 때는 무언가 기존에 없던 것이 특정한 출발점으로부터 출현한/나타난 후 지속되는 것을 의미한다. 적어도 위에서 살펴본 물리학의 관점에 따르면, 무로부터의 시간의 창조는 기존에 존재하지 않던 것인 '시간'이 특정한 출발점인 빅뱅 사건으로부터 출현한 후 지속되는 것, 즉 빅뱅으로부터 시간이 생성된 후 특정 방향으로 흐르는 것으로서 이해될 수 있는 것으로 보인다. 이는 교회의 전통적인 시간에 대한 관점, 특히 아우구스티누스(Augustinus)가 자신의 저서 『고백록』을 통해서 밝힌 시간에 대한 관점과도 유사함을 알 수 있다.[189]

189 『고백록』 제11권 12.14: 보십시오. "하늘과 땅을 창조하시기 이전에 하느님은 무엇을 하고 계셨던가?"라고 따지는 사람에게 제가 대답합니다. [……] '하늘과 땅'이라는 이름으로 모든 창조계를 알아듣는다면, 저는 감히 이렇게 말합니다. "하

3. 8장의 결론

필자는 시간의 가장 중요한 속성인 "시간의 화살"이 바로 빅뱅 사건의 필연적인 결과라는 점을 설명하였다. 이로서 우리는 빅뱅 사건이 시간의 창조를 유발시킨 바로 그 사건이며 이 사건을 "무로부터의 창조"가 적어도 시간의 창조/생성을 통해서 실제로 물리적으로 일어난 사건으로서 받아들일 수 있게 되었다. 우리가 흔히 "무로부터의 창조"라는 말을 할 때는 무언가 기존에 없던 것이 특정한 출발점으로부터 출현한/나타난 후 지속되는 것을 의미한다. 적어도 물리학의 관점에 따르면, 무로부터의 창조는 기존에 존재하지 않던 시간이 특정한 출발점인 빅뱅 사건으로부터 출현한 후 지속되는 것, 즉 빅뱅으로부터 시간이 생성된 후 1차원의 특정 방향으로 흐르는 것으로서 이해될 수 있는 것이다. '0인 시간으로부터 0이 아닌 시간으로의 특정 방향으로의 전이'를 일으킨 빅뱅 사건, 이 사건을 우리는 무로부터의 창조의 출발점이라고 부를 수 있는 것이다.

늘과 땅을 만드시기 전에 하느님은 무엇을 만들고 계시지 않았다. 만일 무엇을 만들고 계셨다면 창조계를 만드는 일 말고 무엇을 만들고 계셨겠는가?" 아무 피조물도 만들어지기 전에는 아무 피조물도 만들어지지 않았다는 것이 제가 아는 전부입니다. 제11권 13.15: 당신한테서 지음 받지 않았는데 어떤 시간이 존재했다는 말입니까? 결코 존재한 적이 없던 시간들이 어떻게 지나갈 수 있었다는 말입니까? 당신께서 모든 시간의 작동자이신데, 당신께서 하늘과 땅을 만드시기 전에 어떤 시간이 만일 있었다면 당신께서는 왜 일을 쉬고 계셨느냐는 말이 어째서 나옵니까? 시간 그 자체도 당신께서 만드셨고, 따라서 당신께서 시간을 만드시기 전에는 시간이 지나가는 것도 불가능하였을 것이기 때문입니다. 또 만일 하늘과 땅 이전에 아무 시간도 존재하지 않았다면, 당신께서 그때는 무엇을 하고 계셨느냐는 말은 무엇 때문에 하는 것입니까? 시간이 존재하지 않는 곳에는 '그때는'이라는 것도 존재하지 않았습니다. 아우구스티누스, 『고백록』, 성염 역주, 파주: 경세원, 2016, 432~434.

제9장
물질의 창조와 빅뱅

1. 4가지 보존 법칙들

물리학자들의 오랜 연구에 따르면 우리의 우주 안에 존재하는 모든 물질들(전자, 원자, 분자 등으로 구성된 세상의 모든 물질들)은 반드시 다음의 법칙들을 만족해야만 하는 것으로 알려져 있다:

1. 질량 보존의 법칙(conservation law of mass): 질량(mass)은 특정한 물질이 가진 고유한 양을 의미한다. 이 때 닫힌 계(closed system) 내의 물질의 총 질량은 닫힌 계 내부의 상태 변화에 상관없이 변하지 않고 계속 같은 값을 유지한다. 따라서 물질은 갑자기 생겨나거나, 사라지지 않고 구성과 형태만 변하면서 질량의 총량은 유지한 채 존재한다.

2. 운동량 보존의 법칙(conservation law of momentum): 운동량(momentum)은 특정 질량을 가진 물질이 단위 시간 동안 움직인 거리로

서 정의되며, 이 양은 물질의 선형 운동(linear motion)을 정량화 한 것으로 받아들여진다. 이 때 닫힌 계 내의 물질의 총 운동량은 닫힌 계 내부의 상태 변화에 상관없이 변하지 않고 계속 같은 값을 유지한다. 따라서 물질의 선형 운동은 갑자기 생겨나거나, 사라지지 않고 구성과 형태만 변하면서 운동량의 총량은 유지한 채 존재한다.

3. 각운동량 보존의 법칙(conservation law of angular momentum): 각운동량(angular momentum)은 특정 질량을 가진 물질이 단위 시간 동안 특정 반지름을 가진 원호를 회전하면서 움직인 거리로서 정의되며, 이 양은 물질의 회전 운동(rotational motion)을 정량화 한 것으로 받아들여진다. 이 때 닫힌 계 내의 물질의 총 각운동량은 닫힌 계 내부의 상태 변화에 상관없이 변하지 않고 계속 같은 값을 유지한다. 따라서 물질의 회전 운동은 갑자기 생겨나거나, 사라지지 않고 구성과 형태만 변하면서 각운동량의 총량은 유지한 채 존재한다.

4. 에너지 보존의 법칙(conservation law of energy): 에너지(energy)는 특정한 물질이 외부로부터 힘을 받아 운동을 할 때 가해지는 일(work)로서 변환되는 물리량으로서 정의된다. 이 때 닫힌 계 내의 물질의 총 에너지는 닫힌 계 내부의 상태 변화에 상관없이 변하지 않고 계속 같은 값을 유지한다. 따라서 물질의 운동은 갑자기 생겨나거나, 사라지지 않고 구성과 형태만 변하면서 에너지의 총량은 유지한 채 존재한다.

1905년 아인슈타인의 특수 상대성 이론 이래로 질량의 변화가 곧 에너지로 전환되는 것이 알려지게 되었고(수학적으로는 $\Delta E = \Delta mc^2$로 기술된다), 이를 응용한 원자폭탄이 개발됨으로 인해서 질량 보존의 법칙과 에너지 보존 법칙은 현재 질량-에너지 보존의 법칙(conservation law of mass-energy)이라는 하나의 법칙으로 통합되어 설명된다.

2. 보존 법칙의 의미

그렇다면, 질량, 운동량, 각운동량, 에너지가 보존된다는 것이 의미하는 것은 무엇일까? 이는 빅뱅으로 인해 시작되어 현재까지 팽창해 온 우리의 우주 내에 존재하는 물질의 양과 그 물질들의 선형 운동의 양, 회전 운동의 양 및 그 운동을 유발하는 에너지의 양이 빅뱅 바로 직후의 각각의 양과 정확히 동일함을 의미한다. 따라서 다음과 같은 등식이 반드시 성립됨을 알 수 있다:

우주 처음의 질량, 운동량, 각운동량, 에너지
= 우주의 현재의 질량, 운동량, 각운동량, 에너지
= 우주의 마지막의 질량, 운동량, 각운동량, 에너지

아울러 현재까지의 물리학자들의 연구에 따르면 우리의 우주 안에 존재하는 모든 기본 입자들(세부적으로는 쿼크와 렙톤 등으로 구분된다)은 빅뱅 이후에 새롭게 생겨나거나 사라진 것이 전혀 없다. (예를 들어, 전자는 절대로 새로 생성되거나 사라지지 않는다.) 즉, 나의 육체를 구성하는 모든 전자, 양성자, 중성자들은 138억년 전 빅뱅 직후의 시점에 만들어진 '바로 그것들'이라는 점을 물리학자들은 말하고 있는 것이다. 따라서 기본 물질들의 총 개체수(population)를 M이라고 한다면 M은 빅뱅 직후부터 영원까지, 즉 $t>0$인 경우 항상 일정한 값을 가진다. [그림

9-1]은 바로 이러한 기본 입자들의 총 개체수 *M*의 일정함을 보여주고 있다.

바로 이 점과 앞서 언급한 보존 법칙들로부터 우리는 다음과 같은 결론에 다다르게 된다: 나의 육체는 우주의 첫 순간부터 함께 해온 존재이다! 빅뱅 초기에 만들어진 그 원자들이 현재 나의 육체를 구성하고 있고, 현재 나의 육체를 구성하는 그 원자들은 나의 죽음 이후 나의 육체로부터 분해되어 언젠가 또 다른 누군가/무언가의 육체를 구성하게 될 것이다. 따라서 다음과 같은 등식이 반드시 성립됨을 우리는 알 수 있다:

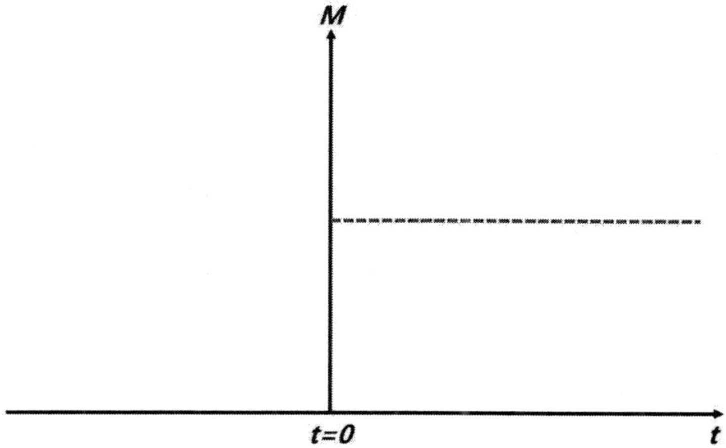

[그림 9-1] 시간의 흐름에 따른 기본 입자들의 총 개체수 *M*의 그래프. *M*은 빅뱅 직후부터 영원까지, 즉 $t > 0$인 경우 항상 일정한 값을 가진다.

나의 육체의 나이 = 우주의 나이 = 138억년

나의 육체의 운동 = 우주 전체의 운동의 일부 = 138억년 전의 우주 탄생 때의 운동의 일부

나의 육체의 에너지 = 우주 전체의 에너지의 일부 = 138억년 전의

우주 탄생 때의 에너지의 일부

결국 물질적인 관점에 따르면, 나는 사실상 우주의 첫 순간부터 함께 해온 존재인 것이다! 즉, 나의 육체를 구성하고 있는 물질의 관점에서 볼 때는, 나는 빅뱅과 함께 출현한 존재자, 시간의 창조와 함께 이 우주 안에서 존재하게 된 존재자인 것이다. 특히 빅뱅과 함께 일단 물질로서 이 세상에 존재하게 된 나는 죽음 이후 시간의 흐름에 따라서 구성과 형태가 바뀔 것이기 때문에, 나는 시간으로부터 결코 자유로울 수 없는, 시간과 함께하는, 시간성(temporality)을 본성적으로 지닌 존재자일 수밖에 없는 것이다. 하지만 빅뱅과 함께 일단 물질로서 이 세상에 존재하게 된 나는 이 우주에 물질로서 영원히 존재하게 된다. 다시 말해 나는 영원성(eternity)을 지닌 존재자인 것이다. 물질로서의 우리 모두는 시간성과 영원성을 동시에 지닌 존재자인 것이다. 이것이 빅뱅 직후 '물질의 무로부터의 창조'(*creatio ex nihilo* of matters)가 우리 각자에게 부여한 본질적인 특성인 것이다. 또한 흔히 열역학 제 1법칙이라고도 불리는 에너지 보존의 법칙은 사실상 빅뱅 직후 '물질의 무로부터의 창조'를 설명하는 열역학 법칙이 되는 것이다.

3. 9장의 결론

결국 필자가 본 장을 통하여 지금까지 논의한 빅뱅 사건은 바로 시간 뿐만 아니라 기존에는 존재하지 않던 모든 물질들을 탄생시킨 사건이라는 점에서 "무로부터의 창조"가 발생한 사건으로서 충분히 간주될 수 있을 것으로 보인다.[190] 이 "무로부터의 창조"에 의한 시간과 물질의 탄생이라는 관점은 사실상 아우구스티누스의 관점과 동일한 것이다.[191] 아울러 이 "무로부터의 창조"를 야기한 빅뱅 사건은 피에르 떼이야르 드 샤르댕(Pierre Teilhard de Chardin, S.J.; 1881~1955)이 언급한 "우주생

190 빅뱅을 '물질의 무로부터의 창조'로 여기는 이러한 관점은 단지 일반인들이나 신학자들만이 받아들이는 것이 아니라 이미 이론물리학자들 사이에서도 잘 알려져 있는 것이다. 단적으로, 다중 우주론(multiverse theory)의 창시자 중의 한 명인 러시아계 이론물리학자 알렉산더 빌렌킨(Alexander Vilenkin; 1949~)은 다중 우주들 각각의 생성이 무(nothing)로부터 드 지터 공간(de Sitter space)으로의 양자 터널링(quantum tunneling)에 의한 "무로부터의 창조/생성"(creation from nothing)으로 설명한다. Alexander Vilenkin, "Creation of Universes from Nothing", *Physics Letters* 117B(1982), 25~28. 물론 이 논문에서 말하는 "무로부터의 창조/생성"이 본 장에서 말하는 '물질의 무로부터의 창조'와 동일한 것은 아니지만, 빌렌킨을 포함한 여러 물리학자들이 "무로부터의 창조/생성" 개념을 자연스럽게 활용하고 있는 것은 사실이다.

191 아우구스티누스는 "무로부터의 창조"의 결과물을 "하늘과 땅"이라고 부른다.『고백록』 제12권 7.7: 그런데 무엇이 존재하려면 당신에 의해서가 아니면 어디로부터 존재하겠습니까? 존재하는 모든 것이 존재하는 한 당신에 의해서 존재합니다. 하지만 당신과 안 닮을수록 당신께로부터 멀리 있습니다. 꼭 공간으로 그런 것이 아닙니다. 그러므로 주님, 당신은 이때는 다른 것으로서 존재하시고 저때는 달리 존재하시는 분이 아니시고, 오로지 그 자체, 그 자체, 그 자체이십니다. 거룩하시고, 거룩하시고, 거룩하시고 전능하신 주 하느님, 태초에 (그 태초는 당신께로부터 기원합니다), 당신의 지혜로 (그 지혜는 당신의 실체에서 태어났습니다) 당신께서는 무엇을 만드셨는데 무로부터(*de nihilo*) 만드셨습니다. 그러니까 하늘과 땅을 만드셨는데 당신께로부터 만드신 것이 아닙니다. 당신께로부터 만드셨다면 당신의 외아드님과 동등할 것이고 따라서 당신과도 동등할 것입니다. 그러니 당신께로부터 존재하지 않는 것이 당신과 동등함은 결코 온당하지 않습니다. 또 당신 외에 무엇이 있어서 그것으로부터 저것들을 만드실 만한 것이 전혀 없습니다. 유일한 삼위일체요 삼위로 유일하신 하느님! 그러므로 당신은 무로부터(*de nihilo*) 하늘과 땅을 만드셨으니 하나는 크고 하나는 작습니다. 당신은 전능하시고 선하시니 모든 것을 선하게 만드셨고, 하늘은 크게 땅은 작게 만드셨습니다. 당신께서 존재하셨고, 다른 것은 무였으니(*aliud nihil*), 그 무로부터(*de nihilo*) 당신께서 하늘과 땅을 만드셨습니다. 하늘과 땅 그 둘을 하나는 당신께 가까이 두시고 다른 것은 무에 가까이 두셨으니, 전자보다는 당신께서 위에 계시지만 후자보다는 더 낮은 것이 무밖에 없습니다. 아우구스티누스, 『고백록』, 468~469.

성"(cosmogenesis)[192]과 사실상 동일한 개념임을 알 수 있다.

결론적으로, "시간의 화살"을 야기한 빅뱅 사건은 바로 우주 안의 모든 물질들의 무로부터의 창조의 출발점이기도 하다는 것을 우리는 살펴보았다. 빅뱅에 의한 무로부터의 창조 개념에 물리학의 보존법칙들을 적용하게 되면 다음과 같은 해석이 가능해짐을 보았다: 빅뱅과 함께 생겨난 (나의 육체를 포함하는) 모든 물질들은 시간과 함께 이 세상에 존재하게 되었고 시간의 흐름에 따라서 구성과 형태가 바뀔 것이기 때문에 시간성을 본성적으로 지닌 존재자일 수밖에 없지만, 동시에 일단 물질로서 이 세상에 존재하게 된 이상 이 우주에 물질로서 영원히 존재하게 된다는 측면에서 영원성을 지닌 존재자이기도 하다는 것이다.

192 P. Teilhard de Chardin, S.J., trans. Bernard Wall, *The Phenomenon of Man*, New York: Harper & Row, 1959, 34 이하 참조.

제10장

영혼의 창조와 빅뱅

앞서 9장에서 설명한 물질의 창조/생성처럼 영혼의 창조/생성[193]에 관해서도 영혼의 개체수 개념을 활용[194]해서 다음과 같이 설명될 수 있다: 첫 인간의 출현 – 이는 떼이야르 드 샤르댕의 표현을 빌리면 "인간생성"(anthropogenesis)에 해당한다[195] – 을 중심으로 – 이 시기를 우리는 $t=t_0(>0)$로 놓을 수 있다 – 그 이전과 이후가 나눠질 수 있다. 빅뱅 이전($t<0$)에는 오직 순수 영 – 선한 영과 악한 영으로 구분된다 – 만이 존재하였을 것으로 믿어지며 시간이 창조/생성되기 전이므로 그 순

193 이 영혼을 창조하신 전능하신 천주 성부님, 이 영혼을 받아들이소서. (CCC 1020항)

194 혹자에게는 영혼의 문제를 논하는데 '영혼의 개체수'라는 정량적인(quantitative) 개념을 도입하는 것이 이상해 보일 수도 있다. 본 장에서 이 정량적인 개념을 굳이 도입한 이유는 이 개념을 통해 인간 영혼의 '시간성'과 '영원성'을 설명하기가 수월하기 때문이다.

195 Teilhard de Chardin, *The Phenomenon of Man*, 42 이하 참조.

수 영들은 영원성이라는 본성을 가지는 것으로 여길 수 있다. 빅뱅 이후 인간생성 직전의 경우($0<t<t_0$)는 물질 및 여타 생명체는 창조/생성되지만 인간이 출현하기 전이므로 영혼을 고려하면 순수 영만 그대로 유지되고 있었을 것이다. 그런데 인간생성이 일어난 순간 이후($t>t_0$)부터 우리는 두 가지 가능성 중의 하나를 고려해야 한다. 하나는 인간 영혼이 시간의 화살의 방향에 따라 지속적으로 창조되는 경우이고, 또 하나는 인간 영혼이 시간의 화살과는 무관하게 이미 영원으로부터 창조되어 순수 영과 함께 존재하고 있는 경우이다.

1. 인간 영혼이 시간의 화살의 방향에 따라 지속적으로 창조되는 경우

이 경우에는 인간생성 이후($t<t_0$) 영혼의 개체수가 신적 개입(divine intervention)으로 인한 '지속적 창조'(*creatio continua*)에 의해 기하급수적으로(exponentially) 지속적으로 증가된다. 즉, 죽음 이후 천국, 지옥으로 가는 영혼들도 물질과 달리 영혼 그 자체로 불멸하기 때문에[196] 기존의 영혼의 개체수에 그대로 포함되어야 하지만, 새로 태어나는 개별 인간들의 영혼들이 영혼의 개체수에 새롭게 추가되므로 결국 인간 영혼의 총 개체수는 기하급수적인 증가의 양상을 보이게 되는 것이다. 여기서

196 교회는 각 사람의 영혼이 – 부모들이 '만든' 것이 아니라 – 하느님께서 직접 창조하셨고, 불멸한다고 가르친다. 죽음으로 육체와 분리되어도 영혼은 없어지지 않으며, 부활 때 육체와 다시 결합될 것이다. (CCC 366항)

인간 영혼의 총 개체수를 N이라고 한다면 $t<t_0$에서의 N의 기하급수적 증가는 수학적으로는 다음과 같이 기술된다:

$$\frac{dN}{dt}=aN \Rightarrow N \propto e^{at}.$$

이 수식의 의미는 특정 시간 간격 동안 영혼의 총 개체수의 증가는 기존의 총 개체수에 비례한다는 것이다. 즉, 기존의 영혼의 개체수가 많으면 새롭게 생성되는 영혼의 개체수도 그에 비례해서 많아지게 된다는 것이다. (여기서 a는 수학적 비례상수이다.) 이 설명은 토머스 맬서스(Thomas Robert Malthus, 1766~1834)의 『인구론』(*An Essay on the Principle of Population*)[197]에서 제시된 '인구의 기하급수적 증가'(exponential increase of population) 개념을 인간 영혼의 개체수 계산에 그대로 응용한 것이다. 따라서 N은 빅뱅 직후부터 인간생성 직전까지($0<t<t_0$)는 0의 값을 가지지만, 인간생성 직후부터($t<t_0$) 기하급수적인 증가의 양상을 보여준다. 하지만 영혼의 총 개체수는 영원히 무한히 증가하는 것이 아니라 (유한한 기본 입자들로 구성된) 인간 육체들의 총 개체수의 한계값까지 증가하다가 증가가 멈추게 되면서 특정한 시기($t=t_1$)에 포화 상태에 다다르게 된다. [그림 10-1]은 바로 이러한 인간 영혼의 총 개체수 N의 기하급수적 증가 및 포화의 양상을 보여주고 있다. 결국 인간 영혼의 개체수는 시간성이라는 본성으로부터 자유롭지 못하게 된다.

이 경우에 만일 전체 인간 영혼이 하나의 고립된(isolated) 세계, 하느님의 통치 영역 혹은 하느님 나라(kingdom of heaven) 안에 존재한다고 한다면, 바로 이 영혼의 개체수의 지속적 증가는 곧 하느님의 통치

197 Thomas Malthus, *An Essay on the Principle of Population, As It Affects the Future Improvement of Society with Remarks on the Speculations of Mr. Goodwin, M. Condorcet and Other Writers*, London: J. Johnson in St Paul's Church-Yard, 1798.

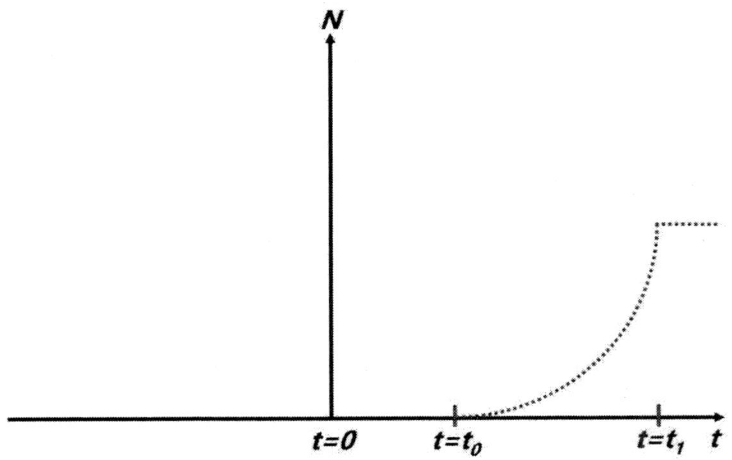

[그림 10-1] 시간의 흐름에 따른 인간 영혼의 총 개체수 N의 그래프. N은 영원으로부터 인간생성 직전까지($t<t_0$)는 0의 값을 가지지만, 인간생성 직후부터($t>t_0$) 기하급수적인 증가의 양상을 보인 후 육체들의 총 개체수의 한계값까지 증가하다가 증가가 멈추게 되면서 특정한 시기($t=t_1$)에 포화 상태에 다다르게 된다.

영역 안에서의 각 영혼의 '자유의 정도'(degree of freedom) 혹은 '자유 의지의 정도'(degree of free will)의 증가를 낳게 된다. 각 영혼은 두 가지 상태 중의 한 상태 – 즉, 육체가 살아있는 인간의 영혼의 경우는 선의 상태 및 악의 상태 중의 하나를 택할 것이고, 육체가 죽은 인간의 영혼의 경우는 천국의 상태 및 지옥의 상태 중의 하나 – 를 택할 것이기 때문이다. 따라서 이 자유의 정도 혹은 자유 의지의 정도 Ω는 $\Omega=2^N$이 될 것이며, 이 Ω가 바로 열역학 제 2법칙 혹은 엔트로피 증가 법칙에서 물리학자들이 흔히 말하는 '무질서의 정도'(degree of disorder)인 것이다. 따라서 인간 영혼 전체의 엔트로피는 $S=k_B\ln\Omega=k_BN\ln2$가 되어 $t=t_1$ 때까지 계속 증가하게 된다. (여기서 k_B는 볼츠만 상수(Boltzmann constant)를 의미한다.) 결국 열역학 제 2법칙, 다른 말로 엔트로피 증가 법칙은 '영혼의 지속적 창조'(*creatio continua* of soul)를 설명하는 열역학 법칙이

되는 것이다! 그리고 이 결론에 따르면, 물질은 무로부터 창조된 것인 반면, 영혼은 지속적으로 창조되는 것으로서 서로 다른 창조 방식을 통해 생겨난 것으로 이해될 수 있게 된다. 이는 영육 이원론의 관점에서 육체의 창조의 본성(무로부터의 창조)과 영혼의 창조의 본성(지속적 창조)이 서로 완전히 다른 것으로 해석될 수 있다.

따라서 이 결론에 따르면 영혼의 창조/생성은 직접적으로는 빅뱅과 관련이 없는 것으로 보여진다. 하지만 인간 영혼의 개체수가 시간성으로부터 자유롭지 못하며, 이 시간성은 바로 빅뱅 사건을 통해 생겨난 것이므로 사실상 영혼의 창조/생성은 빅뱅의 간접적인 영향 하에 있게 되는 것으로 볼 수 있다. 또한 이 결론은 하느님의 영혼 창조가 시간의 흐름 하에서 이루어지는 것으로 해석되기 때문에 하느님의 영원성과 초월성을 강조하는 전통적인 신학자들에게는 그다지 수용되지 못할 가능성이 있는 반면에, 시간적 과정과 세계에 의해 영향을 받는 하느님의 특성을 강조하는 과정신학자들에게는 상당히 어필할 수 있는 것으로 보인다.

2. 인간 영혼이 시간의 화살과는 무관하게 이미 영원으로부터 창조되어 있는 경우

그분은 세계를 창건하시기 전에 그리스도 안에서 우리를 뽑으시어 사랑으로 당신 앞에서 거룩하고 나무랄 데 없도록 하셨습니다. (에페 1,4)

바오로 사도의 이 말을 문자적으로 사실로서 받아들인다면, 인간의 영혼들은 "하느님께서 그분은 세계를 창건하시기 전에", 즉 빅뱅(=우주생성) 이전에 시간의 화살과는 무관하게 이미 영원으로부터 창조되어 존재하며, 하느님께서는 그 영혼들 중의 일부를 선택하시어 거룩하고 흠 없는 사람이 되게 해 주신다. 따라서 이 경우는 인간 영혼들의 총 개체수 N은 빅뱅 이전에 이미 결정되어 있으며 일정 수를 유지하게 된다. 이러한 경우는 인간 영혼들의 총 개체수가 [그림 9-1]의 기본 입자들의 총 개체수가 그렇듯이 일정한 수를 유지하게 된다.

[그림 10-2]는 영원으로부터 영원까지($-\infty < t < \infty$) 일정한 수를 유지하고 있는 인간 영혼들의 총 개체수 N을 보여주고 있다. 이렇게 영원성을 본성으로 가진 각각의 영혼들이 각각의 육체와 결합하는 과정, 즉 인간의 탄생 과정이 시간의 흐름에 따라 점진적으로 발생하게 된다. 따라서 각각의 "육체와 영혼으로 단일체를 이루는 인간"의 개체수는 인간 생성 직후부터($t > t_0$) 시간의 화살 방향에 따라 지속적으로 증가하게 되며 이를 우리는 일종의 '지속적 창조'로서 고려할 수 있겠다. 결국 인간의 개체수는 시간성이라는 본성으로부터 자유롭지 못하게 된다. 여기서 인간의 총 개체수를 N'이라고 한다면 $t > t_0$에서의 N'의 기하급수적 증가는 수학적으로는 다음과 같이 기술된다:

$$\frac{dN'}{dt} = a'N \Rightarrow N' \propto e^{a't}.$$

이는 맬서스의 『인구론』이 제시한 '인구의 기하급수적 증가' 개념과 정확히 일치한다. 하지만 인간의 총 개체수는 영원히 무한히 증가하는 것이 아니라 인간 영혼들의 총 개체수의 한계값까지 증가하다가 증가가 멈추게 되면서 특정한 시기에 포화 상태에 다다르게 된다. 따라서 인간의 총 개체수는 [그림 10-1]에서 제시된 그래프와 유사한 기하급수적 증가 및 포화의 양상을 보여준다.

이 경우에 만일 "육체와 영혼으로 단일체를 이루는 인간" 전체가 하나의 고립된 세계, 하느님의 통치 영역 혹은 하느님 나라 안에 존재한다고 한다면, 바로 인간의 총 개체수 N'의 지속적 증가는 곧 하느님의 통치 영역 안에서의 각 인간의 '자유의 정도' 혹은 '자유 의지의 정도'의 증가를 낳게 된다. 각 인간은 두 가지 상태 중의 한 상태 – 즉, 선의 상태 및 악의 상태 중의 하나 – 를 택할 것이기 때문이다. 따라서 이 자유의 정도 혹은 자유 의지의 정도는 $\Omega'=2^{N'}$이 될 것이며, 이 Ω'가 바로 열역학 제 2법칙 혹은 엔트로피 증가 법칙에서 물리학자들이 흔히 말하는 '무질서의 정도'가 된다. 따라서 인간 전체의 엔트로피는 $S=k_B\ln\Omega'=k_B N'\ln 2$가 되어 최후의 심판 때까지 계속 증가하게 된다. 결국 열역학 제 2법칙, 다른 말로 엔트로피 증가 법칙은 육체와 영혼으로 단일체를 이루는 '인간의 지속적 창조'(*creatio continua* of human beings)를 설명하는 열역학 법칙이 되는 것이다! 그리고 이 결론에 따르면, 인간의 육체 자체는 무로부터 창조된 것인 반면, "육체와 영혼으로 단일체를 이루는 인간"은 인간생성의 시점 직후부터 지속적으로 창조되는 것으로서 이해될 수 있게 된다. 이는 영육 이원론의 관점에서 육체는 빅뱅 직후 무로부터의 창조에 의해 생겨나고, 영혼은 영원으로부터 창조되었으며, 이들 둘 사이의 결합으로 인한 인간의 창조는 지속적 창조에 의한 것으로 해석될 수 있다.

따라서 이 결론에 따르면 영혼의 창조/생성은 영원성을 지니며 직접적으로는 빅뱅과 관련이 없는 것으로 보여진다. 따라서 이 결론은 하느님의 영원성과 초월성을 강조하는 전통적인 신학자들에게는 당연한 것으로 받아들여질 만한 것이다. 그 대신 육체의 창조와 "육체와 영혼으로 단일체를 이루는 인간"의 개체수는 결코 시간성으로부터 자유롭지 못하며, 이 시간성은 바로 빅뱅 사건을 통해 생겨난 것이므로 사실상 인간의 창조/생성은 빅뱅의 영향 하에 있다는 것을 받아들여야 할 것이다.

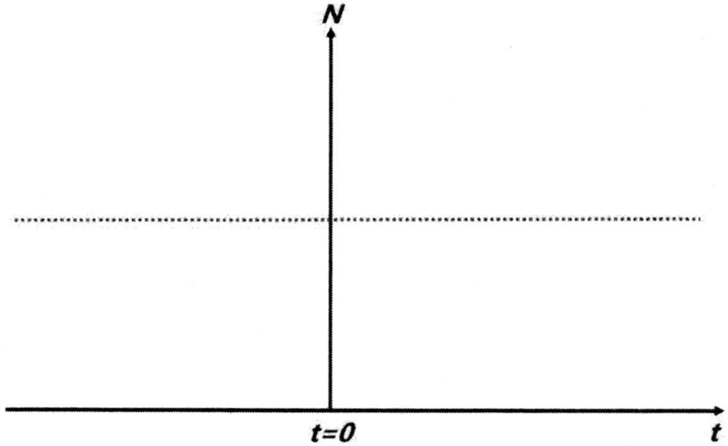

[그림 10-2] 시간의 흐름에 따른 인간 영혼의 총 개체수 N의 그래프. N은 영원으로부터 영원까지($-\infty < t < \infty$) 항상 일정한 값을 가진다.

3. 10장의 결론

10장에서는 인간 영혼의 창조/생성에 관해 해석을 하면서 이것 역시도 빅뱅과의 연관성이 있는지를 논의해 보았다. 이 영혼의 창조/생성 문제는 인간생성의 시점 이후 인간 영혼이 시간의 화살 방향에 따라 지속적으로 창조되는지 아니면 인간 영혼이 시간의 화살과는 무관하게 이미 영원으로부터 창조되어 순수 영으로서 존재하고 있는지에 따라 두 가지 해석이 가능함을 살펴보았다. 첫 번째 해석의 경우는 영혼의 창조/생성이 지속적 창조를 통해 이루어지고 빅뱅의 간접적인 영향하에 있음을 보았으며, 두 번째 해석의 경우는 "육체와 영혼으로 단일체를 이루는 인간"의 창조/생성이 빅뱅으로 시작된 시간성 안에서 지속적 창조를 통해 이루어짐을 확인할 수 있었다. 이 두 해석 모두 물질의 무로부터의 창조와는 전혀 다른 방식인 기하급수적 증가를 낳는 지속적 창조 방식을 보여주었다.

제4부
교회론, 네트워크 과학을 만나다

그리스도교 교회, 특히 가톨릭 교회에서는 지난 제2차 바티칸 공의회 이래로 현재까지 "교회를 과연 어떻게 규정 혹은 정의해야 할 것인가?"에 대해 많은 연구가 있어왔다.[198] 교회를 이해하는데 있어서 가장 중요한 측면은 무엇보다도 '그리스도와 성령'일 것이다.

> "인류의 빛은 그리스도이시다. 그러므로 성령 안에 모인 이 거룩한 공의회는 모든 사람에게 복음을 선포하며, 모든 사람을 교회의 얼굴에서 빛나는 그리스도의 빛으로 비추어 주기를 간절히 염원한다." 제2차 바티칸 공의회의 '교회에 관한 교의 헌장'은 이렇게 시작한다. 이로써 공의회는 교회에 대한 신조가 그리스도 예수님에 대한 신조에 전적으로 종속되어 있다는 것을 보여 준다. 교회는 그리스도의 빛 말고 다른 빛을 가지고 있지 않다. [……] 교회에 관한 신조는 또한 그 신조에 앞서 있는 성령에 관한 신조에 전적으로 종

198 Richard P. McBrien, *Catholicism*, New York: HarperOne, 1994, 655~737; Fiorenza and Galvin eds., *Systematic Theology*, 337~347.

속되어 있다. "성령께서 모든 거룩함의 근원이며 거룩함을 주시는 분이라는 것을 설명하였으니, 이제 우리는 교회에 거룩함을 주신 분이 성령이시라는 것을 고백한다." 교부들의 표현대로 교회는 "성령께서 피어나는 곳"이다.[199]

하지만 교회는 그리스도로부터 성령을 통하여 전해진 특정한 신앙의 내용을 공유한 '인간들의 사회 집단/공동체'로서 전통적으로 받아들여져 왔다.

'교회'(라틴 말 *Ecclesia*는 그리스 말의 ek-kalein '밖으로 부르다'에서 나옴)라는 말은 '불러 모음'을 뜻한다. 이 단어는 일반적으로 종교적인 성격을 지닌 백성의 집회를 가리킨다. 이것은 그리스 말 구약 성경에서 하느님 앞에 모인 선택된 백성들의 집회, 특히 이스라엘이 하느님의 율법을 받아 하느님의 거룩한 백성으로 세워진 시나이 산의 집회에 자주 사용된 용어이다. 그리스도를 믿는 사람들의 초기 공동체는 스스로를 '교회'(*Ecclesia*)라고 부름으로써 자신들이 그 집회의 계승자임을 자처한다. 하느님께서는 세상의 모든 극변에 이르기까지 당신의 백성을 교회로 '불러 모으신다.' Church(영어), Kirche(독일어)의 어원인 그리스 말 Kyriake는 '주님께 속한 모임'을 의미한다. 그리스도교 용어로 볼 때 '교회'는 전례적 집회를 가리키지만, 또한 지역 신자 공동체를 가리키거나 온 세계 신자 공동체 전체를 가리키기도 한다. 사실 이러한 세 가지의 의미는 서로 뗄 수 없는 것이다. '교회'는 하느님께서 온 세상에서 모으시는 백성이다. 교회는 지역 공동체 안에 존재하며, 전례의 거행, 특히 성체성사를 위한 전례적 모임으로 실현된다. 교회는 그리스도의 말씀과 성체로 살아, 스스로 그리스도의 몸이 된다.[200]

199 CCC 748~749항.

200 CCC 751~752항.

공동체로서의 교회는 "하느님께서 세상에서 모으시는 백성"[201] 이며 언젠가 "그리스도께서 영광스럽게 다시 오실 때 비로소 천상 영광 안에서 완성될"[202] 예정으로 있는데, 이러한 교회의 개념 안에는 이미 '동적인 공동체성과 역사성/시간성'이 내포되어 있다. 그렇기 때문에, 제2차 바티칸 공의회에서 강조한 바와 같이 '그리스도와 성령'에 초점을 맞춘 정적인(static) 교회론(ecclesiology) 뿐만 아니라 동시에 '동적인 공동체성과 역사성/시간성을 포함한 인간 사회로서의 교회 공동체'의 측면을 고려한 동적인(dynamic) 교회론도 함께 염두에 두는 것이 교회를 균형잡힌 시각으로 바르게 이해하기 위해 바람직할 것이다. 4부는 정적이면서 동시에 동적인 교회의 두 측면을 이해해 보고자 한다.

이 때 시간의 흐름에 따라 점진적으로 변화/변모해온 '동적인 공동체'로서의 교회는 또한 '동일한 계시 내용을 공유하는 제자/신도들로 구성된 사회적 공동체'이기 때문에 – 마치 페이스북(facebook)이나 트위터(tweeter)가 그러하듯이 – 공통된 혹은 유사한 관심사를 공유한 사회 네트워크(social network)일 수밖에 없다.[203] 따라서, 우리가 고려하는 교회는 선포를 통해 시간에 따른 변화/변모를 수반하는 동적인 공동체이

201 CCC 752항.

202 CCC 769항.

203 기존의 '그리스도의 몸/지체' 개념에는 이미 지체들간의 상호의존성, 상관관계가 전제되어 있다. 하지만, 이 지체들 간의 상호관계는 '영원히 지속되는 항구한 관계, 정적인 관계'의 성격을 가진다. 반면 사회 네트워크라는 말을 통해 교회를 표현하고자 할 때에는 – 마치 페이스북(facebook)이나 트위터(tweeter)의 팔로워 수가 시간이 지남에 따라 계속 변화하듯이 – 그리스도를 기초로 성령 안에서 이루어진 인간들의 공동체의 '동적인, 변화하는 관계'의 측면이 포함된다. 따라서 초기 교회에서는 중요한 역할을 담당했지만 현재는 그렇지 않거나, 초기에는 교회 자체가 세워지지 않았으나 현재는 비중있는 역할을 담당하고 있는 개별 교회의 동적인 변화를 사회 네트워크라는 관점이 아우를 수 있게 된다는 장점이 있다.

면서 동시에 사회 네트워크의 특성을 함께 고스란히 보여주는 것이다. 그래서 만일 우리가 동적인 공동체의 특성들과 사회 네트워크의 여러 특성들을 함께 잘 받아들인다면, 교회가 탄생된 이래 지금까지 어떤 방식으로 성장해 왔고 어떤 방식으로 계시를 선포/전달해 왔는지를 이해하는 데에 큰 도움이 될 것으로 기대할 수 있을 것이다.

아울러 동적으로 변모하는 교회를 특정한 시점 – 예를 들면 2015년의 한국 가톨릭 교회 – 에 초점을 맞추게 될 경우 그 당시 교회의 정적인 특성 역시 사회 네트워크의 관점에서 이해해 볼 수 있을 것이다. 이 경우는 – 13장에서 살펴보듯이 – 특정한 시점의 교회의 구조적인 특성, 특히 각 교구와 각 수도회의 통치 구조를 이해하는 데에 큰 도움을 줄 수 있다. 따라서 동적이면서 정적인 교회를 이해하는 데에 사회 네트워크 이론을 적용하는 것은 교회에 대한 새로운 관점을 우리에게 줄 수 있을 것으로 기대된다.

바로 이 새로운 관점을 논의하기 위해 앞선 2장에서 살펴본 세 가지 전제들 및 이로부터 도출되는 네 가지 사실들을 다시 한번 언급해 보고자 한다.

첫째, 창조주인 하느님에 대한 인간의 직접적인 인식은 불가능하다.

둘째, 하느님의 속성은 피조물들의 속성을 통해 일부나마 유비적으로 파악될 수 있다.

셋째, '비판적 실재론'의 관점에 따라, 자연 안의 모든 피조물들은 관찰자의 참여를 통해 경험적 세계의 개별적이고 구체적인 실재로서 관찰되고 해석된다.

이 세 가지 전제를 “하느님 앞에 모인 선택된 백성들의 집회”인 교회에 응용하게 되면 다음의 내용들이 자연스럽게 도출된다:

1. 위의 첫째 및 둘째 전제로부터 ‘자연/피조물을 통한 계시’라는 개념이 자연스럽게 받아들여질 수 있다. 인간은 하느님에 대한 직접적인 인식, 통찰, 깨달음을 갖지 못한다. 그 대신에 신적 속성은 자연/피조물의 여러 속성들과 다른 여러 방식들을 통한 간접적인 계시로서 인간에게 주어지는 것이다. 따라서 이 신적 계시는 필연적으로 인간과 자연을 기술하는 언어들을 통해 유비적으로 표현되어지며 그 이외의 다른 더 나은 방식은 현실적으로 존재하지 않는다.

2. 둘째 전제가 말하듯이, 하느님의 속성은 피조물들의 속성을 통해 유비적으로 파악될 수 있다. 그런데 이 세상의 모든 피조물들의 속성 중에서 ‘집단적 속성’은 근본적으로 수많은 구성요소들(그것이 원자, 분자 등의 입자들이든 아니면 개별 인간이든) 간의 상호작용에 의해 엮여 있으면서 개개의 구성요소들은 가질 수 없는 새로운 특성을 보여준다. 예를 들어, H_2O라는 분자는 그것이 몇 개 정도만 함께 모여 있는 경우에는 결코 온도나 압력의 변화에 의해서 고체(얼음), 액체(물), 기체(수증기)로 변화되지 않는다. 하지만 이 동일한 분자가 아보가드로 수(Avogadro number; 6.02×10^{23}개를 의미하며 어떤 입자가 이만큼 모여있는 경우 그 양을 1 mole이라고 부른다) 만큼 모여 있게 되면 그때는 온도나 압력의 변화에 따라 고체(얼음), 액체(물), 기체(수증기)로 변화되는 상전이(phase transition) 현상이 가능하게 된다. 또한 사람이 몇 명 모여서 시위를 하는 경우에는 사회나 국가 체계를 바꿀 만큼의 영향력이 없지만, 사람이 수만명 이상이 모여서 시위를 하는 경우에는 큰 사회적 변화 내

지는 혁명을 유발할 수 있다. 따라서 세상에 존재하는 어떠한 피조물들도 필연적으로 많은 개체수가 모인 집단 안에서 존재하기 때문에 이러한 '집단적 행위'(collective behaviors)로부터 완전히 자유로운 개체는 우리의 자연과 우주 안에서는 결코 존재할 수 없다. 결국 하느님의 속성은 "하느님 앞에 모인 선택된 백성들"의 집단적 행위들로부터 나타나는 공통적 현상들을 통해 부분적으로나마 유비적으로 파악될 수 있게 된다.

3. 셋째 전제가 말하듯이, 자연 안의 모든 피조물들은 관찰자의 참여를 통해 경험적 세계의 개별적이고 구체적인 실재로서 관찰되고 해석된다. 인간은 역사적으로 주위의 모든 개별적이고 구체적인 피조물들의 속성을 '관찰자에 의한 관찰/관측/측정'이라는 방법을 동원해서 이해해왔다. 특히 교회는 교회의 구성원들의 집단으로서 관찰자가 그 집단으로부터 발생되는 집단적 속성을 관찰한 내용에 의지해서 이해되어야 한다.

4. 이제 둘째 전제와 셋째 전제를 합치게 되면 하느님의 속성 역시도 부분적으로나마 유비적으로 '관찰자에 의한 관측'을 통해 해석될 수 있는 것이 된다. 그리고 이러한 해석 가능한 속성 중에는 교회의 속성이 포함될 것이다. 교회의 속성은 모든 하느님의 백성들에게 부여된 보편적인 속성이므로, 이 속성은 곧 하느님에 관해서도 일부나마 적용 가능한 속성이 될 것이다.

바로 이러한 세 가지 전제들 및 이로부터 도출되는 네 가지 사실들로부터 우리는 교회론에 관한 논의를 자연스럽게 전개해 나갈 수 있다. 따라서, 교회를 일종의 '사회 네트워크'로 바라봄으로써 교회의 여러 특성 및 그 특성을 교회에 허락하신 하느님을 제대로 이해해 보려는 것이

4부의 목적이다. 따라서 4부에서는 사회 네트워크로서의 교회의 탄생과 동적인 변화 및 그 통치 구조에 관한 이해를 돕기 위해 물리학과 생명과학 및 사회학에서 현재 광범위하게 사용되고 있는 몇 가지 개념들을 활용하고자 한다. 이러한 시도는 교회를 좀 더 현대적으로 이해하는 데에 작게나마 도움이 될 것으로 기대해본다.

제11장

네트워크 과학에 관한 간략한 소개

1. 복잡계 네트워크

우리 주변을 둘러보면 세상의 거의 모든 것들은 다양하고 수많은 구성 요소로 이루어진 복잡계(complex system)임을 쉽게 알 수 있다. 예를 들어 많은 사람들이 서로의 이해관계에 의해 얽혀 있는 사회, 우리 몸 속에서 여러 종류의 물질들이 여러 가지의 생화학 반응을 통해 에너지를 만들어 우리를 살아 있게 만드는 생명현상, 또 수많은 컴퓨터들이 여러 가지의 통신수단을 통해 연결되어 있는 인터넷 등이 우리가 쉽게 접할 수 있는 다양한 복잡계들이다. 이렇듯 다양한 복잡계에 대한 연구는 최근 들어 여러 가지 방법을 통해 활발히 연구되고 있다. 복잡계를 이해하기 위해 최근 들어서 크게 주목받는 새로운 방법론은 바로 네트워크 과학(network science)이다. 네트워크 과학이란 복잡계의 구성요소들과 그들 간의 상호작용을 점(vertex, node; 본서에서는 앞으로 '노드'라고 부를 것이다)과 선(edge, link; 본서에서는 앞으로 '링크'라고 부를 것이다)으로 단순화시켜서 네트워크 또는 그래프로 바꾸어 분석 연구하는 새로운 과학을 의미한다. 앞서 소개한 복잡계의 예들은 네트워크 과학의 관점으로 간단하게 살펴볼 수 있다. 우리가 경험하고 있는 여러 생명 현상들은 다양한 생화학 물질들의 반응관계로 이루어진 생명 네트워크로 이해할 수 있다. 아울러, 정보 통신 네트워크인 인터넷도 컴퓨터들이 서로 연결된 네트워크이다. 특히, 우리가 속해있는 모든 사회 집단은 각 사람들을 노드로 또 사람들 간의 인맥을 링크로 나타낸 사회 네트워크이다.[204] 이렇게 우리 주변에서 볼 수 있는 복잡계를 노드와 링크로 이루어진 네트워크로 구성한 것을 '복잡계 네트워크'(complex networks)라고 한다.[205]

복잡계 네트워크의 좋은 예로서 자주 언급되고 있는 [그림 11-1]은 효모(yeast)의 한 종류인 *Saccharomyces cerevisiae* 내에서 이루어지는 단백질 상호작용(protein interaction)을 묘사한 네트워크[206]를 그린 것이다.

---

204 Stanley Wasserman and Katherine Faust, *Social Network Analysis: Methods and Applications*, Cambridge: Cambridge University Press, 1994 참조.

205 Albert-László Barabási, *Linked: The New Science of Networks*, Cambridge: Perseus Publishing, 2002; Alain Barrat, Marc Barthélemy, and Alessandro Vespignani, *Dynamical Processes on Complex Networks*, Cambridge: Cambridge University Press, 2008; Sergey N. Dorogovtsev, *Lectures on Complex Networks*, Oxford: Oxford University Press, 2010; R. Cohen and S. Havlin, *Complex Networks: Structure, Robustness and Function*, Cambridge: Cambridge University Press, 2010; Ernesto Estrada and Philip A. Knight, *A First Course in Network Theory*, Oxford: Oxford University Press, 2015; Albert-László Barabási, *Network Science*, Cambridge: Cambridge University Press, 2016; M.E.J. Newman, *Networks: An Introduction*, Oxford: Oxford University Press, 2018^2.

206 H. Jeong, S.P. Mason, A.-L. Barabási, and Z.N. Oltvai, "Lethality and centrality

이 그림에서 노드 하나가 바로 단백질 하나에 해당한다. 하나의 단백질은 다른 몇 개의 단백질들과 서로 연결되어서 상호작용을 주고 받는다. 이와 마찬가지로 이 세상의 수많은 생명체들 내의 모든 생명 현상들, 인터넷 간의 연결, 심지어 인간 사회 내의 여러 현상들도 네트워크의 관점에 따라 쉽게 설명이 가능해진다는 사실이 최근 들어 널리 알려져 왔고 다양한 과학적 방식을 통해 연구되어져 왔다.

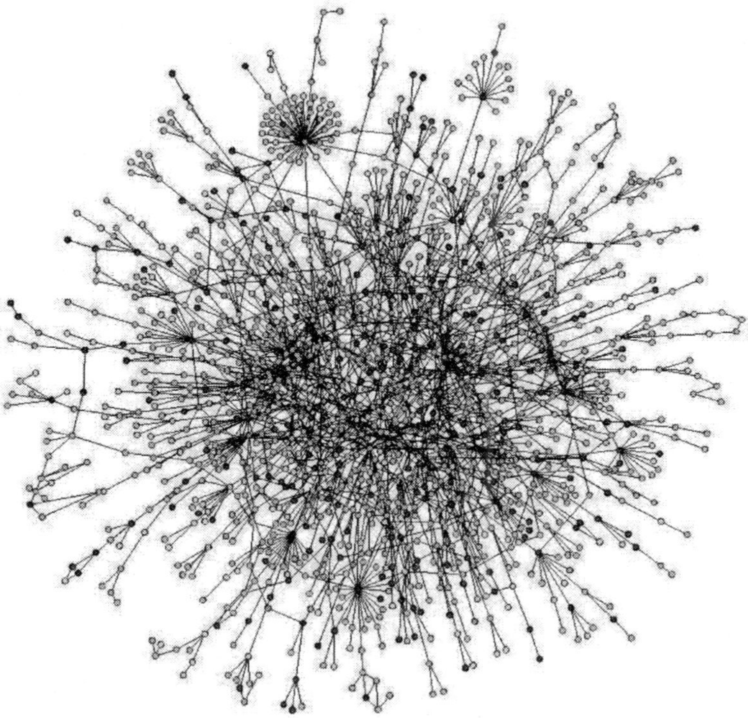

[그림 11-1] 효모의 한 종류인 *Saccharomyces cerevisiae* 내에서 이루어지는 단백질 상호작용을 묘사한 네트워크.

in protein networks", *Nature* 411 (2001), 41~42.

2. 복잡계 네트워크를 분석하기 위한 몇 가지 개념들

복잡계 네트워크 연구 분야는 네트워크의 구조적(structural) 특성 연구, 네트워크 상에서 일어나는 동역학적(dynamical) 현상 연구, 네트워크 구조의 진화적(evolutionary) 현상 연구 등으로 크게 구분될 수 있다. 하지만 이 모든 내용들을 모두 정리하는 것은 본 장의 목적을 넘어서는 일이 될 것이므로 우리는 네트워크의 구조적 특성에 관한 연구 결과들을 간략히 살펴보는 것에 초점을 맞추도록 하겠다.

가장 간단하게 네트워크를 이해하는 방식은 노드들 간의 연결의 유무 만을 통해서 네트워크의 전체적인 구조를 기술하는 것이다. 이 방식은 이미 20세기에 수학자 및 사회학자들에 의해 많은 연구가 이루어졌다. 하지만 21세기에 들어와서는 네트워크의 전체적인 구조를 고려할 때 노드들 사이의 링크의 세기, 즉 노드들 간의 상호작용의 정도를 정량적인 '가중치'(weight)로 표현하는 가중치 네트워크(weighted network)에 대한 연구가 물리학자들을 중심으로 많이 이루어지고 있다. 인터넷 네트워크(internet network) 상에서의 한 라우터(router)에서 다른 라우터로의 데이터 전송 속도, 사회 네트워크에서의 개개인들 간의 인지 정도, 항공 네트워크(airline network)에서 한 공항에서 다른 공항으로 이동하는 승객들의 수, 과학자들 간의 협력 네트워크(scientist collaboration network)에서의 공동 참여 논문의 수 등 각 노드들 사이의 링크의 가중치를 고려해야만 하는 네트워크들이 많이 존재하며 이러한 가중치 네트워크를 연구함으로써 네트워크의 전체적 특성을 정량적으로 이해하

는데 많은 도움이 된다는 것이 잘 알려져 있다.[207]

네트워크의 구조적 특성 연구의 대표적인 예는 바로 역사적인 '여섯 단계 분리'(six degrees of separation) 개념이라고 할 수 있다. 1960년대 말 하버드 대학교의 사회심리학자인 스티브 밀그램(Stanley Milgram; 1933~1984)이 처음 제안한 개념인 '여섯 단계 분리'은 한마디로 "지구상의 사람들은 여섯 단계만 거치면 거의 다 알게 된다"라고 요약될 수 있다.[208] 그리고 바로 이 개념으로 인해 탄생해서 현재 크게 대중화된 개념이 바로 "작은 세계 네트워크"(small-world network)이다.[209]

이렇듯이 그 종류가 무엇이든 세상에 존재하는 네트워크들은 임의의 한 노드와 다른 한 노드 사이에 몇 단계를 거쳐 연결되어 있는가 하는 것이 그 네트워크의 전반적인 구조를 이해하는 데에 대단히 중요하다. 만일 그 값이 작으면 이 네트워크는 촘촘히 연결되어 있다는 것이고, 그 반대의 경우는 느슨하게 연결되어 있다는 것을 의미하기 때문이다. 한 노드와 다른 한 노드 사이의 연결의 정도를 정량적으로 엄밀하게 설명하기 위해 네트워크 과학에서는 다음과 같은 개념들이 자주 활용되고 있다.[210]

207 A. Barrat, M. Barthélemy, R. Pastor-Satorras, and A. Vespignani, "The architecture of complex weighted networks", *Proceedings of National Academy of Sciences USA* 101(2004), 3747~3752 참조.

208 S. Milgram, "The Small-World Problem", *Psychology Today* 1(1967), 61~67; J. Travers and S. Milgram, "An Experimental Study of the Small World Problem", *Sociometry* 32(1969), 425~443.

209 D.J. Watts, *Small Worlds: The Dynamics of Networks Between Order and Randomness*, Princeton: Princeton University Press, 1999; M. Barthélemy and L.A. Amaral, "Small-world networks: Evidence for a crossover picture", *Physical Review Letters* 82(1999), 3180~3183.

210 Barrat, Barthélemy, and Vespignani, *Dynamical Processes on Complex Networks*, 2~18;

a. 총 노드 수(total number of nodes) N 및 총 링크 수(total number of links) L

총 노드 수는 하나의 네트워크 안에 포함된 전체 노드의 개수로서 N으로 표기한다. 그리고 총 링크 수는 하나의 네트워크 안에 포함된 전체 링크의 개수로서 L로 표기한다.

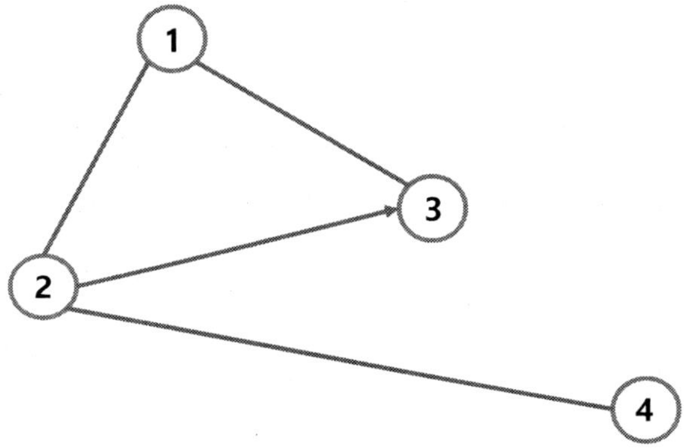

[그림 11-2] 총 4개의 노드(N=4)와 총 4개의 링크(L=4)로 이루어진 네트워크.

b. 인접 행렬(adjacency matrix)

네트워크에 대해 완전히 이해하기 위해서는 각 노드들이 다른 어떤 노드들과 연결되어 있는지, 즉 그들 간에 링크가 있는지를 추적하는 것이 절대적으로 필요하다. 이를 위해 가장 간단한 방법은 존재하는 모든 링크의 목록을 제공하는 것이다. 예를 들어, [그림 10-2]의 네트워크는 그것의 4개의 링크인 {(1, 2), (1, 3), (2, 3)), (2, 4)}을 나열함으로써 설명된다. 우리는 이러한 링크들의 나열을 인접 행렬 $\hat{A}$를 통해 수학적

Dorogovtsev, *Lectures on Complex Networks,* 1~66; Cohen and Havlin, *Complex Networks: Structure, Robustness and Function,* 21~30; Barabási, *Network Science,* Chapters 2, 3, 4 & 7; Newman, *Networks: An Introduction*, 105~177, 304~337.

으로 표현할 수 있다. 총 N개의 노드를 가진 네트워크의 인접 행렬은 N개의 행(rows)과 N개의 열(columns)이 있으며, 그 원소는 다음과 같다:

$A_{ij}=1$: 노드 j에서 노드 i로 향하는 링크가 있을 경우

$A_{ij}=0$: 노드 j에서 노드 i로 향하는 링크가 없을 경우

여기서 $A_{ij}=A_{ji}$를 항상 만족하는 네트워크, 즉 링크의 방향성이 없는 네트워크를 우리는 비방향성 네트워크(undirected network)라고 부르고, $A_{ij}\neq A_{ji}$를 만족하는 링크가 적어도 하나 이상 있는 네트워크, 즉 링크의 방향성을 고려해야 하는 네트워크를 우리는 방향성 네트워크(directed network)라고 부른다. [그림 11−2]의 네트워크의 경우는 하나의 링크에 방향이 있기 때문에 방향성 네트워크인 셈이다. [그림 11−2]의 네트워크의 인접 행렬은 다음과 같다:

$$\hat{A}=\begin{pmatrix}0110\\1001\\1100\\0100\end{pmatrix}.$$

그리고 가중치 네트워크의 경우는 A_{ij}의 값을 굳이 0 또는 1 만이 아닌 다양한 값을 쓸 수 있다. 예를 들어 $A_{13}=1$일 때 $A_{23}=2.7$일 수 있는 것이다. 이렇듯이 인접 행렬을 활용하면 각 링크의 가중치를 얼마든지 부여할 수 있게 된다.

c. 연결선수(degree) k_i, 평균 연결선수(average degree) $\langle k \rangle$ 및 연결선수 분포(degree distribution) $p(k)$

각 노드의 핵심 속성인 '연결선수'는 다른 노드에 대한 링크의 수를 나타낸다. 이 연결선수는 예를 들어 통화 네트워크(phone−call network)

에서는 한 개인이 가지고 있는 휴대 전화의 통화 횟수(즉, 그 사람이 대화를 나눈 다른 개인의 수)로서, 논문 인용 네트워크(citation network)에서는 한 편의 연구 논문이 얻는 인용 횟수로서 이해될 수 있다.

수학적으로 네트워크 상의 i번째 노드의 연결선수를 로 표시하며 이는 인접 행렬과 다음의 관계에 있다:

$$k_i^{\leftarrow} = \sum_{j=1}^{N} A_{ij}$$: 다른 노드들에서 노드 i로 들어오는(incoming) 방향의 링크들의 연결선수

$$k_i^{\rightarrow} = \sum_{j=1}^{N} A_{ji}$$: 노드 i에서 다른 노드들로 나가는(outgoing) 방향의 링크들의 연결선수

비방향성 네트워크의 경우에는 $k_i^{\leftarrow} = k_i^{\rightarrow} = k_i$가 된다. (논의의 편의를 위해 이 장의 나머지 부분에서는 비방향성 및 비가중치 네트워크(undirected and unweighted network)만 고려하기로 하겠다.)

그래서, 예를 들어 [그림 11-2]에 표시된 네트워크의 경우 링크의 방향성을 무시할 때에는, 즉 이 네트워크를 비방향성 네트워크로 고려하는 경우에는, k_1=2, k_2=3, k_3=2, k_4=1이 된다. 이 네트워크에서 총 링크 수 L은 노드의 연결선수의 총합에 비례한다:

$$L = \frac{1}{2} \sum_{i=1}^{N} k_i.$$

여기서 L을 계산할 때 노드의 연결선수의 총합을 2로 나누는 이유는 노드의 연결선수의 총합을 계산할 때 하나의 링크가 두 번 카운트되기 때문이다.

평균 연결선수는 각 노드의 연결선수 k_i의 평균값을 의미하며 총 링크 수를 총 노드 수로 나눈 값에 비례한다:

$$\langle k \rangle = \frac{1}{N}\sum_{i=1}^{N} k_i = \frac{2L}{N}.$$

연결선수 분포 는 한 네트워크에서 무작위로 선택된 노드가 연결선수 k를 가질 확률을 의미한다. 이 분포값의 총합은 반드시 1이 되어야 한다. 그리고 평균 연결선수는 연결선수 분포와 수학적으로 다음과 같은 관계에 있다:

$$\langle k \rangle = \sum_{k=0}^{\infty} kp(k).$$

이 연결선수 분포는 직접적으로 네트워크의 특성을 반영하는 물리량이어서 네트워크 과학에 있어서 대단히 중요하게 받아들여지고 있다.

수학적으로 생각해 볼 수 있는 가장 간단한 네트워크인 무작위 네트워크(random network; 에르디쉬-레니(Erdős-Rényi) 네트워크라고도 불

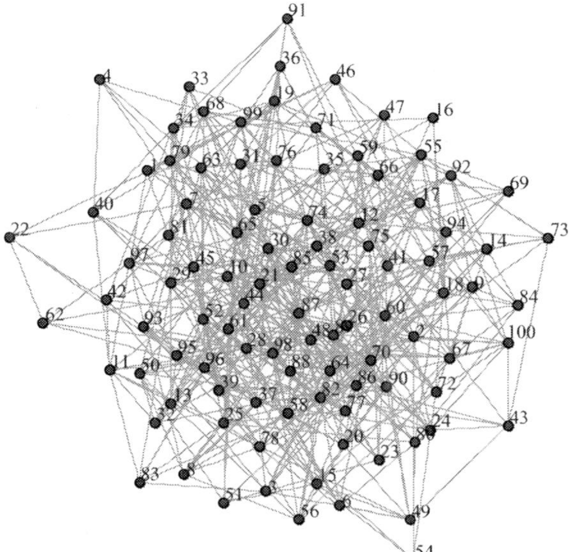

[그림 11-3] R language와 igraph package(https://igraph.org/)를 활용하여 그린 N=100인 무작위(에르디쉬-레니) 네트워크의 한 예.

린다; [그림 11-3] 참조)의 경우 연결선수 분포는 다음과 같이 포아송 분포(Poisson distribution)를 따른다[211]:

$$p(k) = e^{-\langle k \rangle} \frac{\langle k \rangle^k}{k!}.$$

하지만, 알버트-라즐로 바라바시(Albert-László Barabási; 1967~) 그룹의 선구적인 연구에 따르면, 우리가 사는 세상에서 흔히 접하는 실제 네트워크들(real networks) - 예를 들어, 단백질 네트워크([그림 10-1] 참조), 월드 와이드 웹(world wide web), 인터넷 네트워크, 신진대사 네트워크, 배우 공동작업 네트워크(actor collaboration network) 등 - 은 일반적으로 '척도 없는 네트워크'(scale-free network)라는 이름의 한 카테고리로 묶여지는데, 이러한 네트워크들은 공통적으로 다음과 같은 멱급수 법칙(power law)을 만족하는 연결선수 분포를 가진다:

$$p(k) \sim k^{-\gamma}$$

여기서 멱급수 지수(power law exponent) γ는 연결선수 지수(degree exponent)라고 불리며 대다수의 실제 네트워크들은 일반적으로 3 근처의 값을 가지는 것으로 알려져 있다.[212] 이것은 실제 네트워크가 무작위 네트워크와 구조적으로 다르다는 강력한 증거가 된다. 일반적으로 네트워크 전체에서 특별히 연결선수가 높은 노드들을 일컬어 허브(hub)라고 부른다. 그래서 어떤 네트워크의 연결선수 분포가 멱급수 법칙을 만

211 Béla Bollobás, "Degree sequences of random graphs", *Discrete Mathematics* 33(1981), 1~19; *Random Graphs*, Cambridge: Cambridge University Press, 2001², 50~129.

212 Albert-László Barabási and Réka Albert, "Emergence of scaling in random networks", *Science* 286(1999), 509~512. 이 논문은 '척도 없는 네트워크'(scale-free network)의 존재를 최초로 밝힌 역사적인 논문으로 평가받고 있으며 현재까지 3만회 이상 인용되었다.

족한다는 말은 바로 이 네트워크 내에 연결선수가 대단히 높은 소수의 허브들이 존재한다는 의미와 같다. 예를 들어, 월드 와이드 웹의 경우 구글(Google)이나 네이버(Naver) 같은 검색 엔진은 대표적인 허브이며, 이러한 소수의 허브들이 존재하는 전 세계 월드 와이드 웹 네트워크는 연결선수 분포가 멱급수 법칙을 만족하게 된다.

d. 최단 경로(shortest path) d_{ij} 및 평균 경로 길이(average path length) $\langle d \rangle$

노드 i와 j 사이의 최단 경로 는 두 노드 사이의 링크 수가 가장 적은 바로 그 경로를 의미한다. 이 최단 경로를 노드 둘 사이의 거리(distance)라고 부르기도 한다.

평균 경로 길이 $\langle d \rangle$는 한 네트워크 상의 모든 노드 쌍들로부터 얻어지는 거리 값들의 평균을 의미한다:

$$\langle d \rangle = \frac{1}{N(N-1)} \sum_{\substack{i,j=1 \\ i \neq j}}^{N} d_{ij}.$$

바로 이 $\langle d \rangle$값이 작은 실제 네트워크를 우리는 "작은 세계 네트워크"라고 부른다. 또한 밀그램이 주장한 '여섯 단계 분리' 개념은 다름이 아니라 '전 세계 모든 사람들로 구성된 거대한 사회 네트워크의 $\langle d \rangle$값이 6이다'라는 의미이다. 실제로 던컨 와츠(Duncan Watts; 1971~)의 연구 그룹이 '여섯 단계 분리' 개념의 확인을 위해 2003년에 행한 연구에 따르면, 6만명 이상의 이메일 사용자들로 구성된 사회 네트워크의 $\langle d \rangle$ 값은 대략 5에서 7 사이의 값이 나옴을 확인할 수 있었다.[213]

---

213 P.S. Dodds, R. Muhamad, and D.J. Watts, "An Experimental Study of Search in Global Social Networks", *Science* 301(2003), 827~829.

e. 국소 결집 계수(local clustering coefficient) 및 평균 결집 계수(average clustering coefficient) $\langle C \rangle$

국소 결집 계수 C_i는 한 노드의 이웃들이 서로 연결되는 정도를 보여주는 물리량이다. 연결선수 k_i값을 가지는 노드 i의 국소 결집 계수는 다음과 같이 정의된다:

$$C_i = \frac{L_i}{k_i(k_i-1)/2}.$$

여기서 L_i는 노드 i의 k_i개의 이웃들 사이의 링크 개수를 의미한다. 그래서 L_i는 노드 i의 이웃들 간에 전혀 링크가 없는 경우 0이 되고, 노드 i의 이웃들 간에 서로 완전히 링크가 연결되어 있는 경우, 즉 완전한 그래프(complete graph)인 경우 $k_i(k_i-1)/2$이 된다. 따라서 국소 결집 계수 C_i는 노드 i의 이웃들 간에 전혀 링크가 없는 경우 0이 되고, 노드 i의 이웃들 간에 서로 완전히 링크가 연결되어 있는 완전한 그래프인 경우에는 1이 되므로, 일반적으로 0과 1 사이의 값을 가지게 된다. 결국 C_i는 한 노드의 두 이웃이 서로 연결되는 확률을 의미하며, 그래서 C_i=0.5는 노드 i의 두 이웃이 연결될 확률이 50%라는 것을 의미한다. 다르게 말하면, C_i는 네트워크의 로컬 링크 밀도를 측정한 값이 된다. 노드 i의 주변이 밀접하게 연결될수록, 국소 결집 계수는 더 높아지게 된다.

평균 결집 계수 $\langle C \rangle$는 전체 네트워크 상의 모든 노드(i=1,...,N)에서 국소 결집 계수 C_i를 구한 후 이로부터 얻은 평균값을 의미한다:

$$\langle C \rangle = \frac{1}{N}\sum_{i=1}^{N} C_i.$$

이것은 한 네트워크 내에서 세 개의 노드를 잇는 삼각형이 얼마나 많이 존재하는가를 나타내는 수학적인 양이다. 다시 말하면, 〈C〉는 무작위로 선택된 한 노드의 두 이웃이 서로 연결될 확률을 의미한다. 따라서 특정 네트워크에서 이 값이 크다는 것은 그 네트워크를 구성하는 노드들이 서로 내부적으로 밀접하게 결속되어 있다는 점을 정량적으로 나타내는 것이다. 따라서, 이 물리량은 해당 네트워크의 견고성(robustness)과 연관되는 양이다. 이 값이 0에 가까우면 모든 노드들이 서로 친밀하지 않으며 외부 공격에 취약한 반면, 이 값이 1에 가까우면 모든 노드들이 서로 친밀하고 끈끈하게 연결되어 있으며 외부 공격에 대해서도 안정성을 유지한다.

와츠와 스트로가츠(Steven Strogatz; 1959~)가 1998년에 발표한 기념비적인 논문[214]에 따르면, 사회 네트워크의 일종인 영화배우 네트워크의 경우 〈C〉값이 0.79로서 대단히 높은 값을 보여주는 반면, 미국 서부 지역의 전력망(power grid) 네트워크(〈C〉=0.080) 및 예쁜꼬마선충(*Caenorhabditis elegans*)의 신경망 네트워크(〈C〉=0.28)는 그보다 낮은 값을 보여준다. 따라서 다른 네트워크들과는 다른 사회 네트워크만의 중요한 특성인 내부의 밀접한 연결이 이 결과를 통해 확실히 드러난다. 하지만 이들 세 가지 실제 네트워크는 무작위 네트워크(〈C〉〈0.05)에 비해서는 상당히 높은 값을 보여줌으로써 실제 네트워크 내의 노드들이 무작위 네트워크에 비해 훨씬 단단하게 결속되어 있음을 잘 보여준다. 이

214 D.J. Watts and S.H. Strogatz, "Collective dynamics of 'small-world' networks", *Nature* 393(1998), 440~442. 이 논문은 평균 결집 계수를 실제 네트워크들의 정량적 분석에 활용한 최초의 논문이자, 자연과학에 "작은 세계 네트워크"의 의미를 소개한 역사적인 논문으로서 현재까지 4만회 이상 인용되었다.

것은 실제 네트워크가 무작위 네트워크와 구조적으로 다르다는 또 하나의 강력한 증거가 된다.

한편 전체 네트워크 상의 모든 노드들 중에서 연결선수가 k인 노드들의 평균 결집 계수를 특별히 $C(k)$로 표현한다. 바라바시 그룹의 연구에 따르면 대다수의 실제 네트워크는 계층적 모듈 구조(hierarchical modular structure)를 가지고 있으며[215] 이때 $C(k)$는 다음과 같은 멱급수 법칙을 만족한다:

$C(k) \sim k^{-\eta}$.

여기서 대다수의 실제 네트워크들의 η값은 일반적으로 1 근처의 값을 가지는 것으로 알려져 있다.[216]

f. 연결선수 상관관계 함수(degree correlation function) $k_{nn}(k)$

연결선수 상관관계 함수는 서로 간에 연결되어 있는 각각의 노드들의 연결선수들 간의 관계를 계산함으로써 연결선수가 많은 노드들끼리 얼마나 서로 잘 연결되어 있는지를 특별히 알아내기 위해 고안된 함수이다.

이 함수를 구하기 위해서는 먼저 한 노드 i에 이웃하고 있는 노드

215 모듈(module), 클러스터(cluster), 공동체(community)는 모두 네트워크 과학에서 여러 개의 노드들로 구성된 (전체 네트워크의 일부분으로서의) 작은 규모의 네트워크를 의미하는 용어이다.

216 E. Ravasz, A.L. Somera, D.A. Mongru, Z.N. Oltvai, and A.-L. Barabási, "Hierarchical organization of modularity in metabolic networks", *Science* 297(2002), 1551~1555; Erzsébet Ravasz and Albert-László Barabási, "Hierarchical organization in complex networks", *Physical Review E* 67(2003), 026112. 이 논문들은 실제 네트워크들의 구조가 계층적 모듈 구조를 이루고 있음을 보여주는 최초의 논문들로 평가받고 있다.

들의 평균 연결선수 – 이를 nearest neighbor degree라고도 부르고 수학적으로는 $k_{nn}(k_i)$으로 쓴다 – 를 구하는 것이 필요하다. 예를 들어 [그림 11–4]와 같은 네트워크가 주어져 있을 때, $k_{nn}(k_i)$를 결정하기 위해서는 우선 노드 i와 연결되어 있는 4개의 이웃 노드들 각각의 연결선수를 계산한다. 그림 4의 경우 노드 i의 연결선수는 k_i=4이고, 이웃한 노드들인 j_1, j_2, j_3 및 j_4의 연결선수는 각각 k_{j1}=4, k_{j2}=3, k_{j3}=3, k_{j4}=1이다. 이 경우 $k_{nn}(k_i)$값은 노드 i에 이웃한 4개의 노드들의 연결선수를 평균하여 얻어진 것으로서 $k_{nn}(4)=(4+3+3+1)/4=2.75$를 얻게 된다. $k_{nn}(k_i)$ 따라서 은 수학적으로 다음과 같이 표현된다:

$$k_{nn}(k_i) = \frac{1}{k_i}\sum_{j=1}^{N} A_{ij}k_j .$$

이제 특정한 노드 i에서 구한 $k_{nn}(k_i)$의 개념을 확장해서 전체 네트워크에서 연결선수가 k인 모든 노드들에 대해 이웃한 노드들의 연결선수의 평균을 취하여 얻은 값이 바로 연결선수 상관관계 함수 $k_{nn}(k)$이 된다. 즉, 연결선수가 k인 모든 노드들의 총 개수가 n이라고 한다면 연결선수 상관관계 함수는 $k_{nn}(k) = \frac{1}{n}\sum_{i=1}^{n} k_{nn}(k_i)$로 정의된다. 따라서

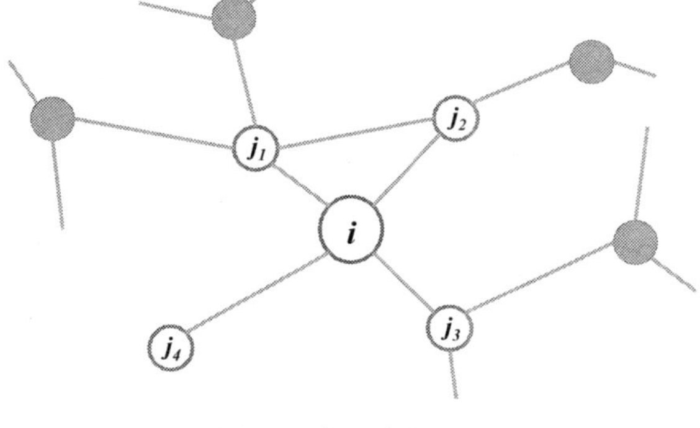

[그림 11–4] $k_{nn}(k_i)$를 구하기 위한 예.

$k_{nn}(k)$은 '연결선수 k값을 가진 한 노드의 이웃 노드 하나가 가질 평균 연결선수'라는 의미를 가지게 된다.

이 $k_{nn}(k)$를 실제 네트워크들에서 구해보면 $k_{nn}(k)$역시도 다음과 같은 형태의 멱급수 법칙을 따르는 것을 확인할 수 있다[217]:

$k_{nn}(k) \sim k^{\nu}$

이때 멱급수 지수 ν는 상관관계 지수(correlation exponent)라고 부르며 이것은 네트워크의 특성에 따라 양수(ν>0), 0, 음수(ν<0)를 가질 수 있다. 이때 양수를 가지는 경우의 네트워크는 동류성 네트워크(assortative network), 0을 가지는 경우의 네트워크는 중립성 네트워크(neutral network), 음수를 가지는 경우의 네트워크는 비동류성 네트워크(disassortative network)라고 불린다.

여러 학자들의 연구에 따르면, 사회 네트워크의 경우는 동류성 네트워크에 해당하고, 그 외의 실제 네트워크는 비동류성 네트워크에 해당하며, 무작위 네트워크의 경우는 중립성 네트워크에 해당하는 것으로 알려져 있다. 사회 네트워크가 동류성 네트워크인 이유는 – 친구가 많은, 즉 사교성이 높은 사람들은 주로 자신과 유사하게 사교적인 사람들과 친하게 지내고, 반면 사교성이 낮은 사람들은 주로 자신과 유사하

217 Romualdo Pastor–Satorras, Alexei Vázquez, and Alessandro Vespignani, "Dynamical and Correlation Properties of the Internet", *Physical Review Letters* 87(2001), 258701. 이 논문은 연결선수 상관관계 함수 개념을 최초로 소개한 논문이다. 다음 논문들도 참고할 것: Alexei Vázquez, Romualdo Pastor–Satorras, and Alessandro Vespignani, "Large–scale topological and dynamical properties of the Internet", *Physical Review E* 65(2002), 066130; Sergei Maslov and Kim Sneppen, "Specificity and stability in topology of protein networks", *Science* 296(2002), 910~913; Sergei Maslov, Kim Sneppen and Alexei Zaliznyak, "Detection of topological patterns in complex networks: correlation profile of the Internet", *Physica A* 333(2004), 529~540.

게 비사교적인 사람들과 친하게 지내기 때문에 – 비슷한 연결선수를 가진 노드들 간에 연결이 많이 이루어지기 때문이다. 따라서 높은 연결선수 k값을 가진 한 노드의 이웃 노드 하나가 가질 평균 연결선수 역시 높아지게 되어 k와 $k_{nn}(k)$사이에는 비례 관계가 성립된다. 결국 사회 네트워크의 경우는 허브들이 다른 허브들과 연결되는 경향이 강한 특성을 보여준다. 반면, 월드와이드웹이나 신진대사 네트워크의 경우는 – 구글이나 네이버에 연결되어 있는 수많은 웹페이지들이 그러하듯이 – 연결선수가 높은 노드들은 주로 연결선수가 낮은 노드들과 연결되는 경향성이 강하므로, 높은 연결선수 k값을 가진 한 노드의 이웃 노드 하나가 가질 평균 연결선수는 낮은 값을 가지게 되어 k와 $k_{nn}(k)$사이에는 반비례 관계가 성립된다. 따라서 $k_{nn}(k)$은 사회 네트워크와 다른 네트워크를 구분짓는 데에 주로 활용된다.

g. 사이 중심성(betweenness centrality) b_i

사이 중심성은 한 노드가 다른 노드들 사이를 지나는 최단 경로 내에 위치하는 정도를 측정한 양이다. 이를 좀 더 자세히 설명하기 위해 한 네트워크 상에 존재하는 모든 노드들을 고려해보자. 이때 우리가 임의로 선택한 두 개의 노드에 대해 경로가 존재한다면, 즉, 한 노드에서 다른 노드로 링크들이 중간에 끊어지지 않고 이어진다면, 두 노드 사이에는 링크의 수가 최소로 구성된 최단 경로가 당연히 하나 이상 존재하게 되며 이 최단 경로가 지나가는 몇 개의 노드들이 존재하게 된다. 이런 식으로 전체 네트워크 상의 모든 두 개의 노드 쌍들을 다 고려해보면 그 두 노드 사이에는 링크의 수가 최소로 구성된 최단 경로가 당연히 하나 이상 존재하게 되며 이 최단 경로가 지나가는 몇 개의 노드들이 존재하게 된다. 따라서 전체 네트워크 상의 연결선수가 2 이상인 모든 노드들은 최소 한 번 이상의 최단 경로가 지나가게 됨을 알 수 있다. 이 때 각 노드를 통과하는 이러한 최단 경로의 개수를 우리는 그 노드에 대한 사이 중심성이라 부른다. 따라서 사이 중심성은 우리가 고려하고 있는 그 노드가 여러 다양한 최단 경로들 사이에서 얼마나 중심적인 역할을 하는가를 나타내는 정량적인 개념이 되는 것이다.[218]

사이 중심성을 수학적으로 표현하면 다음과 같다: 우선 노드 i가 한 노드 s와 다른 노드 t 사이의 최단 경로 내에 위치해 있다면 우리는 n^i_{st} =1이라고 표현하고, 노드 i가 노드 s와 노드 t 사이의 최단 경로 내에 위치해 있지 않는다면 우리는 n^i_{st}=0이라고 표현하자. 그러면 노드 i의 사이 중심성은 $b_i = \frac{1}{2}\sum_{s,t=1}^{N} n^i_{st}$ 가 된다. (여기서 2로 나누는 것은 각 노드들이 계산 중간에 두 번 카운트되기 때문이다.)

[그림 11-5]는 연결선수는 적지만 사이 중심성이 큰 노드를 보여주고 있다. 이 그림이 잘 보여주듯이, 두 개의 클러스터를 연결하는 다리 역할을 하는 노드의 경우에는 두 클러스터 사이를 연결하는 모든 경로들이 이 노드를 반드시 통과해야 하기 때문에, 이 노드는 연결선수는

218 Linton C. Freeman, "A set of measures of centrality based upon betweenness", *Sociometry* 40(1977), 35~41; K.-I. Goh, B. Kahng, and D. Kim, "Universal Behavior of Load Distribution in Scale-Free Networks", *Physical Review Letters* 87(2001), 278701; M.E.J. Newman, "Scientific collaboration networks. II. Shortest paths, weighted networks, and centrality", *Physical Review E* 64(2001), 016132; K.-I. Goh, E. Oh, B. Kahng, and D. Kim, "Betweenness centrality correlation in social networks", *Physical Review E* 67(2003), 017101; M.E.J. Newman, "A measure of betweenness centrality based on random walks", *Social Networks* 27(2005), 39~54.

적어도 사이 중심성은 충분히 클 수 있다. 따라서 이 노드는 전체 네트워크의 허브는 아니지만 여러 클러스터를 하나로 묶는 데에 절대적으로 중요한 역할을 함을 알 수 있다. 예를 들어 사회 네트워크의 경우 이러한 노드는 두 클러스터 간의 소통 채널의 역할을 할 수 있고 갈등을 중재할 수도 있게 된다. 따라서 사이 중심성은 전체 네트워크 내의 클러스터들 간의 연결 구조를 제대로 이해하는 데에 있어 핵심적인 개념임을 알 수 있다.

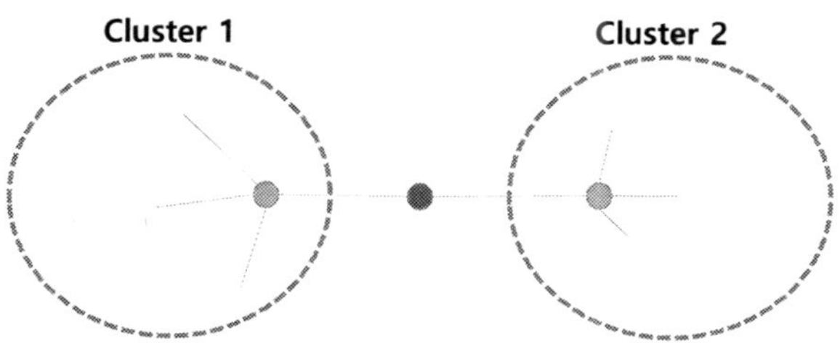

[그림 11-5] 연결선수는 적지만 사이 중심성이 큰 노드의 예.

제12장

공동체 네트워크로서의 교회

이 장에서는 교회의 '동적인 공동체성과 역사성'을 깊이 들여다 보고자 한다. 이 작업은 교회사적 비전 안에서 과거의 교회를 이해하고 미래 교회의 변화를 예측하는 데에 중요한 의미가 있을 것으로 보인다. 바로 이 '공동체성과 역사성'을 지닌 교회의 동적인 측면을 기존의 교회론보다 더욱 깊이 들여다보려는 시도가 바로 본 장의 목적이 되겠다. 이러한 시도를 위해 미국의 저명한 교의신학자인 에이버리 덜레스(Avery Dulles, S.J.; 1918~2008)가 그의 저서 『교회의 모델들』(*Models of the Church*)[219]을 통해 제시한 '교회에 대한 여섯 가지 모델들'을 주요한 도구로서 적절히 활용해 보고자 한다. 참고로, 수많은 교회학자들의 이론들 중에서 덜레스의 교회론 모델을 이 책에서 중요한 모델로 선택해서 활용하는 이유는 이 모델이 '교회의 사회 네트워크적인 특성'을 부각시

219 Avery Dulles, S.J., *Models of the Church*, New York: Image Books, 2002².

키는 데에 가장 적합한 모델이라고 필자가 판단했기 때문이다.

덜레스가 제시한 여섯 가지 모델들과 그 모델 각각의 의미를 잘 표현하는 제2차 바티칸 공의회의 해당 문장은 다음과 같이 정리될 수 있다:

1. 제도/기관(institution)으로서의 교회: "위계적으로 조직된 이 단체"(DH 4144)[220]

2. 신비적 공동체/친교(communion/community/koinonia)로서의 교회: "교계 조직으로 이루어진 단체인 동시에 그리스도의 신비체, 가시적 집단인 동시에 영적인 공동체, 지상의 교회인 동시에 천상의 보화로 가득 찬 이 교회"(DH 4118)[221]

3. 성사(sacrament)로서의 교회: "교회는 그리스도 안에서 성사와 같다."(DH 4101)[222]

4. 사신/복음 선포자(herald/kerygma)로서의 교회: "구원의 진리를 선포하라는 그리스도의 이 장엄한 명령을 교회는 사도들에게서 받았으며, 땅 끝에 이르기까지 이 명령을 이행하여야 한다."(DH 4141)[223]

5. 종/섬김(servant/diakonia)으로서의 교회: "교회는 오로지 하나의 목적을 추구한다. 곧 성령의 인도로 바로 그리스도께서 하시던 일을 계속하려는 것이다. 그리스도께서는 진리를 증언하려고 세상에 오셨으

220 Dulles, *Models of the Church*, 26~38; 『교회에 관한 교의 헌장』(*Lumen Gentium*; LG), 18~29항 (DH 4142~4155).

221 Dulles, *Models of the Church*, 39~54; LG 7~9항 (DH 4112~4124).

222 Dulles, *Models of the Church*, 55~67; LG 1,10,11항 (DH 4101,4125~4129); 『거룩한 전례에 관한 헌장』(*Sacrosanctum Concilium*; SC), 10,41항 (DH 4010,4041).

223 Dulles, *Models of the Church*, 68~80; LG 17항 (DH 4141); 『하느님의 계시에 관한 교의 헌장』(Dei Verbum; DV), 1항 (DH 4201).

며, 심판하시기보다는 구원하시고 섬김을 받으시기보다는 섬기러 오셨다."(DH 4303)[224]

6. 제자들의 공동체(community of disciples)로서의 교회 (2번 모델의 변형으로서, 교회 공동체의 역할로서 '제자들의 복음화'를 특별히 강조한 모델): "너희는 가서 모든 민족들을 제자로 삼아..."(DH 4141)[225]

필자는 본 장을 통해 덜레스가 제시한 기존의 여섯 가지 교회 모델들 중에서 '공동체/친교'의 측면을 강조한 2번 모델 및 '복음 선포와 성경'을 강조한 4번 모델 및 특히 '제자들의 복음화'를 강조한 6번 모델에 기반을 두되[226] – 기존의 교회론에서 그다지 고려하지 않은 관점들을 포함하여 – 이 모델들을 보다 확장하여 '인간 사회로서의 교회의 측면'이 보다 강조된 교회 모델을 제시해 보고자 한다. 이 모델에 따르면, 교회는 '제자들이 계시(revelation)라고 불리는 내용 혹은 담론을 공유 및 선포하면서 시간의 흐름에 따라 점진적으로 변화/변모해온 동적인 공동체(dynamic community)'로서 규정된다. 이를 간단하게 말하면, '교회는 "예수 그리스도의 계시를 위탁받은 자(the bearer of the Revelation of Jesus Christ)"[227]로서의 동적인 제자 공동체'라고 말할 수 있겠다. 덜레스의 6번 모델이 강조하는 '제자들의 복음화'에는 제자들의 양적 성장과 복음화 과정 자체가 시공간상의 변화를 수반하기 때문에, 그 모델이 고려하는 공동체는 시간의 흐름에 따라 점진적으로 변화/변모해온 동적

224 Dulles, *Models of the Church*, 81~94; GS 3항 (DH 4303).

225 Dulles, *Models of the Church*, 195~217; LG 17항 (DH 4141).

226 따라서 본 장에서 제시할 새로운 모델은 덜레스의 1번(제도/기관), 3번(성사), 5번(종/섬김) 교회 모델들의 주요 특성들을 반영하는 데에는 어느 정도 한계가 있을 수밖에 없다.

227 교황 요한 바오로 2세, 회칙『신앙과 이성』(*Fides et Ratio*) (1998년 9월 14일), 6항.

인 공동체일 수밖에 없다. 따라서 본 장에서 제시하는 동적 교회 모델은 6번 모델의 동적 특성을 보다 강조한 것으로 볼 수 있다.

그런데, 이 때 "시간의 흐름에 따라 점진적으로 변화/변모해온 동적인 공동체"로서의 교회는 또한 '동일한 계시 내용을 공유하는 제자/신도들로 구성된 사회적 공동체'이기 때문에 – 앞서 말한 바와 같이 – 본성상 '사회 네트워크'일 수밖에 없다. 따라서, 우리가 고려하는 교회는 선포를 통해 시간에 따른 변화/변모를 수반하는 동적인 공동체이면서 동시에 사회 네트워크의 특성을 함께 고스란히 보여주는 것이다. 그래서 만일 우리가 동적인 공동체의 특성들과 사회 네트워크의 여러 특성들을 함께 잘 받아들인다면, 교회가 탄생된 이래 지금까지 어떤 방식으로 성장해 왔고 어떤 방식으로 계시를 선포/전달해 왔는지를 이해하는 데에 큰 도움이 될 것으로 기대할 수 있을 것이다.

1. '계시'를 위탁받은 자로서의 교회

앞에서 교회는 "예수 그리스도의 계시를 위탁받은 자로서의 동적인 제자 공동체"라고 규정되었다. 그렇다면 여기서 말하는 '계시'는 과연 무엇인가? 계시란 한마디로 '하느님 혹은 거룩한 무언가가 인간에게 스스로를 드러냄'을 의미한다. 창조된 자연 세계와 우리의 이성을 사용함으로써 우리에게 드러나는 것은 '자연 계시'라고 불린다. 반면, 그리스도교에서 성경(구약의 성조들과 예언자들, 신약의 예수와 사도들)과 전승을 통해 우리에게 드러나는 것은 '역사적 계시'라고 불린다. 이러한 계시는 인간의 능력과 하느님 혹은 거룩한 무언가에 의해 주어지는 은총에 의해 이해될 수 있다고 이해된다. 특히 그리스도교의 초자연적 계시는 역사적 행위 안에서 일어나고, 계시의 완성자이신 그리스도 안에서 그 절정에 달한다고 본다.[228]

이 계시에 관해 덜레스는 그의 저서 『계시의 모델들』(*Models of Revelation*)[229]을 통해 다섯 가지 계시 모델들을 제시하였다. 앞으로의 논의 전개를 위해 이 다섯 가지 모델을 다음과 같이 간단히 소개해 보고자 한다:

모델 I. 명제적 모델(The Propositional Model): 계시는 절대적 교의(doctrine) 혹은 연역적 명제(proposition)로서 주어진 것으로서 그 내용은 오류가 없으며 글자 그대로 받아들여지고 믿어져야 한다고 주장하는 모델이다. 개신교의 보수적 복음주의(Conservative Evangelicalism; 성경의 절대성, 무오류성을 주장한다)와 가톨릭 신스콜라주의(Catholic neo-Scholasticism; 성경과 성전을 '살아있는 교도권'의 가르침을 뒷받침하는 것으로서 사용할 것을 주장한다)가 대표적인 형태이다. 이들에 따르면 신앙은 곧 권위 있는 원천들에 포함된 계시된 진리들에 확고하게 동의하는 것이며 이는 맹목적인 것이 아니라 신뢰할 수 있는 외적인 표지들에 의지하는 합리적인 행위이다.[230]

모델 II. 역사적 모델(The Historical Model): 계시가 명제적인 말씀이라기 보다는 과거에 하느님 자신에 의해 일어난 일련의 역사적 사

---

228 DV 4항 (DH 4204); CCC 35, 50항.

229 Avery Dulles, S.J., *Models of Revelation*, Maryknoll: Orbis Books, 1992².

230 Dulles, *Models of Revelation*, 36~52 참조.

건들의 집합이라고 주장하는 모델이다. 이는 크게 구원 역사(salvation history) 모델과 보편 역사(universal history) 모델로 구분된다. 구원 역사 모델에 따르면, 성경적 계시는 하느님께서 스스로 선택하신 백성을 다룬 하느님 구원 사업의 이야기이다. 반면, 보편 역사 모델에 따르면, 계시란 인간의 역사에 하느님이 우주상호적인 연결을 통해 구원 사업을 일으키시는 행위로서 구원 역사라는 특별한 게토 안에 속하는 것이 아니며 일반 역사에서 분리되는 것도 아닌 것이다. 즉, 계시는 역사의 특별한 단편에서 찾아지는 것이 아니라 오히려 보편 역사에서 찾아지는 것이다.[231]

모델 III. 경험적 모델(The Experiential Model): 계시가 개별 신앙인과 내적으로 소통하는 하느님에 대한 즉각적인 내적 경험(inner experience)으로 구성된다고 주장하는 모델이다. 여기서 하느님은 창조된 표징들을 통한 매개의 도움을 최소화하는 방식으로 개인의 의식에 자신을 현현하는 것으로 간주된다. 종교적인 경험을 통해서 인간은 거룩함의 현존을 인식하는 것이 가능한데, 우리 안에서의 하느님 체험이 거룩함에 대한 새로운 인식을 가져다 준다면 그것은 계시라고 부를 수 있다는 것이다. 따라서 이 모델은 계시와 내적 경험을 단순하게 동일화시킨다.[232]

모델 IV. 변증법적 모델(The Dialectical Model): 이 모델에 따르면, 계시는 바로 하느님의 말씀이며, 하느님의 말씀은 곧 시간과 역사를 초월한 분이신 예수 그리스도를 의미한다. 하느님은 신비이고 감춰진 분이면서 동시에 계시된 분이다. 따라서 교회의 성경과 선포는 하느님의

231 Dulles, *Models of Revelation*, 53~67 참조.

232 Dulles, *Models of Revelation*, 68~83 참조.

계시의 증거를 갖고 있긴 하지만 그것들 자체가 계시는 아니다. 하지만 하느님의 말씀은 역설적이거나 변증법적인 방식을 통해 인간의 말과 동일시되었다. 그래서 계시에 대한 증언들, 즉 하느님의 가르침과 계명들에서 인간적인 개념적 오류들은 하느님의 계시 진리 안에 온전히 남아있다. 이 모델에서 계시는 곧 변증법적 현존(dialectical presence)을 의미하며 계시에 대한 적절한 응답은 바로 신앙이다.[233]

모델 V. 새로운 의식 모델(The New Awareness/Consciousness Model): 이 모델에 따르면, 계시는 역사 안에서 작업하시는 하느님께서 인간들이 더 높은 수준의 새로운 의식을 완성하도록 이끄시는 과정으로서 이해된다. 진행 중인 과정이기 때문에, 계시는 고정된 내용을 갖지 않는다. 계시는 궁극적인 실체를 상징적으로 드러내는 특별한 경험 안에서 일어난다. 계시는 전형적인 사건을 통해 계시 그 자체를 매개하는데, 회상함으로써 그 경험을 재조직하도록 상상력을 자극한다. 새로운 의식과 동일시되는 신앙은 하느님의 초월적 자기통교에 의해 이끌려진다는 점에서 계시로부터 발생된다. 그러나 신앙은 완전히 객관적인 자료에 대해서 파악하고 반응한다는 점에서 계시에 대한 응답은 아니다. 반대로 계시의 과정은 새로운 의식이 신앙으로 종결될 때 계시 그 자체가 완성된다. 이 모델은 모델 III처럼 경험을 강조하지만, 하느님을 종교적 경험의 대상(객체)으로서 보다는 지평으로 보는 점이 후자와 다르고, 계시를 세계로부터의 철회에서 찾지 않고, 세계에의 관여에서 찾는다. 따라서, 이 모델은 계시의 구성 요소로서의 세속적 역사적 맥락을 강하게

233 Dulles, *Models of Revelation*, 84~97 참조.

주장한다.[234]

이러한 다섯 가지 모델들을 통해 설명 가능한 계시는 "계시를 위탁받은 자"인 교회를 통해 그 각각의 특성이 보존되고 전달된다.[235]

> 사도들에게서 전해진 것 안에는 하느님 백성의 삶을 거룩하게 이끌고, 신앙을 키우는 데 기여하는 모든 것이 포함된다. 그리하여 교회는 자신의 가르침과 생활과 예배를 통하여 그 자신의 모든 것과 그리고 그 자신이 믿는 모든 것을 영속시키며 모든 세대의 사람들에게 전달한다.[236]

따라서 교회의 가장 중요한 특징 중의 하나는 바로 "계시를 위탁받은 자"라고 말할 수 있겠다.

---

234 Dulles, *Models of Revelation*, 98~114 참조.

235 Dulles, *Models of Revelation*, 211~227 참조. 덜레스의 자세한 분석에 따르면, "여러 입장들에 대한 고찰이 암시하듯이, 계시에 대한 교회의 관계와 관련하여 이견들이 남아있다. 교회는 새로운 계시를 받는가 아니면 까마득한 과거 안에서 주어진 계시를 전달만 하는가? 만약 후자라면 계시는 성경에만 온전하게 포함되어 있는가? 교회는 계시를 공식적인 가르침에 의해 아니면 집단적인 생활과 신앙 안에 육화시킴에 의해 전달하는가? 계시는 교회의 선포와 신앙 안에서 끊임없이 발생하는가? 신앙인 개인은 계시를 하느님으로부터 직접 받는가 아니면 교회의 사목활동을 통해 매개적으로만 받는가? 교회는 실패 없는 진리의 은총에 의해 복음 안에서 유지되는가 아니면 때때로 길을 잃고 예언적 항의에 의해, 성경 해석에 의해, 또는 역사적 탐구에 의해 다시 되돌려져야 하는가? 이와 같은 질문들에 대해서 아직 그리스도교 신학자들 간에 일반적인 공감대는 없다."(p.217) 하지만 그럼에도 불구하고 "교회는 계시의 사회적 성격을 보호하면서도, 성령의 은총에 의해 이끌려짐으로써, 신앙인 개인이 책임 있게 참여할 수 있는 여지를 만들어준다. 그것은 살아있고 객관적인 규범을 제공하고 동시에 모든 그리스도인에게는 직접적이고 인격적인 하느님과의 관계를 보장해준다."(p.227) 따라서 교회의 가장 중요한 특징이 바로 "계시를 위탁받은 자"로서의 역할을 한다는 점 자체에 대해서는 이견이 있을 수 없다.

236 DV 8항 (DH 4209).

2. 계시를 위탁받은 '공동체'로서의 교회

이제 본 장을 통해 필자가 제안하려는 교회 모델은 바로 '공동체 네트워크(community network)로서의 교회' 모델이다. 이 모델은 네트워크 사회학과 복잡계 물리학에서 주로 받아들여져 온 '사회 네트워크'라는 새로운 관점에서 교회의 여러 특성을 통합하려 시도한다. 이를 위해서는 '교회'와 '사회 네트워크' 각각에 대해 설명이 필요할 것이다. 그런데 교회는, 이미 살펴본 바와 같이, 계시를 위탁받은 자, 계시의 그릇이기 때문에 교회에 대한 이해는 필연적으로 계시에 대한 이해와 맞물려있다.

그래서 우선 "계시와 교회 사이에 어떤 관계가 있는가?"라는 근본적인 질문을 던져 보고자 한다. 우리는 흔히 한 개인이 기도나 신비 체험을 통해 받은 신앙적 내용을 '사적 계시'라고 부르고, 반면 예수 그리스도 안에서 단 한 번 모두를 위해 일어난 계시로서 교회가 공의회와 교도권을 통해 확립한 신앙적 내용을 '공적 계시'라고 부르곤 한다. 하지만 본 장에서는 한 개인이 받아들이는 신앙적 내용은 계시로서 고려하지 않도록 하겠다. 왜냐하면 한 개인(수용자; receiver)이 아무리 중요한 신앙적 내용을 하느님(수여자; giver)으로부터 초자연적으로 받는다 하더라도 그것이 계시로서의 역할을 하기 위해서는 그 내용을 수용해서 그 수용자의 정당성을 변호해줄 수 있는 소위 추종자들(followers)이 반드시 곁에 있어야만 하기 때문이고, 따라서 한 계시 내용의 수용은 필연적으로 집단적인(collective) 특성을 지니기 때문이다. 예를 들어, 아빌라의 데레사나 십자가의 성 요한과 같은 위대한 신비가들이 아무리 놀라운 무언가를 수여자로부터 받았다고 하더라도 – 덜레스의 모델 III. 경험적 모델에 따르면 이러한 경험 역시 계시에 포함된다 – 그것을 수용하고 추종한 주위의 가르멜 수도자들이 없었다면 그 내용은 계시로서의 역할을 제대로 못한 채 그저 한 개인에게만 중요한 개인적 신비 체험으로 남은 채 역사 속으로 사라졌을 것이다. 우리가 계시를 위탁받은 자가 한 개인이 아니라 교회라고 이미 표현한 이유는 이러한 계시의 집단적 특성 때문인 것이다.

따라서 본 장에서는 '계시'를 한 개인이 받는 것이 아니라 수용자와 그의 추종자들로 구성된 한 특정 집단, 즉 '특정한 "제자들의 공동체"가 받아들이고 공유하며 의미를 부여하는 것'으로 이해할 것이다. 이렇게 되면 계시는 수용자 한 개인의 경험이나 깨달음이 아니라 시공간적 흐름에 따른 특정 "제자들의 공동체" 내의 '집단적 공유' 및 '공동체적 합의 혹은 유산'으로 해석되어지게 된다. 따라서 계시는 수용자 한 개인의 언어와 경험을 통해서가 아니라 그를 둘러싼 한 특정 제자 공동체 내의 공통된 언어와 경험이라는 "상징적 매개"(symbolic mediation)[237]를 통해 외부로 전달되어지는 것이 된다. 그리고 이렇게 외부로 전달되어지는 계시 내용이 외부로부터도 보편적으로 받아들여져서 집단적 공유 및 합의가 확립되어질 때에야 비로소 우리는 그 계시를 '공동체적 계시'라고 부를 수 있게 되는 것이다. 그리고 이러한 '공동체적 계시'가 예수 그리스도 안에서 단 한 번 모두를 위해 일어난 계시인 '공적 계시'와 동일하다는 점이 명확히 확인된 이후 이를 보편적으로 받아들인 "제자들

237 Dulles, *Models of Revelation*, 131~154 참조.

의 공동체"를 우리는 '교회'라고 부를 수 있게 된다.[238]

> 공적 계시는 신앙을 요구하며, 사실 하느님께서는 공적 계시 안에서 인간의 언어와 활기찬 '교회 공동체의 중개'를 통하여 우리에게 말씀하신다. 하느님과 그분의 말씀에 대한 신앙은 다른 어떤 인간적인 믿음이나 신뢰나 소신과는 다르다. 말씀하시는 분이 바로 하느님이시라는 확신은 내가 진리 자체와 접하고 있음을 보장해 준다. 이것은 인간적인 이해 방식을 통한 입증을 초월하는 확신을 주며, 나는 이러한 확신 위에 생을 설계하고 죽을 때에도 나 자신을 맡기게 된다.[239]

이렇듯이 계시 수용에 있어서의 '공동체'의 중요성은 이미 덜레스에 의해 강조된 바 있다:

> 개인의 다양한 배경과 기질 그리고 신앙 공동체에 의한 판단에 의하여 확인된 이와 같은 경험을 통해 종교적 발견이 일상의 실제적인 일들에 대한 증거로 간주되는 것 보다 열등한 것이 아님을 보여줄 수 있다. 계시를 받아들이는 것은 공동체 구성원 모두가 서로 고찰한 바를 나누고 비판을 수용하여 오류를 찾고 발견할 수 있는 살아 있는 신앙 공동체 안에서 성취되고 명백하게 된다.[240]

따라서, 이제 본 장에서는 계시를 위탁받은 '공동체'로서의 교회야말로 '계시' 및 그 계시를 받아들인 집단인 '교회'의 본질을 설명하기 위한 중요한 전제가 된다는 점을 강조하고자 한다. 바로 이러한 '공동체

238 만일 '공동체적 계시'가 '공적 계시'와 동일하지 않다면, 그 오류가 있는 '공동체적 계시'를 받아들인 제자들의 공동체를 교회라고 부를 수는 없을 것이다.

239 요제프 라칭거, 「공적 계시와 사적 계시에 대하여」, 『사목』 266(2001, 3), 121.

240 Dulles, *Models of Revelation*, 259.

에 위탁된 계시'를 교회가 담고 있는 내용으로서 받아들인 상태에서 이제 "계시를 위탁받은 자" 개념에 '사회 네트워크'라는 개념을 결합해보도록 하자.

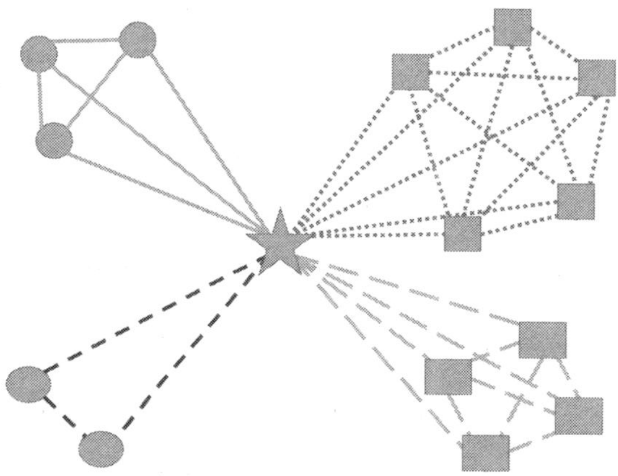

[그림 12-1] 여러 공동체들(그림에서 여러 모양의 노드에 해당한다)로 구성된 가상적 공동체 네트워크.

3. '공동체 네트워크'로서의 교회

[그림 12-1]은 아주 간단한 가상적 공동체 네트워크를 그린 것이다. 여기서 한가운데의 별 모양 노드를 우리가 2000년전 예수께서 친히 뽑으신 사도들로 구성된 예루살렘 공동체라고 가정해보자. 이 예루살렘 공동체 안에서 "중개자이시며 동시에 모든 계시의 충만이신"[241] 예수 그리스도 본인으로부터 '원천적인 계시'가 주어진다. 사도들은 예수 부활과 승천, 성령 강림 사건을 겪으면서 서로 대화하고 고민하고 또 예수 사건을 회상하는 과정을 통해 하나의 공통된 계시 내용을 공동체

241 DV 2항 (DH 4202).

차원에서 확립한다.

> 사도들은 그리스도의 말씀과 행적 그리고 그분과 함께한 공동생활에서 받은 것과 성령의 조언에 힘입어 배운 것을 설교와 모범과 제도로써 전달해 주었다. 또한 사도들과 그 직제자들은 성령의 감도로 구원의 소식을 기록하였다.[242]

그 후 그들은 박해를 피해 각자 흩어져서 아시아와 유럽 등의 각 지역에서 여러 신앙 공동체를 만들어가게 된다. [그림 12-1]의 별 모양 노드 주위의 다양한 모양의 노드들이 바로 "사도들과 그 직제자들"에 의해 새로이 만들어진 공동체들에 해당한다. 그 각각의 신앙 공동체는 일정 시간이 흐른 후 또 다시 주변에 새로운 다른 공동체들을 점차 만들어 나가게 되고, 주변 공동체들과 서로 연락을 주고 받으면서 그들이 제자들로부터 받아들인 신앙의 내용(즉 계시 내용)에 관해 의견을 나누고 심지어 서로 비판, 대립하기도 하면서 그들의 계시 내용을 서로 공유하고 정립해나간다. 이 과정에서 각각의 '제자들의 공동체'는 시공간적 흐름 안에서 그들이 받아들인 계시를 그들이 가장 잘 이해할 수 있는 언어, 사물 등의 '상징적 매개'를 통해 이해하고 해석하게 되며 이 해석된 계시를 또 다른 새로운 공동체로 전달해주게 된다.

이런 식으로 계시는 특정한 시점, 특정한 장소([그림 12-1]에서 별 모양 노드)에서 한 공동체 내부의 공통적 경험(덜레스의 계시 모델 III에 해당하는 계시) 혹은 새로운 의식(덜레스의 계시 모델 V에 해당하는 계시)이라는 방식을 통해 처음 생겨난 이후 시간이 지나면서 점차 주변으로 퍼

242 DV 7항 (DH 4207).

져 나가게 되고 각 시공간에서 그 계시를 공유하는 공동체([그림 12-1]에서 별 모양 주위의 다양한 모양의 노드로 표시)를 만들어 나가면서 점차 계시를 공유하는 공동체의 수가 증가하게 된다. 이로써 계시는 시공간적 흐름에 따른 역사를 통해 – 그것을 보편 역사라고 부르든 구원 역사라고 부르든 간에 – 전달되어 나간다(덜레스의 계시 모델 II에 해당한다). 이렇듯이 계시 내용이 다른 여러 공동체들로 확산되어 가는 와중에 어떤 특정 제자 공동체에서는 원래의 계시 내용을 좀 더 보충해 줄 수 있는 새로운 경험(덜레스의 계시 모델 III에 해당하는 계시) 내지는 새로운 깨달음(덜레스의 계시 모델 V에 해당하는 계시)이 생겨나서 그 공동체 안팎에서 공유되어질 수도 있다. 이렇게 해서 예수의 '원천적인 계시'는 '더하지도 빼지도 못하는' 것으로서 시공간을 뛰어넘어 지속되지만, 한편으로는 계속적인 신학적 보완 및 세련화가 가능해지게 된다.

하지만 지역적으로 멀리 떨어진 공동체들 간에는 그러한 계시 내용 공유를 위한 소통이 쉽지 않기 때문에 계시 내용 공유 및 정립의 과정은 현실적으로 가까운 지역들 간에 국소적으로 이루어지게 된다. [그림 12-1]의 실선 링크(별 모양 노드로부터 북서쪽 방향)를 서방 교회 공동체들 간의 계시 내용 공유, 점선 링크(별 모양 노드로부터 북동쪽 방향)를 동방 교회 공동체들 간의 공유라고 생각하면 서방 교회와 동방 교회 간에는 정작 지리적, 언어적, 문화적 차이로 인해 서로 계시 내용의 공유 및 정립을 위한 소통이 제대로 이루어지지 않음을 알 수 있다. 따라서 그들은 서로 동일한 계시 내용을 공유하고 있음에도 다른 언어, 다른 문화에서 오는 상징적 매개로 인해 해석상의 오해를 경험할 수 있게 된다.

그리고, 더 심각한 경우에는 전달되는 계시 내용이 상징적 매개를 통해 점차적으로 퍼져 나가는 과정 안에서 재해석을 거듭하다가 결국 몇몇 국소화된 공동체들 안에서 그 계시 내용이 잘못 이해되어 계시 해석의 변질 혹은 '돌연변이화'되는(mutated) 일이 발생될 수도 있다. [그림 12-1]에서 파선 링크들로 구성된 클러스터(별 모양 노드로부터 남서쪽 방향)를 아리우스파, 긴 파선 링크들로 구성된 클러스터(별 모양 노드로부터 남동쪽 방향)를 네스토리우스파라고 하자. 이들은 계시 내용의 일부를 자신들의 언어로 해석함에 있어서 다른 공동체와 큰 차이를 보이면서 자기들 고유의 세력을 형성하며 "분리-독립"(division and independence)하려는 경향을 띠게 된다.[243] 다른 공동체들(서방 교회와 동방 교회)는 이 '돌연변이화 및 분리-독립' 문제에 대해 심각하게 여기게 되고 계시의 순수성을 유지하면서 자신들의 신앙적 정통성을 지켜내기 위해 이러한 차이를 보이는 집단들을 자신들로부터 소위 '가지치기'(pruning)해 나가게 된다.[244] 이들을 "가지치기"하기 위해서는 자신들의 계시 내용을 '교의화'(dogmatization)해서 그 확립된 교의와 차이를 보이는 공동체를 이단으로 규정지어야 할 필요가 생기게 된다. 이를 제

243 사회 네트워크 내에서의 분리-독립 메커니즘에 대해서는 다음 논문을 참고할 것: D.-H. Kim, G.J. Rodgers, B. Kahng, and D. Kim, "Modelling hierarchical and modular complex networks: division and independence", *Physica A* 351(2005), 671~679.

244 가장 최근의 "가지치기"의 예로는 프랑스의 대주교 마르셀 르페브르(Marcel Lefebvre)가 제2차 바티칸 공의회의 결정에 반발하여 '성 비오 10세회'(Fraternitas Sacerdotalis Sancti Pii X)를 설립한 후 1988년 교황의 승인 없이 네 명의 주교 서품을 강행한 것에 대해 교황 요한 바오로 2세가 창설자인 르페브르 대주교 및 서품된 주교들에 대해 파문 결정을 내린 것을 들 수 있다(DH 4820~4823). 서품된 네 명의 주교들은 2009년 교황 베네딕도 16세에 의해 파문 제재가 사면되었지만 창설자인 르페브르 대주교의 파문은 현재도 유효한 상태이다.

대로 하기 위해서는 해당 공동체가 '사도 전승'(성전; Tradition)을 얼마나 잘 수용했는가 하는 점이 대단히 중요하다. "사도들과 그 직제자들" 및 그들의 제자들 등 "사도들의 후계자들"이 예수 그리스도로부터 받은 원천적인 계시를 어떻게 받아들이고 어떻게 해석해왔는지를 정확히 알 때에야 비로소 자신들의 계시 내용을 '교의화'할 분명한 근거와 명분이 생기기 때문이다.[245] 따라서, '사도 전승'의 명확한 분석이 선행된 이후, '성경의 정경화 작업'[246] 및 여러 공의회 등을 통한 일련의 '교의화 과정'을 통해 정통적 공동체들의 계시 내용이 교의로 확립되어지고, 의심없이 믿고 받아들여야 할 것으로 공동체 구성원들에게 주어진다(덜레스의 계시 모델 I에 해당). 이러한 방식으로 시공간적 확장을 통해 수많은 공동체에 퍼져나가면서 동시에 교의화 및 가지치기 과정을 겪게 되는 – 현재까지도 진행 중에 있는 – 이러한 동적인 계시 내용은 머나먼 미래

245 사도들은 교회 안에 복음이 영구히 온전하게 또 생생하게 보존되도록 주교들을 후계자로 세워 자기 교도직의 자리를 넘겨주었다. 그러므로 영감 받은 책들 안에 특별한 방식으로 표현되어 있는 사도적 설교는 세상 종말까지 지속적인 계승으로 보전되어야 했다. 성령 안에서 이루어지는 이러한 생생한 전달은 성경과 긴밀하게 연결되어 있으면서도 성경과는 구별되는 것으로서, '성전'(Tradition)이라고 부른다. 이 성전을 통해서, 교회는 그 교리와 생활과 예배를 통하여 자신의 모든 것과 자신이 믿는 모든 것을 영속시키며 모든 세대의 사람들에게 전달한다. [……] 성경은 성령의 감도로 기록되었으므로 하느님의 말씀이다. 곧 주 그리스도와 성령께서 사도들에게 맡기신 하느님의 말씀은 성전으로 후계자들에게 온전히 전달되는데, 후계자들은 진리의 성령에게서 빛을 받아 자신의 설교로 그 말씀을 충실히 보존하고 해설하며 널리 전파할 수 있게 되는 것이다. (CCC 77~78, 81항)

246 교회는 사도전승에 따라서 어떤 문서들이 성경 목록에 포함되어야 할지를 판단하였다. 이렇게 결집된 목록을 성경의 '정경'(正經)이라고 부른다. (CCC 120항) 서방 교회의 경우는 397년의 카르타고 공의회를 통해 신약 성경 27권이(DH 186), 419년의 카르타고 공의회를 통해 구약 성경 46권이 정경으로 확정되었으며, 1442년 피렌체 공의회를 거쳐(DH 1334~1335), 1546년 트리엔트 공의회에서 정경 목록이 최종적으로 확인되었다(DH 1501~1504).

에 있게 될 종말론적 완성, 수렴을 향해 변증법적으로 나아가게 되며 종말에 가서는 계시 그 자체인 예수 그리스도를 증언하게 될 것으로 믿어진다(덜레스의 계시 모델 IV에 해당).

이렇듯이 공동체 네트워크 모델은 신앙 공동체가 맨 처음 하나에서 출발해서 시공간적 흐름에 따라 계속 생겨나가고 또 돌연변이화로 인해 갈라져 나가는 '동적 교회론'(dynamic ecclesiology) 혹은 '교회 공동체의 동적 진화 과정'(dynamic evolutionary process)에 기반을 둔 모델이다. 현대의 진화 생물학에 따르면, 진화(evolution)는 많은 개체수(population), (돌연)변이(mutation) 및 (자연) 선택((natural) selection)이라는 세 가지 요소로 이루어진 일종의 동력학(dynamics)으로 정의된다.[247] 교회는, 우선 '많은 구성원들'이 함께 모여서 이루어진 공동체이고(population), '돌연변이화 과정'을 통해 갈라져 나가는 현상이 발생하며(mutation), 돌연변이화된 공동체들이 (서방 및 동방 교회의 경우처럼) 특정 사회집단의 다수 신도들에 의해 '선택'되어 정통성을 인정받고 크게 성장하거나 혹은 (네스토리우스파나 아리우스파처럼) 더 이상 성장하지 못하고 심지어 도태되는 일이 발생(selection)하므로, 생물학적 진화 동력학의 기본 과정과 유사한 방식으로 성장/도태하는 '동적 유기체'로 볼 수 있다. 특히, 이 동적 유기체로서의 교회 공동체의 진화 과정에 '계시 내용' 역시 함께 따라가기 때문에 계시의 모델은 곧 교회 공동체의 진화 과정에 직접적으로 의존한다. 그리고, 위의 설명에 따르면, 공

247 Martin A. Nowak, *Evolutionary Dynamics*, Cambridge: The Belknap Press of Harvard University Press, 2006, 9~26 참조; Stephen Jay Gould, *Full House: The Spread of Excellence from Plato to Darwin*, Cambridge: The Belknap Press of Harvard University Press, 2011 참조.

동체 네트워크 모델은 계시의 큰 특징인 상징적 매개와 함께 덜레스가 소개한 다섯 가지 계시 모델 모두의 주요 특성들을 잘 반영하고 있음을 보여주고 있다.

이제 덜레스가 제시한 다섯 가지 계시 모델들과의 비교를 위해, 공동체 네트워크 모델에서 보여지는 계시 모델이 가진 중요한 특징을 강조하고자 한다. 교회라는 그릇에 담겨있는 내용인 계시는 바로 '하느님께서 인간에게 스스로를 드러내심'을 의미한다. 따라서 이러한 '하느님의 자기현현'은 그 계시를 받는 사람 혹은 공동체에게 영향을 끼치게 되어있고 그 영향은 '가지적인 현상'으로 드러나게 되어있다. 결국 계시는 현상론적 접근을 통해 설명 가능한 것이다. 그리스도교의 역사를 살펴볼 때, 수여자인 하느님으로부터 주어지는 올바른 계시는 수용자와 추종자들 전체를 아우르는 변화를 몰고 오며 성령의 열매인 "사랑, 기쁨, 평화, 인내, 친절, 착함, 신용, 온유, 절제"(갈라 5,22-23)등의 현상적 결과들을 낳게 마련이다. 그런데 덜레스의 계시 모델 IV에서와 같이 "계시는 하느님의 말씀, 곧 예수 그리스도이다"라는 식의 설명은 가지적인 현상으로 설명될 수 있는 것이 아니라 그리스도론과 종말론 및 철학 등이 결합된 하나의 신앙인 것이다. 그리고 덜레스의 나머지 네 모델들은 계시 현상의 특정한 면 하나에 주된 초점을 맞춘 것으로 볼 수 있다: 모델 I은 계시 내용의 교의화, 모델 II는 계시 내용의 시공간적 흐름을 통한 역사성, 모델 III은 계시의 첫 출발 및 보완에서의 경험, 모델 V는 계시 내용에 대한 새로운 의식에 초점을 맞추고 있다. 하지만, 공동체 네트워크 모델에 따르면 계시 내용의 교의화나 역사성, 경험, 새로운 의식의 개입 등의 특성은 – 앞서 살펴본 바와 같이 – 계시 내용이 시공간적으로 확장되어 가는 동적 진화 과정 중에 겪는 다양한 현상적 측면들 중의 한 면들인 것이다. 그런 의미에서 공동체 네트워크 모델은 덜레스의 다섯 가지 계시 모델들과 비교할 때 현상론적 관점과 통합성이라는 측면에서는 더 큰 강점을 보여주고 있다. 따라서 공동체 네트워크 모델은 교회의 내용인 계시의 현상론을 충분히 잘 설명해 주고 있는 좋은 '동적 교회론'이라고 말할 수 있겠다.

4. '공동체 네트워크'로서의 교회와 성경

앞에서 우리는 교회와 계시를 위탁받은 공동체와 위탁된 내용으로 바라봄으로써 계시론의 여러 모델들이 새로운 동적 교회론 모델을 통해 해석될 수 있음을 확인하였다. 이제는 공동체 네트워크 모델이 설명하는 교회와 '계시의 기록인 성경' 간의 관계를 살펴보고자 한다. 이를 위해서는 우선 성경에 관한 덜레스의 다섯 가지 계시 모델들 각각의 관점을 살펴보는 것이 필요하다. 성경은 그리스도교에서 계시의 기록으로서 받아들여지고 있다. 특히 덜레스의 다섯 가지 모델들은 각각 성경을 주요한 원천 혹은 그리스도교 계시의 접근 방법으로 보여주지만 성경과 계시의 관계에 대해서는 커다란 차이를 보이고 있음을 덜레스는 명확히 보여주고 있다[248]: 명제적 진술과 계시를 동등하게 보는 교의적 모델(모델 I)은 성경을 교의의 원천으로 보며 성경의 가르침이 명백하게 신적이며 내재적이라는 것을 강조함으로써 성경의 무류성을 정당화

248 Dulles, *Models of Revelation*, 193~210 참조.

한다. 반면, 역사적 모델(모델 II)에서의 성경은 모든 세부적인 것에서가 아니라 성스러운 역사 이야기 안에서만 오류가 없는 믿을 수 있는 것으로 간주된다. 경험적 모델(모델 III)을 받아들이는 이들은 성경을 계시로서 거의 받아들이지 않으며 성경이 계시된 교의의 보고라는 것을 강하게 부인한다. 변증법적 모델(모델 IV)은 계시가 성경에 증언된 대로 하느님의 말씀을 만남으로써 발생한다는 점을 받아들이면서, 동시에 성경이 신탁의 책이라기보다 오히려 계시의 증인이라는 측면도 역시 강조한다. 새로운 의식 모델(모델 V)에서 계시는 성경적, 그리고 다른 패러다임들에 의해 조명된 현재의 경험 안에서 발생하는 것이며, 계속 발전하는 과정으로써 성경에 대한 새로운 의미들을 계속적으로 만들어내는 것으로 이해된다. 따라서 새로운 의식 모델은 경험을 단순히 실증적 감각 대상이 아닌 해석의 요소들을 포함하는 원천으로서 간주한다.

그렇다면 새로운 모델인 공동체 네트워크 모델에서는 성경을 어떻게 이해할 것인가? 성경은 한 공동체에서 시작된 계시가 다른 공동체에까지 보편적으로, 해석상의 심각한 오류 없이 퍼져나가면서 공동체들 서로 간에 소통과 비판, 첨가와 삭제의 여러 과정들을 통해 수집, 편집된 '계시 내용의 기록물들의 집합체'이다. 여기서 성경을 '기록물들의 집합체'라고 복수형으로 말하는 것이 중요한데, 이는 성경이라는 기록물이 하나이고 일관된 계시 기록이 아니라 계시 내용을 공유하고 있는 각 공동체의 이해, 해석, 문화, 관점에 따라 전승 수용, 표현 방식과 내용 전개에 있어 조금씩 차이가 있음을 이미 전제로 하는 것이다. 예를 들어, 학자들에 의해 자주 언급되듯이, 요한 사도를 중심으로 한 요한 공동체의 예수 부활 사건에 대한 이해/전승과 마태오 사도를 중심으로

한 마태오 공동체의 예수 부활 사건에 대한 이해/전승은 – 비록 예수 부활이라는 단일한 사건을 다루고 있지만 – 각 공동체의 문화와 구약 해석에 대한 배경 등에 따라 서로 다를 수 있는 것이다.[249] 성경은 유일무이한 예수 사건에 대해 이렇듯이 서로 다른 이해와 관점을 기술한 네 권의 책을 포함하고 있고, 이는 곧 하나의 계시 내용에 관한 여러 '공동체적 관점과 해석'을 최대한 '포용'하려는 시도를 드러내 보여주고 있는 것이다.[250] 따라서, 공동체 네트워크 모델에서는 성경이 덜레스의 계시 모델 I처럼 반드시 명제적이며 무오류적이라고 주장할 근거가 없게 되고 역사적인 흐름에 따른 새로운 계시 해석의 여지를 포함할 수 있게 된다. 아울러 '정경 목록의 확립'이라는 측면에 있어서도 공동체 네트워크 모델은 특정 시대에 특정 인물 및 특정 신학의 관점과 배경 하에서 정경 목록이 확립된 것으로 이해하기 때문에[251] 정경 목록이 추후에 교회 교도권의 결단에 따라 재확립될 여지가 전혀 없지는 않을 수 있다는 입장이다.[252] 그렇다고 해서 덜레스의 계시 모델 III처럼 성경을 계시로

249 발터 카스퍼, 『예수 그리스도』, 박상래 역, 왜관: 분도출판사, 1977, 198~209; R.E. 브라운, 『부활하신 그리스도: 부활시기의 4복음 부활사화에 관한 소고』, 이재수 역, 서울: 성바오로, 1996; 조셉 A. 피즈마이어, 『그리스도란 어떤 분이신가?: 신약성서에 나타난 그리스도에 관한 문답서』, 이봉우 역, 왜관: 분도출판사, 1997, 108~114; 요제프 라칭거, 『나자렛 예수 2』, 이진수 역, 서울: 바오로딸, 2012, 311~338.

250 루돌프 슈낙켄부르크, 『복음서의 예수 그리스도』, 김병학 역, 왜관: 분도출판사, 2009, 475~513; 로핑크, 『예수 마음 코칭』, 43~45.

251 단적으로 서방 교회의 경우, 419년 카르타고 공의회의 구약 정경 목록 확정 이전에 구약의 제 2경전(Deuterocanonicals)을 정경 목록에 포함시킬 것인가에 관해 히에로니무스와 아우구스티노 둘 사이에 큰 이견이 있었으며, 히에로니무스의 선종 이후에야 제 2경전이 정경 목록에 포함되었다는 점은 역사적으로 잘 알려져 있다.

252 바로 이러한 관점을 따르게 된다면, 서방 교회(가톨릭과 개신교)와 동방의 여러 정교회들 및 단성론에 기반을 둔 기타 개별 교회들(콥트 교회, 아르메니아 사도

서 거의 받아들이지 않거나 성경이 계시된 교의의 보고라는 것을 강하게 부인하는 것은 아니다. 오히려 성경을 각 공동체의 특성에 맞게 '계시 내용을 포함한 기록'으로 받아들이기 때문에 – 계시 내용을 기술한 공동체가 가지치기를 당할 만큼 심각한 오류를 갖고 있지 않는 한 – 그 고유의 가치를 인정하고 받아들인다. 따라서, 계시가 성경에 증언된 대로 하느님의 말씀을 만남으로써 발생한다는 덜레스의 계시 모델 IV의 관점은 개별 성경들의 기술적 차이에도 불구하고 여전히 유지된다. 더 나아가서, 성경에 관한 공동체 네트워크 모델의 관점은 덜레스의 계시 모델 II의 역사성과 모델 V의 발전 과정 안에서의 새로운 의미 해석이라는 측면을 자연스럽게 포괄하고 있다. 이는 성경에 대한 적절한 역사 비평적 조사 방법을 긍정한 교황 비오 12세의 회칙 『성령의 영감』(*Divino afflante Spiritu*)[253] 이후의 가톨릭 교회에서 수용되어온 성경에 관한 현대적 관점과도 잘 부합함을 알 수 있다.

교회 등) 간에 현재까지 존재하는 정경 목록의 차이는 미래의 어느 시점에는 상호 포용적 합의에 도달할 가능성이 있게 될 것이다.

253 교황 비오 12세, 회칙 『성령의 영감』(*Divino afflante Spiritu*) (1943년 9월 30일) (DH 3825~3831).

5. 12장의 결론

이사야서에는 다음과 같은 구절이 있다:

> "비와 눈은 하늘에서 내려와 그리로 돌아가지 않고, 오히려 땅을 적시어 기름지게 하고 싹이 돋아나게 하여, 씨 뿌리는 사람에게 씨앗을 주고, 먹는 이에게 양식을 준다. 이처럼 내 입에서 나가는 나의 말도 나에게 헛되이 돌아오지 않고, 반드시 내가 뜻하는 바를 이루며, 내가 내린 사명을 완수하고야 만다." (이사 55,10-11)

여기서 "내 입에서 나가는 나의 말"은 하느님께서 우리에게 주시는 계시를 의미한다. 이 신적 계시가 헛되이 돌아가지 않고, 반드시 뜻하는 바를 이루며, 사명을 완수하기 위해서는 "계시를 위탁받은 자"인 교회가 과연 어떤 특징을 가지고 어떤 역할을 수행해야 할 것인가 하는 질문이 자연스럽게 올라오게 된다. 그런데, "모든 계시의 충만"이신 예수 그리스도의 제자들의 공동체인 교회는 "계시를 위탁받은 자"라는 그 본질에 있어서는 영속적이지만 분명히 "그 형태는 변한다."[254] 이 단순하면서도 근본적인 교회의 속성을 새로운 교회 모델을 통해 일정 부분 설명하는 것이 바로 본 장의 목적이었다.

따라서, 본 장에서는 '제자들의 공동체로서의 교회'라는 교회 모델에 '복잡계 네트워크'라는 관점과 '교회 공동체의 동적 진화 과정'을 포함시킨 새로운 교회론 모델인 '공동체 네트워크' 모델을 우선 제시하고, 그 모델을 통해 기술되는 교회 안에서 계시가 어떤 특성을 가지며 선

254 한스 큉, 『교회란 무엇인가』, 이홍근 역, 왜관: 분도출판사, 1978, 16~17 참조.

포/전달되는지를 자세히 살펴보았다. 이 공동체 네트워크 모델은 교회가 "계시를 위탁받은 자"이고, 교회에 담겨져 있는 계시가 '공동체성'을 띠고 있으며, 그 교회가 제자들로 구성되어있으며 시공간적 진화 과정을 통해 복음화가 이루어지는 일종의 사회 네트워크라는 점을 받아들이는 것에서 출발한다. 그래서 이 공동체 네트워크 모델은 교회를 '공동체적 계시를 위탁받은 자로서, 시공간적 흐름에 따라 동적으로 변화/변모하는 사회 네트워크인 제자들의 공동체'라고 한마디로 정의될 수 있다. 따라서 이 공동체 네트워크로서의 교회는 공동체성과 계시의 선포, 그리고 동적인 복음화라는 측면이 특별히 강조된 새로운 교회론 모델이라고 말할 수 있겠다.

이 모델에 따르면, 계시를 위탁받은 자로서의 교회 공동체가 선포/전달하는 계시는 선포/전달하는 과정 안에서 특정 제자 공동체 내의 공통된 언어와 경험이라는 상징적 매개가 중요하게 활용된다. 이 상징적 매개와 사회 네트워크 및 교회 공동체의 동적 진화 과정이라는 관점을 통해 필자는 덜레스가 정립한 다섯 가지 계시 모델들의 여러 주요한 특징들을 공동체 네트워크 모델이 잘 설명할 수 있다는 점을 확인할 수 있었다. 특히, 공동체 네트워크 모델은 덜레스의 다섯 가지 계시 모델들과 비교할 때 현상론적 관점과 통합성이라는 측면에서는 더 큰 강점을 보여주었다. 더 나아가서, 이 모델은 계시의 기록인 성경에 관해서는 덜레스의 세 가지 모델, 즉 역사적 모델(모델 II), 변증법적 모델(모델 IV) 및 새로운 의식 모델(모델 V)이 강조하는 성경의 특성들을 명확하게 보여줌을 확인하였다.

따라서 "계시를 위탁받은 자"라는 기존의 교회론에 '동적 진화 과정이 포함된 사회 네트워크'라는 관점이 결합됨으로 해서 교회론 뿐만 아니라 계시론에 있어서도 새롭고도 통합적인 비전을 제시하는 것이 가능함을 본 장은 보여주었다. 아울러, 본 장에서 제시한 공동체 네트워크로서의 교회 모델은 덜레스가 그의 저서들인 『교회의 모델들』과 『계시의 모델들』에서 이전에 각각 제시한 교회론과 계시론 모델들을 '하나의 새로운 모델로 통합'하는 데에 성공했다는 면에서 그 의의를 가진다고 말할 수 있겠다. 따라서 본 장이 제시한 새로운 모델이 하느님으로부터 주어진 계시의 사명 완수("반드시 내가 뜻하는 바를 이루며, 내가 내린 사명을 완수하고야 만다")를 위해 존재하는 "계시를 위탁받은 자"로서의 교회의 속성을 잘 반영한 유용한 모델로서 받아들여지기를 희망해 본다.

제13장

교회 내 통치 구조의 네트워크적 분석

앞선 12장에서 이미 자세히 살펴본 바와 같이, 교회는 사회 네트워크의 일종인 공동체 네트워크의 관점으로 잘 설명될 수 있었다. 우리가 사회 네트워크로서의 교회의 본성을 놓친 채 교회에 관한 교의적인 의미(교회론)나 역사적인 변화 과정(교회사)만 고려하게 된다면 그것은 분명히 교회의 중요한 본성을 놓치는 위험이 있다는 점을 필자는 본 장을 통해 분명히 강조하고자 한다. 그래서 본 장에서는 12장에서 필자가 제시한 관점의 연장선상에서 '교회 내 통치 구조'(governance structure)라는 중요한 주제를 앞선 11장에서 소개한 네트워크 과학의 여러 개념들을 활용하여 분석해 보려 시도할 것이다. 필자가 가톨릭 교회에 속한 수도자 신부인 관계로, 본 장에서는 가톨릭 교회 내의 교구 및 수도회의 통치 구조에 초점을 맞추어 보고자 한다.

1. 네트워크의 연결 구조와 가중치를 통한 네트워크 전체의 특성 분석

앞서 살펴본 바와 같이 가톨릭 교회는 분명히 사회 네트워크이다. 따라서 사회 네트워크를 분석하는 여러 물리학적, 사회과학적 방식을 잘 활용함으로써 가톨릭 교회의 교회 구조, 특히 각 교구와 각 수도회의 통치 구조를 이해하고 가장 최적의 통치 구조를 찾아내는 것이 일정 부분 가능할 것으로 보인다. 이 목표를 위해 우리가 우선적으로 해야 할 일은 바로 우리가 분석하려는 네트워크의 노드와 링크가 무엇인지를 정확히 정의하는 것이다.

지금 우리의 관심사는 '교구 및 수도회 내 통치 구조'이기 때문에, 통치 구조의 핵심인 교구장/장상을 중심으로 다른 사제/수도자들이 얼마나 긴밀히 연결되어 있는가를 전체적으로 살펴보는 것이 대단히 중요하게 된다. 따라서 본 장에서는 교회 네트워크의 각 노드와 링크를 다음과 같이 정의하고자 한다:

노드: 사제/수도자 개개인.

링크: 사제/수도자 개개인 간의 친밀도를 가중치 값으로 가지는 연결. 여기서 각 링크가 가지는 가중치 값은 0에서 1 사이의 값을 가지며, 0은 두 사제/수도자 사이에 전혀 친밀도가 없는 경우(즉, 서로 모르는 경우로서 사실상 링크가 연결되어 있지 않는 것과 동일한 경우), 1은 해당 네트워크 안에서 가장 친한 관계를 나타내는 경우로서 정의한다.

그리고, 가중치 값은 구체적으로 사제/수도자 개개인의 설문 조사를 통해 0과 1 사이의 값을 물어볼 수도 있고 (다음과 같이 예로 제시된) 설문조사의 문항들 각각을 0.1점으로 환산해서 합산해 낼 수도 있다. (Yes/No로 응답 후 Yes의 경우는 0.1점, No의 경우는 0점으로 환산한다.)

1. 이 사제/수도자의 고향/출신 본당을 정확히 아는가?
2. 이 사제/수도자의 가족 관계는 정확히 어떠한지 아는가?
3. 이 사제/수도자가 현재 하고 있는 소임/본당을 정확히 아는가?
4. 이 사제/수도자의 직전 소임/본당을 정확히 아는가?
5. 이 사제/수도자와 현재 함께 일하고 있는 다른 사제/수도자들이 누구누구인지를 정확히 아는가?
6. 이 사제/수도자가 현재 소임지/본당에서 겪는 어려움은 구체적으로 무엇인지 아는가?
7. 이 사제/수도자가 가장 하고 싶어하는 소임/가고 싶어하는 본당은 구체적으로 무엇/어디인지 아는가?
8. 이 사제/수도자와 개인적으로 가장 가까운 동료 사제/수도자(들)가 누구인지 아는가?
9. 이 사제/수도자가 개인적으로 가장 싫어하는 동료 사제/수도자(들)는 누구인지 아는가?
10. 이 사제/수도자와 현재 일주일에 한번 이상 만나거나 연락을 주고 받고 있는가?

그리고 추가로 다음의 질문도 할 수 있다:

11. 당신은 이 사제/수도자를 싫어하는가? (Yes인 경우 10문항까지의 네트워크 전체 평균점을 뺀다; 만일 총 가중치 값이 이 문항으로 인해 마이너스 값이 되면 총 가중치 값을 0점으로 처리하여 둘 사이의 링크

를 지울 수 있다.)

따라서 우리가 고려하는 개별 교회 네트워크 - 한 교구이든, 특정 수도회의 관구 전체이든, 특정 수도회의 하나의 분원이든 – 는 가중치를 고려한 사회 네트워크(weighted social network)로 정의될 수 있다. 여기서 어느 노드에서 다른 노드로의 링크의 가중치가 반대 방향의 가중치와 다를 수도 있는데, 이 경우는 방향성 및 가중치 사회 네트워크(directed and weighted social network)로 고려해서 분석을 하거나, 양 방향의 가중치 값을 각기 구한 후 그 평균을 취해서 비방향성 및 가중치 사회 네트워크(undirected and weighted social network)로 고려할 수도 있다.

이제 각 링크의 가중치 값의 의미에 대해 좀 더 살펴보도록 하자. 우선, 다른 노드들과 연결된 한 노드를 고려해 볼 때, 양 방향의 가중치 값이 전반적으로 거의 같은 링크들이 연결된 노드의 경우는 다른 사제/수도자들과 전반적으로 일관된 관계를 맺으며 투명한 삶을 살아온 것으로 평가받을 수 있다. 반면 두 값이 전반적으로 차이가 나는 링크들이 연결된 노드의 경우는 일반적으로 전현직 교구장/장상 – 혹은 교구장/장상이 되려는 욕심이 있는 이들 – 이거나 다른 사제/수도자들로부터 존경을 받는 – 혹은 다른 사제/수도자들로부터 관심을 받고 싶어하는 – 이들일 가능성이 상당히 높다. 이 경우 주위의 여러 사제/수도자들로부터 존경받거나 관심을 받는 이들 – 이들은 더 큰 가중치 값의 방향을 화살표로 표시할 경우 이 화살표들이 많이 가리키는 노드들이다 – 과 주위 사제/수도자들로부터 지지를 받고 싶어하는 이들 – 이들은 더 큰 가중치 값을 가진 화살표들이 바깥으로 향하는 노드들이다 – 을 쉽게 구분해 낼 수 있다. 아울러 특정 노드로 향하는 링크들의 가중치 값의 평균값이 높을수록 전현직 교구장/장상이거나 혹은 존경받는 이들일 가능성이 더욱 높다. 양 방향의 가중치 값이 크게 차이가 나는 바로 이러한 노드들이 전체 교구/수도회 네트워크에서 허브 역할을 수행하면서 다른 노드들에 직접적인 영향을 끼치게 된다.

이제 네트워크 전체의 특성을 알아내기 위해 우리가 계산할 물리량들은 다음과 같다:

a. 연결선수 분포 $p(k)$: 이 물리량은 해당 네트워크가 어느 정도로 척도 없는 네트워크에 가까운지를 보여준다. 만일 $p(k) \sim k^{\gamma}$를 만족하면서 γ값이 2.0에 가까울수록 이 네트워크는 허브인 교구장/장상에 대한 의존도가 심하며 수하 사제/수도자들 간의 연결이 상대적으로 약함을 의미한다. 반면 γ값이 3.0을 넘긴 큰 값일수록 이 네트워크는 교구장/장상에 대한 의존도가 약하며 다른 수하 사제/수도자들 간의 연결이 상대적으로 강해서 교구장/장상의 영향력이 약함을 의미한다.

b. 평균 경로 길이 $\langle d \rangle$: 이 물리량은 해당 네트워크에서의 의사결정의 속도와 연관되는 양이다. 이 값이 클수록 해당 네크워크에서의 의사결정이 더딜 가능성이 높아지게 된다. 이 값을 줄이기 위해서는 허브인 교구장/장상을 통한 정보 전달이 원할해야 하고 다른 노드들이 교구장/장상과 밀접히 연결되어 있어야 한다. 만일 그렇지 못해서 $\langle d \rangle$값이 크다면 한 교구/수도회 내에서도 정보를 얻지 못하는 노드들이 항상 존재하게 되고 그들은 교구장/장상과 떨어진 상태에서 독자적인 사목/소임을 할 가능성이 높아지게 되고 교구장/장상의 뜻과는 무관한 여론 내지는 반대되는 여론이 네트워크 내에서 형성될 수도 있다.

c. 평균 결집 계수 $\langle C\rangle$: 이 물리량은 해당 네트워크의 견고성과 연관되는 양이다. 그래서, 이 값이 0에 가까우면 모든 노드들이 서로 친밀하지 않으며 외부 공격에 취약한 반면, 이 값이 1에 가까우면 모든 노드들이 서로 친밀하며 외부 공격에 대해서도 안정성을 유지한다. 따라서 $\langle C\rangle$값이 낮을수록 그 네트워크는 외부로부터 오는 (교회 내지는 특정 사제/수도자에 대한) 악의적인 공격/소문/고발/진정 등에 민감하게 반응하여 부정적인 내부 여론이 쉽게 발생하게 되고, 따라서 사제/수도자의 환속/퇴회 가능성도 그만큼 높아지게 된다. 해당 네트워크가 안정감 있게 지속되기 위해서는 $\langle C\rangle$값이 높은 것이 대단히 필요하다.

또한 (뒤에서 살펴볼 사도직 기반 수도회 모델처럼) 계층적 모듈 구조를 내부적으로 포함하고 있는 네트워크의 경우에는 평균 결집 계수 는 와 같은 멱급수 법칙을 만족하며, 대다수의 실제 네트워크들의 값은 1에 가까운 것으로 알려져 있다. 따라서 우리가 고려하는 교회 네트워크에서 값이 얼마인지를 확인해보는 것도 의미가 있겠다.

d. 연결선수 상관관계 함수 $k_{nn}(k)\sim k^{\nu}$: 이 물리량은 허브로서의 교구장/장상의 영향력 및 교구장/장상에의 의존도와 연관되는 양이다. 여기서 연결선수 상관관계 지수 ν값이 1.0에 가까울수록 교구장/장상의 영향력이 절대적이며, −1.0에 가까울수록 교구장/장상의 영향력이 상당히 낮고 대신 여러 다른 노드들이 의사 결정/여론 형성에 영향을 끼침을 의미한다. 따라서 이 값이 −1.0에 가까운 음수일 경우 수하 사제/수도자들은 교구장/장상과 떨어져서 독자적인 사목/소임을 할 가능성이 그만큼 높아지게 되고 교구장/장상의 뜻과 무관한 여론 내지는 반대되는 여론이 네트워크 내에서 형성될 가능성도 그에 비례해서 높아

지게 된다.

e. 사이 중심성 b_i: 이 물리량은 어떤 노드가 네트워크 전체의 의사결정/여론 형성에 가장 영향을 미치는가에 대한 답을 제공해준다. 따라서 우리가 고려하는 네트워크 상에서 실제 의사결정/여론 형성을 좌우하는 이들이 누구인지를 찾아내는데 대단히 유용하다. 이렇게 b_i값이 큰 노드는 전체 네트워크 내의 여러 다른 클러스터들을 묶어주어 네트워크를 일치시켜주는 구심점 역할을 수행할 수도 있지만, 전체 네트워크 내에서 잘못된 소문/여론의 전파자 역할도 할 수 있고 몇몇 클러스터들 간의 분쟁을 유발하는 역할도 할 수 있다. 따라서 b_i값이 큰 노드가 허브인 교구장/장상과 가까운 인물인지 그렇지 않은지를 함께 살펴보는 것이 중요하다. 만일 교구장/장상과 가깝지 않은 노드의 b_i값이 크다면, 이 노드는 전체 네트워크 안에서 교구장/장상이 보기에 부정적인 역할을 할 가능성이 상당히 크다고 볼 수 있다.

이들 물리량들을 정량적으로 정확하게 구하기 위해서는 네트워크 전체의 연결 구조 뿐만 아니라 각 링크들의 가중치 값을 정확히 알아내는 것이 대단히 중요하다. 따라서 앞서 필자가 예로서 제시한 설문조사 문항과 같은 방식을 통해 가중치 값을 적절하게 정량적으로 구하는 것이 반드시 필요하다.

2. 우리가 고려할 교회 네트워크들

이제 우리는 다음과 같은 몇 가지 대표적인 교회 네트워크들의 예들을 고려해 보고자 한다. 교회 내에 실제로 존재하는 네트워크들은 그것이 교구이든 수도회이든 한 본당 내의 소공동체이든 수도회 내의 작은 분원이든 다음의 예들 중의 하나에 속한다고 볼 수 있기 때문에 다음의 교회 네트워크들의 예들을 자세히 분석해 보는 것은 대단히 중요하다고 할 수 있겠다. 참고로, 교구/수도회 네트워크의 주요 특성을 실제적으로 정확하게 분석하기 위해서는 이 네트워크를 방향성 및 가중치 사회 네트워크로서 고려하는 것이 가장 좋다. 하지만, 본 장에서 앞으로 제시되는 모든 그림들에서는 네트워크 구조의 복잡도를 피하기 위해 편의상 교구/수도회 네트워크를 비방향성 및 비가중치 사회 네트워크(undirected and unweighted social network)로 고려하여 제시하였다는 점을 언급한다.

1) 교회의 거시적 구조

교회의 거시적 구조는 특정한 교구/수도회에 속한 사제/수도자들 전체의 연결 구조를 의미한다. 이를 통해 교구장/장상과 수하들 간의 관계 및 전체 네트워크의 견고성 분석을 행할 수 있다. 참고로, 아래의 네 가지 교회 모델들 각각에 대해 제시된 네트워크 그림들 – [그림 13-1]에서 [그림 13-4]까지 – 은 실제로는 네 번째 모델로 갈수록 총 노드 수가 증가함에도 불구하고 원활한 상호 비교를 위해 '총 노드 수를 동일하게 맞춘 후에' 링크 수를 다르게 해서 그렸다는 점을 미리 밝힌다. 아울러 이 그림들에서 한 가운데의 허브는 노드는 교구장/장상을 의미한다.

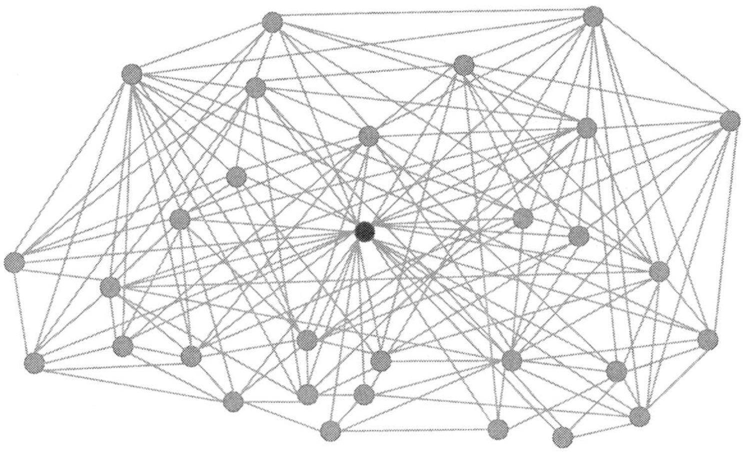

[그림 13-1] 소규모 수도회처럼 하나의 공동체 내에 모든 회원들이 함께 모여 사는 수도회의 경우는 '완전히 연결된 네트워크'에서 몇몇 링크가 생략된 '거의 완전히 연결된 네트워크'의 구조를 보여준다.

① 소규모 수도회 모델 – 완전히 연결된 네트워크에 기반함

소규모 수도회, 즉 회원 수가 작은 수도회/수녀회 및 정주/봉쇄 수도회/수녀회처럼 한 집, 하나의 공동체 내에 모든 회원들이 함께 모여 사는 수도회의 경우는 '완전히 연결된 네트워크'(fully-connected network), 즉 완전한 그래프에서 몇몇 링크가 생략된 '거의 완전히 연결된 네트워크'(nearly-fully-connected network)의 구조를 보여준다. ([그림 13-1] 참조)

이 네트워크에서는 거의 모든 회원들끼리 서로를 잘 알고 있어서 의사소통에 최적화된 장점이 있다. 그러다보니 한 네트워크 내에서의 의사결정의 속도와 연관되는 양인 평균 경로 길이 $\langle d \rangle$값이 1보다 약간 큰 정도의 작은 값을 가지게 된다. 또한 전체 네트워크의 평균 결집 계수 $\langle C \rangle$값이 거의 1에 가까운 특징이 있다. 이는 모든 노드들이 서로 친밀하고 끈끈하며 그 수도회에 대해 외부에서 공격을 하더라도 안정성

을 유지한다는 측면에서 큰 강점을 보여준다.

아울러 거의 완전히 연결된 네트워크가 가진 가장 큰 장점은 바로 어떤 노드가 네트워크 전체의 의사결정/여론 형성에 가장 영향을 미치는가를 설명하는 사이 중심성 b_i값이 큰 노드가 특별히 존재하지 않는다는 점이다. 따라서 전체 네트워크 내에서 잘못된 소문/여론의 전파자 역할도 할 수 있고 몇몇 클러스터들 간의 분쟁을 유발하는 역할도 할 수 있는 인물이 사실상 거의 없거나 있어도 금방 파악이 가능하게 된다.

하지만 거의 완전히 연결된 네트워크의 경우 연결선수 지수 γ값이 3.0을 한참 넘기는 큰 값을 가지게 되므로 장상에 대한 의존도가 약한 편이며 다른 수하 수도자들 간의 연결이 장상과의 연결과 비슷한 정도로 강해서 장상의 영향력이 특별히 크지는 않은 특징을 보여준다. 이러한 거의 완전히 연결된 네트워크에서는 어떤 의사결정에 있어서 여러 가지 견해가 충돌하게 될 경우 장상이 하나의 결론을 내리기가 쉽지 않으며, 여러 견해에 따라 이합집산이 이루어진 후 생겨나는 다양한 클러스터들 간의 이해충돌이 발생할 수 있다. 특히 새로운 장상 선출을 준비하는 과정에서 특정 후보를 미는 여러 클러스터들 간의 갈등 내지는 분열이 발생할 가능성이 있다는 약점이 있다. 다만 연결선수 상관관계 지수 ν값이 거의 0에 가까운 중립성 네트워크이기 때문에 수하 수도자들이 장상과 떨어져서 독자적인 소임을 할 가능성은 그다지 큰 편은 아니며 장상의 뜻과 무관한 여론 내지 반대되는 여론이 네트워크 내에서 형성될 가능성도 그다지 높은 편은 아니다.

따라서 완전히 연결된 네트워크에 기반한 수도회 모델의 경우는 네트워트 내부에서 어떤 갈등이 발생되지 않고 네트워크를 구성하는 수도자들 사이의 관계가 잘 정립되기만 하면 굳이 순명이라는 이름으로 장상이 예외적인 권한을 행사하지 않더라도 형제애와 창립자의 카리스마에 따라 충분히 잘 유지될 수 있는 안정적인 네트워크임을 알 수 있다. 다만 이 네트워크는 뒤에서 살펴볼 다른 네트워크들과 비교할 때 장상의 권위가 큰 편이 아니기 때문에, 장상은 해당 수도회의 대다수 회원들과 지속적인 대화를 통해 의사결정을 할 필요가 있으며 네트워크의 구조적 특성상 독단적으로 의사결정을 하게 될 경우 대단히 큰 반대에 직면할 수 있다는 점을 지적하고자 한다. 장상의 권위는 단지 각 수도회의 회칙/회헌에 의해서만 정립되는 것이 아니라 해당 수도회의 네트워크 전체 구조의 특성 역시도 반영되어야 정확히 파악될 수 있는 것이기 때문에 회칙/회헌에만 입각해서 장상의 권위와 순명을 강조할 경우 큰 갈등이 생겨날 수 있다는 점을 강조하고자 한다.

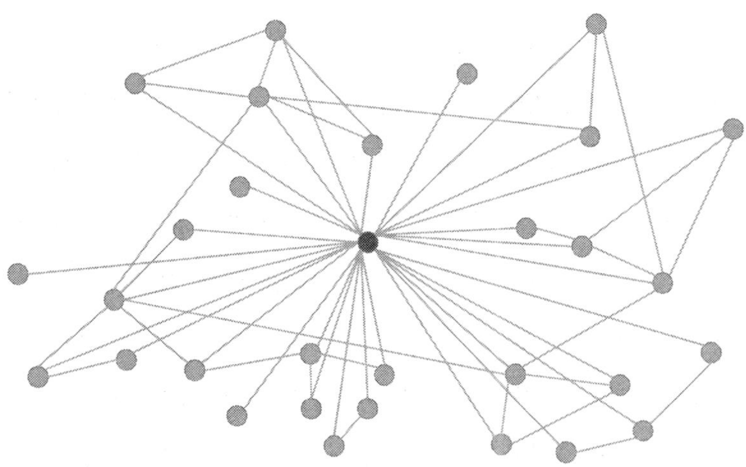

[그림 13-2] 소규모 교구의 경우는 전형적인 '별 네트워크'를 기반으로 해서 몇몇 링크들이 추가된 형태를 보여준다.

② 소규모 교구 모델 – 별 네트워크에 기반함

소규모 교구의 경우는 교구장이 모든 사제들에 대해 일거수일투족을 완벽하게 잘 알 수 있는 네트워크이다. 하지만 교구 사제들의 경우는 사제 서품 연도에서 차이가 나는 경우 같은 본당에서 함께 사목을 한 경험이 없는 한 서로가 서로를 잘 모를 가능성이 있게 된다. 따라서 이러한 교구의 경우는 허브인 교구장이 모든 사제들과 연결되어 있는 별 모양의 네트워크('별 네트워크'; star network)를 기반으로 해서 서품 동기 사제들 및 서로 아는 사제들 사이에 몇몇 링크들이 추가된 형태를 보여준다. ([그림 13-2] 참조)

이렇듯이 별 네트워크에 기반한 작은 교구 네트워크의 경우 연결선수 지수 γ값은 2.0에 가깝기 때문에 이 네트워크는 허브인 교구장에 대한 의존도가 심하며 수하 사제들 간의 연결이 상대적으로 약함을 보여준다. 또한 이 네트워크는 연결선수 상관관계 지수 ν값이 1.0에 가깝기 때문에 교구장의 영향력이 절대적이며 수하 사제들은 교구장의 뜻에 반하여 독자적인 사목을 할 가능성이 그다지 없게 된다.

또한 작은 교구 네트워크 내에서는 의사결정의 속도와 연관되는 양인 평균 경로 길이 $\langle d \rangle$값이 2보다 작은 값을 가지게 되어 전체 네트워크 내에서 의사결정이 빨리 진행되는 큰 장점이 있다. 아울러 어떤 노드가 네트워크 전체의 의사결정/여론 형성에 가장 영향을 미치는가를 설명하는 사이 중심성 b_i값이 큰 노드는 교구장 및 몇몇 사제들에 국한된다. 따라서 교구장 및 몇몇 사제들에게 거의 모든 교구 관련 정보가 집중되기 때문에 어떤 의사결정에 있어서 여러 가지 견해가 충돌하게 될 경우 교구장이 하나의 결론을 내리기가 대단히 용이한 장점 역시 가진다. 더 나아가 후임 교구장을 선출할 때 사이 중심성 b_i값이 큰 몇몇 사제들 중에서 선택을 하게 되면 거의 모든 교구 관련 정보를 알고 있던 인물이기 때문에 자연스러운 인수인계가 가능하다는 장점 역시 존재한다.

다만 별 네트워크에 기반한 전체 네트워크의 평균 결집 계수 $\langle C \rangle$ 값은 1에 못 미치는 낮은 값을 가지게 되므로, 모든 노드들이 서로 친밀하고 끈끈하지는 못하게 된다. 따라서 이 네트워크는 외부로부터 오는 (교회 내지는 특정 사제에 대한) 악의적인 공격/소문/고발/진정 등이 존재할 경우 (특정 서품 동기 그룹에 속한) 일부 노드들이 이에 민감하게 반응하여 부정적인 내부 여론이 쉽게 발생하게 되는 단점이 존재한다. 물론 이러한 단점은 교구장의 권위를 통해 충분히 극복될 수 있다.

따라서 별 네트워크에 기반한 작은 교구 모델은 교구장이 통치를 하기에 대단히 용이한 네트워크 구조를 가지고 있기 때문에 교구장이 선한 의지를 통해 올바른 결정을 내리게 되면 대단히 훌륭한 교구로 발전해 나갈 가능성이 높다. 다만 이 모델을 따르는 교구는 교구장이 선한 의지가 있는지의 여부에 대단히 민감하게 반응하는 특성이 있는 만큼, 교구장 한 명의 판단 및 결정에 너무 크게 좌우되는 측면이 있다는 점을 강조하고자 한다.

③ 사도직 기반 수도회 모델 – 계층적 모듈 구조 네트워크에 기반함

예수회의 각 관구처럼 한 명의 장상이 강한 허브로서 여러 사도직(apostolate) 클러스터들을 연결하고 있는 사도직 기반 수도회의 경우는 교회 내의 일반적인 교구/수도회와는 네트워크의 구조가 확연히 다르다. 우선 각 사도직에 해당하는 클러스터들은 그들 내부는 거의 완전

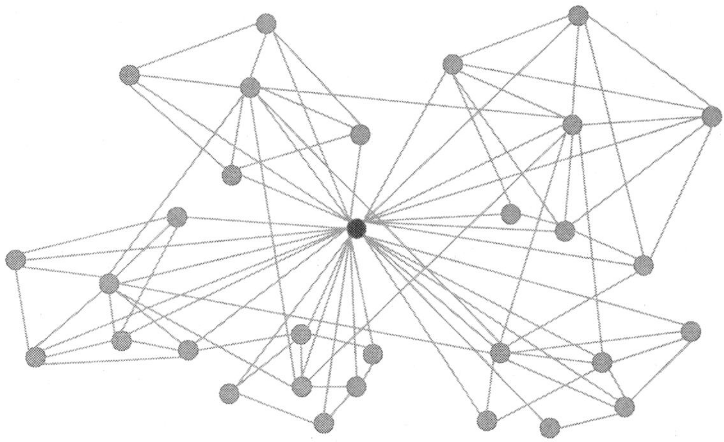

[그림 13-3] 사도직 기반 수도회의 경우는 한 명의 장상이 강한 허브로서 여러 사도직 클러스터들을 연결하고 있기 때문에 교회 내의 일반적인 교구/수도회와는 다른 '계층적 모듈 구조 네트워크'의 구조를 보여주고 있다. 각 사도직에 해당하는 클러스터들은 그들 내부는 거의 완전히 연결된 네트워크로 이루어져 있지만 한 클러스터와 다른 클러스터 사이는 링크가 그다지 많지 않은 편이다. 그러면서 전체 네트워크 내의 모든 노드들은 허브인 관구장과 강하게 연결되어 있다.

히 연결된 네트워크로 이루어져 있지만 한 클러스터와 다른 클러스터 사이는 링크가 그다지 많지 않은 편이다. 그러면서 전체 네트워크 내의 모든 노드들은 허브인 관구장과 강하게 연결되어 있다.[255] 따라서 이 모델은 (이미 11장에서 살펴본 바와 같이) 바라바시 그룹이 2002년에 "대다수의 실제 네트워크는 계층적 모듈 구조(hierarchical modular structure)를 가지고 있으며 이때 $C(k)$는 $C(k) \sim k^{-1}$와 같은 멱급수 법칙을 만족한다"고 주장하면서 제시한 '계층적 모듈 구조 네트워크' 모델[256]과 상당히 유

255 이는 관구 소속 회원들 전원에 관한 모든 정보가 정기적으로 관구장에게 전달되는 예수회의 독특한 통치 방식에 기인한다. 대다수의 활동수도회들은 예수회와 같은 이러한 통치 방식을 가지고 있지 않기 때문에 대규모 교구/활동수도회 모델에 따라서 설명하는 것이 더 바람직하다.

256 Ravasz, Somera, Mongru, Oltvai, and Barabási, "Hierarchical organization of modularity in metabolic networks"; Ravasz and Barabási, "Hierarchical organization in complex networks".

사한 구조를 보여주고 있다. ([그림 13-3] 참조)

그러다보니 이 네트워크는 다음과 같은 특징들을 가지고 있다: 우선 해당 네트워크가 어느 정도로 척도 없는 네트워크에 가까운지를 보여주는 연결선수 분포 $p(k)$가 $p(k) \sim k^{-\gamma}$를 만족하면서 γ값이 2.0~3.0 정도를 만족한다. 그래서 관구장에 대한 의존도가 – 작은 교구 모델에서의 교구장 만큼은 아니지만 – 적절히 높음을 알 수 있다. 평균 경로 길이 $\langle d \rangle$값은 계층적 모듈 구조 덕분에 네트워크의 총 노드 수에 비해서는 전반적으로 작은 값은 가지게 된다. 그래서 전체 네크워크에서의 의사결정이 원활한 편이며 네트워크 내에서의 거의 모든 정보는 일단 허브인 관구장에게 전달되면서 수하 수도자들에게도 전달되는 방식을 취한다. 아울러 평균 결집 계수 $C(k)$값은 1에 가까운 큰 값을 가지므로 적어도 동일한 사도직에 종사하는 회원들끼리 서로 친밀하고 외부 공격에 대해서도 적어도 한 사도직 내에서는 안정성을 유지할 수 있다. 또한 $C(k)$는 $C(k) \sim k^{-\eta}$와 같은 멱급수 법칙을 만족하며 η값은 1에 가까우므로 세상에 존재하는 여러 실제 네트워크들이 그러하듯이 견고성 면에서 좋은 네트워크라고 할 수 있다.

또한 이 모델은 연결선수 상관관계 지수 ν값이 1.0에 가깝기 때문에 관구장의 영향력이 절대적이며 수하 회원들은 관구장의 뜻에 반하여 독자적인 사목을 할 가능성이 그다지 없게 된다. 다만 앞서 살펴본 작은 교구 모델과 달리 각 사도직 별로 클러스터가 형성되어 있기 때문에 한 사도직 전체가 관구장과 갈등을 겪거나 관구장에게 반기를 들 가능성은 충분히 존재한다. 사이 중심성 b_i값이 큰 노드들은 여러 개가 존재할 수 있는데, 관구장 외에도 각 사도직의 책임자들이 이에 해당한다. 관구장이 각 사도직의 책임자들과 좋은 관계를 맺으면서 서로 의사소통을 잘 할 경우 전체 네트워크는 관구장의 뜻과 일치된 상태를 유지할 수 있게 된다. 하지만 한 사도직 책임자가 관구장과 불화를 일으킬 경우 해당 사도직 전체가 관구장과 갈등 상태에 빠지거나 불안정하게 될 수 있다.

따라서 사도직 기반 수도회 모델은 관구장과 각 사도직 책임자 사이의 관계가 대단히 중요하며, 이들 사이의 관계가 전체 네트워크의 안정성에 큰 영향을 미친다. 아울러 작은 교구 모델이 그러하듯이, 관구장이 선한 의지를 통해 올바른 결정을 내리게 되면 대단히 훌륭한 관구로 발전해 나갈 가능성이 높지만, 동시에 관구장 한 명의 판단 및 결정에 너무 크게 좌우되는 측면이 있다는 점 역시 강조하고자 한다.

④ 대규모 교구/활동수도회 모델 - 희박한 계층적 모듈 구조 네트

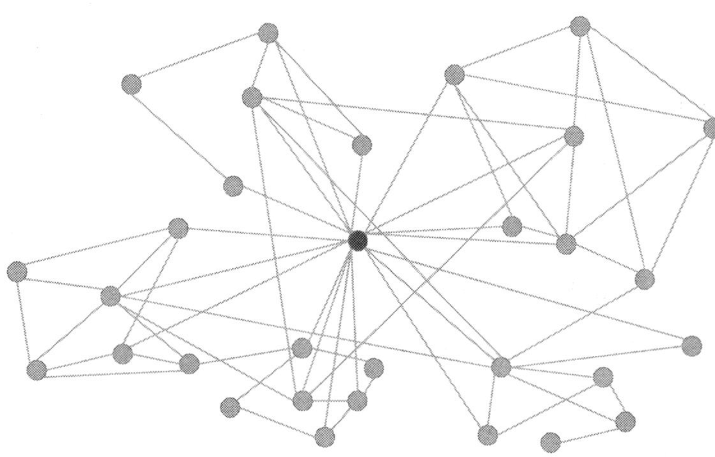

[그림 13-4] 대규모 교구/활동수도회처럼 수백명 이상의 사제/수도자 수를 보유한 네트워크의 경우는 총 노드에 비해 링크 수가 그다지 많지 않은 '희박한 계층적 모듈 구조 네트워크'(sparse hierarchical modular structure network)의 특징을 보여준다.

워크에 기반함

대규모 교구 및 대규모 활동수도회처럼 수백명 이상의 사제/수도자 수를 보유한 네트워크의 경우는 총 노드 수에 비해 링크 수가 그다지 많지 않은 '희박한 계층적 모듈 구조 네트워크'(sparse hierarchical modular structure network)의 특징을 보여준다. ([그림 13-4] 참조)

이러한 네트워크의 경우는 허브라고 할 수 있는 교구장/장상 조차도 전체 네트워크 내의 다른 모든 노드들과 연결되어 있지 않다는 점에서 앞에서 소개한 세 가지 다른 네트워크 모델들과 확연한 차이가 있다. 이는 교구장/장상이 수백 명이나 되는 사제/수도자들 모두를 정확히 파악하는 것이 현실적으로 불가능한 상황에 있기 때문이다. 아울러 각 노드들 간의 링크 역시도 그다지 많지 않은 특징을 보여준다. 이는 사제 서품 연도에서 차이가 나는 사제들이나 입회 연도에 있어 차이가 나는 수도자들의 경우 서로가 서로를 잘 모를 가능성이 대단히 높기 때문이다. 그래서 전체 네트워크의 평균 결집 계수 $\langle C \rangle$값이 적은 것은 어쩔 수 없는 현실로 받아들여야 한다.

따라서 교구장/장상은 자신과 가까우면서 의사소통이 잘 이루어지는 몇몇 사제/수도자들에게 자신의 권한 일부를 위임하는 방식을 통해 전체 네트워크를 관리하는 방식을 주로 활용할 필요가 있다. 국내에서 가장 규모가 큰 서울대교구의 경우 전체 관할 지역을 15개 지구로 나누어서 각 지구별로 지구장을 파견하는 것이 그 대표적인 예가 되겠다. 이 방식은 전체 네트워크를 교구장–지구장들–일반 사제들로 연결시켜 의도적으로 더욱 견고한 '계층적 모듈 구조'를 가지도록 만들어서 $C(k)$값을 어느 정도 높게 만드는 효과가 있도록 한다. 아울러 교구장–

지구장들 간의 연결이 많아지게 되면 연결선수 상관관계 지수 v값을 좀 더 끌어올리는 효과 역시 발생시키게 되어 교구장의 통치가 보다 원활해질 수 있게 된다.

하지만 이러한 방식은 지구장 전원이 교구장과 의사소통이 잘 이루어지고 서로가 서로를 잘 안다는 것이 전제되어야 한다. 만일 그렇지 못하게 되면 교구장은 15개 지구의 상황을 제대로 이해하지 못하기 때문에 다른 몇 명의 사제들을 측근으로 두면서 그 사제들을 활용해서 각 지구의 상황을 비공식적으로, 심지어는 음성적으로 파악하는 방식을 취할 수 밖에 없게 된다. 인류 역사상 큰 규모의 국가들이 직면한 문제 역시 한 중앙 집권 국가의 통치자(황제/왕)가 직접 지방에 여러 관리들을 파견하지만 그들과의 의사소통의 한계로 인해서 결국 그 지방 관리들을 관리/감독/사찰하는 또 다른 관리들을 등용해야만 했다. 그러한 관리가 없을 경우 통치자는 측근에 있는 몇 명의 말을 듣고 판단하는 문제가 결국 발생하게 되며 이러한 측근 통치가 결국 한 국가의 존립에 큰 타격을 입힌다는 점을 우리는 역사를 통해 이미 잘 알고 있다. 교구나 수도회도 결국 일종의 사회 네트워크로서 이와 유사한 특성을 가지고 있기 때문에, 교구장/장상은 일단은 각 지역/사목/소임 책임자들과 원활한 소통을 통해서 각 지역/사목/소임의 현 상황을 정기적으로 정확히 파악할 수 있어야 하며, 책임자가 아닌 이들로부터도 여러 경로를 통해서 각 지역/사목/소임의 현 상황에 관한 정보를 받을 수 있을 만큼 정보 유입의 문턱이 낮아야 한다. 즉, 교구장/장상이 일반 사제/수도자들과도 직접 소통을 할 수 있도록 연결되어야 진정한 의미의 '계층적 모듈 구조'를 만드는 것이 가능해지며 전체 네트워크의 평균 경로 길이 $\langle d \rangle$값을 실질적으로 줄일 수 있게 된다. 만일 그렇지 않을 경우 각 지역/사목/소임의 현 상황과는 다른 객관적이지 못하고 심지어 왜곡된 정보가 극소수 사람들을 통해 교구장/장상에게 전달될 위험이 다분히 있고, 아울러 교구장/장상의 뜻이 왜곡되어 다른 사제/수도자들에게 전달될 수 있다는 점을 심각하게 고려해야 할 것이다.

특히 대규모 교구/활동수도회의 경우는 사이 중심성 b_i값이 큰 노드들이 누구인지 알아내는 것이 대단히 중요하다. 바로 이 노드들이 전체 네트워크 안에서 여론을 형성하고 분위기를 좌우하는 핵심적인 역할을 할 수 있기 때문이다. 만일 교구장/장상이 보기에 그다지 삶이 훌륭하지 않은 사제/수도자가 사이 중심성 b_i값이 큰 노드로 조사된다면, 그 노드는 반드시 사목지/소임 변경 등의 방식을 통해서 의도적으로 다른 노드들과의 관계를 약화시키는 방식을 취하는 것이 도움이 될 수 있다. 하지만 평판이 좋고 훌륭한 삶을 살아가는 사제/수도자가 사이 중심성 b_i값이 큰 노드로 조사된다면, 교구장/장상은 그 노드와 더 밀접한 관계를 맺어나갈 수 있도록 노력할 필요가 있다. 결국 전체 네트워크의 통치는 그러한 영향력 있는 노드들의 도움을 통해서 이루어지기 때문이다.

그리고 (소규모 교구/수도회의 경우도 마찬가지이지만 대규모 교구/수도회의 경우에 특히) 한 노드 i에서 다른 노드들로 나가는(outgoing) 방향의 링크들의 연결선수 $k_i^{\rightarrow}$값이 전체 네트워크의 평균 연결선수 값인 $\langle k \rangle$보다 과도하게 높은 노드가 있다면 – 특히 서품/서원 동기나 동일한 사목/소임을 맡은 이들이 아닌 다른 사제/수도자들을 향해 예외적으로 링크가 많이 연결되어 있다면 – 이 노드는 단지 사교적인 인물일 수도 있지만 가까운 미래에 교구장/장상 직을 노리는 야심이 있는 인물일 가능성이 높으므로 조심할 필요가 있다. 그와 정반대로 다른 노드들에서 노드 i로 들어오는(incoming) 방향의 링크들의 연결선수 $k_i^{\leftarrow}$값이 전체 네트워크의 평균 연결선수 값인 $\langle k \rangle$보다 월등히 높은 노드가 있다면 – 특히 서품/서원 동기나 동일한 사목/소임을 맡은 이들이 아닌 다른 사제/수도자들로부터 예외적으로 링크가 많이 연결되어 있다면 – 이 노드는 인품이 좋고 존경받는 인물이거나 사목/소임에 있어서 능력을 인정받는 인물일 가능성이 높으므로 교구장/장상은 그를 중용할 필요가 있다.

따라서, 대규모 교구/수도회 모델은 교구장/장상의 통치가 결코 쉽지 않은 네트워크 구조의 특성을 보여준다. 그러므로 의도적으로 더욱 견고한 계층적 모듈 구조 네트워크를 만들어서 교구장/장상과 수하 사제/수도자들 사이에 '보조적인 노드들의 도움'을 받을 필요가 있음을 강조하는 바이다.

2) 교회의 미시적 구조

교회의 미시적 구조는 각 수도회 내의 소규모 공동체 및 교구 내의 각 본당에서의 연결 구조를 의미한다. 이 미시적 구조는 거시적 구조와는 또 다른 양상을 띠고 있으므로 이 두 구조를 따로 떼어서 고려해야 할 필요가 있다. 교회 내의 미시적 구조는 다음과 같이 크게 두 가지를 살펴볼 수 있다.

① 소규모 수도 공동체: 한 명의 장상과 소수의 회원들로 구성 –

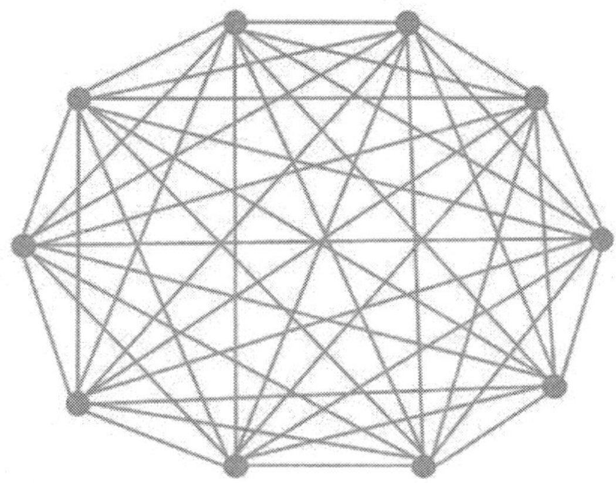

[그림 13-5] 총 10개의 노드로 구성된 소규모 수도 공동체 네트워크. 어떤 노드가 장상에 해당하는지 네트워크의 구조만으로는 제대로 알 수 없다.

완전히 연결된 네트워크

소규모 수도 공동체는 적게는 두 명, 많게는 십여 명 정도로 구성되며 이 네트워크를 구성하는 모든 노드들은 서로가 서로를 잘 알기 때문에 서로 완전히 연결되어 있는 완전한 그래프로 여겨진다. ([그림 13-5] 참조)

따라서 이러한 완전히 연결된 네트워크는 비록 한 명의 장상이 있기는 하지만 네트워크의 구조적인 측면에서 허브 역할을 한다고 보기는 어렵다. 모든 노드들은 연결선수 k_i와 사이 중심성 b_i값이 동일하기 때문에 - 물론 가중치를 고려하면 허브로 향하는 링크의 가중치가 좀 더 높을 가능성이 많겠지만 - 사실상 서로 평등하다. 따라서 정보의 전달이 특별히 장상을 통해 이루어지는 것도 아니고 장상만의 역할이 네트워크의 구조 안에서 발견되기도 어렵다.

그렇기 때문에 만일 이러한 소규모 수도 공동체 내에서 어떤 갈등의 상황이 발생하게 되면 장상의 권위로 갈등을 해소하거나 갈등을 중재하기가 쉽지 않은 것이 현실이다. 그러다보니 소규모 수도 공동체 내에서 갈등 상황이 일어날 때 갈등의 당사자들 간에 화해가 쉽지 않은 것이 수도 생활에 있어서 가장 어려운 점 중의 하나로 꼽히는 이유도 바로 이러한 이유에서 비롯된다. (부부(와 자녀들)로 구성되는 한 가족의 경우도 네트워크의 구조가 사실상 소규모 수도 공동체와 동일하기 때문에 갈등 상황이 일어날 때 갈등의 당사자들 간에 화해가 쉽지 않은 동일한 문제가 자주 발생한다.) 이러한 문제는 공동체의 구성원이 적정 인원 이상이 되면서 실질적인 허브가 존재할 수 있게 될 때에 자연스럽게 사라질 수 있는데, 이 허브는 소규모 수도 공동체의 장상 내지는 가장 존경받는 원로 수도자일 것이다. 그래서 소규모 수도 공동체의 적정 인원을 찾고 링크의 가중치를 충분히 고려하여 적절한 장상 내지 원로 수도자를 배치하는 것이 해당 수도회 전체의 지속성 및 견고성을 위해 대단히 중요하다고 말할 수 있다.

② 교구 본당: 두세 명의 사제들과 여러 신자들로 구성 – 가라테 동아리 네트워크과 구조적으로 동일함

전 세계의 가톨릭 본당들은 대체적으로 두세 명의 사제들과 수백 내지 수천 명의 본당 소속 신자들로 구성되어 있다. 그런데 두세 명의 사제들 전체가 전체 본당 신자들을 완전히 잘 아는 경우는 그다지 없다. 본당 주임 신부는 주로 노년층 및 본당 신자들의 대표자들을 주로 만나면서 사목 활동을 하는 반면 보좌 신부는 젊은 신자들 및 청소년들을 주로 만나면서 사목 활동을 하는 식으로, 한 본당의 사제들끼리도 일반적으로 서로 역할 분리가 이루어져 있다. 그러다보니 사제들과 신자들 전원을 노드로서 고려하는 본당 네트워크를 구성해보면 (사제

가 두 명일 때) 허브인 주임 신부에 연결되어 있는 노드들과 또 다른 허브인 보좌 신부에 연결되어 있는 노드들이 두 가지의 개별적인 클러스터를 형성하고 있고 일부 노드들이 두 클러스터에 함께 속해 있음을 쉽게 확인할 수 있다. 이러한 네트워크는 네트워크 과학 연구자들이 흔히 '가라테 동아리 네트워크'(Karate club network)라고 부르는 역사적으로 유명한 한 네트워크의 구조를 거의 그대로 따른다.

가라테 도장 네트워크는 미국 템플 대학교의 인류학자인 웨인 자카리(Wayne W. Zachary)가 1970년에서 72년 사이에 대학 내의 한 가라테 동아리가 두 개의 그룹으로 분열되는 과정을 추적한 후 이를 네트워크 과학의 방식에 따라 분석한 결과를 제시한 것으로서 네트워크 과학자들에게 대단히 잘 알려져 있는 실제 네트워크의 한 예이다.[257] 자카리는 연구 기간 동안 동아리 책임자인 "John A"와 사부 "Mr. Hi" 사이에 갈등이 생겨 클럽이 2개로 분리된 후, 총 34명의 기존 회원들 중에서 절반이 "Mr. Hi"를 중심으로 새로운 클럽을 결성했고, 나머지 회원들은 새로운 사부를 찾거나 가라테를 포기했음을 확인하였다. ([그림 13-6] 참조)

이 연구는 비록 단순해 보이기는 하지만 갈등에 의해 하나의 네트워크가 분열되는 실제적인 예를 보여주는 것이면서 동시에 분열은 되지 않더라도 한 네트워크 내에 몇 개의 클러스터가 공존하고 있는 실제 네트워크를 정량적으로 분석하는 데에 큰 영감을 주는 연구였다. 특히 이 네트워크는 2002년 이후 네트워크에서 공동체 구조(community

257 Wayne W. Zachary, "An Information Flow Model for Conflict and Fission in Small Groups", *Journal of Anthropological Research* 33(1977), 452~473.

structure; 모듈 구조 혹은 클러스터 구조와 동일한 표현이다)를 분석하기 위한 대표적인 예가 되었다.[258] 필자가 가라테 도장 네트워크를 정량적으로 분석한 바에 따르면, 이 네트워크의 평균 경로 길이 $\langle d \rangle$값은 2.41, 평균 결집 계수 $\langle C \rangle$값은 0.59, 연결선수 지수 γ값은 대략 2.7, 연결선수 상관관계 지수 ν값은 대략 0.5, $C(k)$의 지수 η값은 대략 1.0이었다.[259]

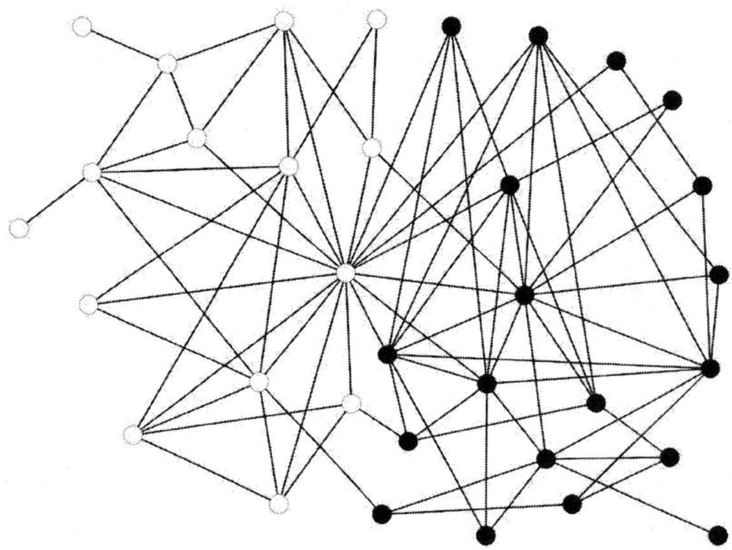

[그림 13-6] 총 34개의 노드로 구성된 가라테 도장 네트워크. 여기서 흰색 노드들 중에서 가장 링크 수가 많은 허브가 바로 동아리 책임자인 "John A"이고, 검은색 노드들 중에서 가장 링크 수가 많은 허브가 사부 "Mr. Hi"에 해당한다. 이 가라테 도장 네트워크에서 총 노드 수 N을 수백 내지 수천으로 확장하여 본당 네트워크를 구성하게 되면 각각의 허브들은 주임 신부 및 보좌 신부로 해석할 수 있다.

258 M. Girvan and M.E.J. Newman, "Community structure in social and biological networks", *Proceedings of the National Academy of Sciences USA* 99(2002), 7821~7826; M.E.J. Newman and M. Girvan, "Finding and evaluating community structure in networks", *Physical Review E* 69(2004), 026113; M.E.J. Newman, "Fast algorithm for detecting community structure in networks", *Physical Review E* 69(2004), 066133.

259 Kim, Rodgers, Kahng, and Kim, "Modelling hierarchical and modular complex networks: division and independence", 675.

바로 이 가라테 동아리 네트워크에서 총 노드 수 N을 수백 내지 수천으로 확장하게 되면 일반적인 가톨릭 본당의 네트워크와 거의 유사한 네트워크 구조를 가지게 된다. 그래서 본당 주임 신부에 가까운 하나의 클러스터와 보좌 신부에 가까운 또 하나의 클러스터가 본당 네트워크 내에 포함되어 있음을 쉽게 확인할 수 있다.

이렇듯이 본당 네트워크가 가라테 동아리 네트워크와 구조상 유사하다는 점은 만일 두 사제들 간에 갈등이 발생하게 될 때에 (가라테 동아리 네트워크가 그러했듯이) 본당이 사실상 둘로 분열될 수 있다는 점을 간접적으로 하지만 분명하게 시사한다. 이러한 분열이 실제로 일어나게 되면 일부 신자들은 (가라테 동아리 네트워크에 속한 회원들이 그러했듯이) 각자의 마음에 맞는 새로운 신부를 찾아 다른 본당으로 옮기거나 신앙 자체를 포기할 수도 있는 것이다.

결론적으로 본당 네트워크는 해당 본당에서 사목 활동을 하고 있는 두세 명의 사제들이 서로 좋은 관계를 유지하면서 일치된 사목 방향을 신자들에게 보여줄 때에 비로소 안정된 본당으로서 견고하게 유지될 수 있으며, 만일 사제들 간에 갈등이 생기게 되고 그 갈등이 가시화되면 본당 네트워크 자체의 구조적인 이유로 인해 하나의 본당은 두세 가지의 클러스터로 분열이 발생할 수 있음을 확인할 수 있었다.

3. 13장의 결론

우리가 위에서 살펴본 모든 네트워크 분석에 따르면, 교회의 네트워크 구조는 공통적으로 구성원 내부의 갈등이 전체 네트워크의 분열 및 붕괴에 큰 영향을 끼침을 보여준다. 특히 교회 네트워크는 소수의 허브들의 안정성 및 그들 간의 관계에 좌우될 가능성이 대단히 크다는 것을 분명히 확인할 수 있었다. 즉 허브가 다른 노드들과의 관계에 있어서 문제가 있거나 외부의 공격에 취약한 경우에는 네트워크 전체가 흔들리거나 무너질 가능성이 대단히 크다는 것이다. 그나마 만일 개개의 사제/수도자들 간의 연결이 튼튼할 경우에는 이러한 허브에의 의존성을 줄일 수 있게 된다. 따라서 교회 네트워크를 거시적으로든 미시적으로든 구조적으로 안정되게 유지 및 발전시켜 나가기 위해서는 사제/수도자들 서로 간의 관계가 큰 긴장이 없이 건강하게 유지되어야 한다는 점이 대단히 중요하다는 것을 강조하고자 한다.

나가면서

"신학은 과학을 만나야 한다!" 바로 이 필요성에 대한 응답으로서 필자가 제시하는 이 책은 '기존의 가톨릭 신학을 현대 과학의 관점에서 재해석'하는 것에 그 목적을 두었다. 이 목적을 위해 필자는 우선 1부에서 '신학이 과학을 만나야 하는 이유와 만남을 위한 토대들'에 관해 소개하였으며, 이 책의 나머지 부분은 1부의 내용이 실제로 '신학과 과학이 서로 만나는 작업'을 가능하게 해 준다는 점을 보여주는 구체적인 증거로서 양자물리학, 빅뱅 우주론 및 네트워크 과학이라는 세 가지 현대 과학의 핵심적 내용을 통해 교의신학의 가장 핵심적인 주제인 그리스도론과 삼위일체론, 예수 부활 사건, 창조신학 및 교회론을 이해하는 데에 활용해 보고자 시도했다.

사실 본서에서 제시된 이러한 시도는 과학과 신앙 두 가지 모두가 하느님께 이끌리고 그분을 사랑하는 데에 도움이 되길 바랐던 교황 요한 바오로 2세의 꿈을 실현해 보려는 하나의 시도로서 여겨질 수 있겠다:

> 과학자들은 복잡한 지상의 현상들을 세심하게 관찰하고, 각 분야에 고유한 목적과 방법을 따라, 그들의 상관 관계뿐 아니라 우주를 지배하는 법칙들을 발견합니다. 과학자들은 창조 질서 앞에서 놀라워하고 겸손하여지며, 그 모든 것을 창조하신 분의 사랑에 이끌리게 됩니다. 신앙은 나름대로, 각각의 특성을 가진 모든 창조된 실재에 대한 더 깊은 이해를 통하여, 모든 연구를 위하여, 모든 연구를 통합하고 융화시킬 수 있으며, 모든 만물의 원천이시며 목적이신 창조주 하느님을 발견할 수 있는 가능성을 인간에게 제공합니다.[260]

---

260 교황 요한 바오로 2세, 「과학자들의 대희년 연설」, 3항.

필자는, 교황 요한 바오로 2세의 바램대로, 과학과 신앙이 하느님을 발견하고 이해하며 사랑하기 위한 '상보적' 도구로서 함께 중요하게 받아들여지기를 진심으로 희망한다. 따라서, 필자는 본서를 통해 제시한 과학적 개념과 신학적 개념의 연결이 '과학과 신앙 간의 상보성'을 확립하는 좋은 예로서 받아들여질 수 있기를 기대해 본다. 그래서 이러한 시도를 통해 "현대 문화의 풍요로움이 철학과 신학의 대화에서처럼, 과학과 신앙의 대화에서 예기하지 못하였던 밝은 전망을 보여 주게"[261] 되길 바래본다.

아울러 국내의 여러 과학자들과 신학자들이 "신학은 과학을 만나야 한다!"는 필요성에 보다 적극적으로 응답하여 이 책보다 훨씬 의미있는 학문적인 작업들이 지속적으로 세상에 나오게 되기를 필자는 진심으로 희망한다. 본서가 이러한 후속 작업들을 위한 마중물로서의 역할을 제대로 하게 된다면 필자가 이 책을 집필한 의의는 충분히 달성된 것이리라...

261 교황 요한 바오로 2세, 「과학자들의 대희년 연설」, 6항.

참고 문헌

[성경 및 교도권 문헌]

"Theology, Christology, Anthropology", *International Theological Commission,* 1981.

New Jerusalem Bible, London: Darton, Longman and Todd, 1985.

Novum Testamentum Graece: Nestle-Aland 27th Edition, Stuttgart: Deuche Bibelgesellschaft, 1993.

Pope Pius XII, "The Proofs for the Existence of God in the Light of Modern Natural Science", *Address to the Plenary Session and to the Study Week on the Subject 'The Question of Microseisms'*, Pontifical Academy of Sciences (1951년 11월 22일). http://www.pas.va/content/accademia/en/magisterium/piusxii/22november1951.html

『성경』, 서울: 한국 천주교 주교회의, 2006.

200주년 신약성서 번역위원회 옮김, 『(한국 천주교회 창립) 200주년 기념 신약성서』, 왜관: 분도출판사, 1998.

교황청 교리서 위원회, 한국 천주교 주교회의 교리교육위원회 옮김, 『가톨릭 교회 교리서』, 서울: 한국 천주교 주교회의, 2003. [본문에서는 CCC로 표기]

하인리히 덴칭거, 한국 천주교 주교회의 덴칭거 책임번역위원회 옮김, 『하인리히 덴칭거: 신경, 신앙과 도덕에 관한 규정 · 선언 편람 제44판』, 서울: 한국 천주교 주교회의, 2017. [본문에서는 DH로 표기]

『거룩한 전례에 관한 헌장』(*Sacrosanctum Concilium*). [본문에서는 SC로 표기]

『교회에 관한 교의 헌장』(*Lumen Gentium*). [본문에서는 LG로 표기]

『하느님의 계시에 관한 교의 헌장』(*Dei Verbum*). [본문에서는 DV로 표기]

『현대 세계의 교회에 관한 사목 헌장』(*Gaudium et spes*). [본문에서는 GS로 표기]

교황 비오 12세, 회칙『성령의 영감』(*Divino afflante Spiritu*) (1943년 9월 30일).
교황 요한 바오로 2세, 「과학자들의 대희년 연설」(2000년 5월 25일).
교황 요한 바오로 2세, 회칙『신앙과 이성』(*Fides et Ratio*) (1998년 9월 14일).

[단행본 및 논문]

Abe, K. *et al.* (Belle Collaboration), "Observation of Large CP Violation in the Neutral B Meson System", *Physical Review Letters* 87(2001), 091802.

Abouziad, E. *et al.*, "Precise Measurements of Direct CP Violation, CPT Symmetry, and Other Parameters in the Neutral Kaon System," *Physical Review D* 83(2011), 092001.

Aczel, Amir D., *Entanglement: the greatest mystery in physics,* New York: Four Walls Eight Windows, 2001.

Ade, P.A. *et al.*, "Planck 2015 results. XIII. Cosmological parameters", *Astronomy & Astrophysics* 594(2016), A13.

Alter, O. and Y. Yamamoto, *Quantum Measurement of a Single System*, New York: John Wiley & Sons, Inc., 2001.

Angelopoulos, A. *et al.* (CPLEAR Collaboration), "First direct observation of time−reversal non−invariance in the neutral−kaon system", *Physics Letters B* 444(1998), 43~51.

Arndt, M. *et al.*, "Wave−particle duality of C_{60}", *Nature* 401(1999), 680~682.

Aspect, Alain, Jean Dalibard, and Gérard Roger, "Experimental Test of Bell's Inequalities Using Time−Varying Analyzers", *Physical Review Letters* 49(1982), 1804~1807.

Aspect, Alain, Philippe Grangier, and Gérard Roger, "Experimental Realization of Einstein−Podolsky− Rosen−Bohm Gedankenexperiment: A New Violation of Bell's Inequalities", *Physical Review Letters* 49(1982), 91~94.

Aubert, B. *et al.* (BABAR Collaboration), "Direct CP Violating Asymmetry in B0 → K+π− Decays", *Physical Review Letters* 93(2004), 131801.

Aubert, B. *et al.* (BABAR Collaboration), "Observation of CP Violation in the B0 Meson System", *Physical Review Letters* 87(2001), 091801.

Audretsch, Jürgen, *Entangled Systems: New Directions in Quantum Physics*, Weinheim: WILEY-VCH Verlag GmbH & Co. KGaA, 2007.

Austin, William H., "Waves, Particles and Paradoxes", *Rice University Studies* 53(1967), 1~103.

Baggott, Jim, *Beyond Measure: Modern Physics, Philosophy, and the Meaning of Quantum Theory*, Oxford: Oxford University Press, 2003.

Barabási, Albert-László and Réka Albert, "Emergence of scaling in random networks", *Science* 286(1999), 509~512.

Barabási, Albert-László, *Linked: The New Science of Networks,* Cambridge: Perseus Publishing, 2002.

Barabási, Albert-László, *Network Science,* Cambridge: Cambridge University Press, 2016.

Barbour, Ian G., *Myths, Models and Paradigms: the Nature of Scientific and Religious Language*, New York: HarperSanFrancisco, 1974.

Barbour, Ian G., *Religion in an Age of Science*, New York: HarperSanFrancisco, 1990.

Barbour, Ian G., *When Science Meets Religion: Enemies, Strangers, or Partners?*, New York: HarperSanFrancisco, 2000.

Barrat, A., M. Barthélemy, R. Pastor-Satorras, and A. Vespignani, "The architecture of complex weighted networks", *Proceedings of National Academy of Sciences USA* 101(2004), 3747~3752.

Barrat, Alain, Marc Barthélemy, and Alessandro Vespignani, *Dynamical Processes on Complex Networks*, Cambridge: Cambridge University Press, 2008.

Barthélemy, M. and L.A. Amaral, "Small-world networks: Evidence for a crossover picture", *Physical Review Letters* 82(1999), 3180~3183.

Basdevant, Jean-Louis and Jean Dalibard, *Quantum Mechanics,* Berlin: Springer-Verlag, 2002.

Bell, John S., "On the Einstein-Podolsky-Rosen paradox", *Physics* 1(1964), 195~200.

Bell, John S., *Speakable and Unspeakable in Quantum Mechanics,* Cambridge: Cambridge University Press, 1997.

Bennett, C. *et al.*, "First-Year Wilkinson Microwave Anisotropy Probe (WMAP) Observations: Foreground Emission", *Astrophysical Journal Supplement* 148(2003), 97~117.

Bennett, C.L. *et al.*, "Nine-Year Wilkinson Microwave Anisotropy Probe (WMAP) Observations: Final Maps and Results", *Astrophysical Journal Supplement* 208(2013), 20.

Bernabéu, J. and F. Martínez-Vidal, "Colloquium: Time-reversal violation with quantum-entangled B mesons", *Review of Modern Physics* 87(2015), 165.

Bernabéu, J. and F. Martínez-Vidal, "Time-Reversal Violation", *Annual Review of Nuclear and Particle Science* 65(2015), 403~427.

Binnig, G. and H. Rohrer, "Scanning tunneling microscopy", *Surface Science* 126(1983), 236~244.

Binnig, G., H. Rohrer, Ch. Gerber, and E. Weibel, "Surface studies by scanning tunneling microscopy", *Physical Review Letters* 49(1982), 57~61.

Binnig, G., H. Rohrer, Ch. Gerber, and E. Weibel, "Tunneling through a controllable vacuum gap", *Applied Physics Letter* 40(1982), 178~180.

Boggess, N.W. *et al.*, "The COBE Mission: Its Design and Performance Two Years after the launch", *Astrophysical Journal* 397(1992), 420~429.

Bohm, David, "A Suggested Interpretation of the Quantum Theory in Terms of "Hidden" Variables. I & II", *Physical Review* 85(1952), 166~179, 180~193.

Bohr, Niels, "Can Quantum-Mechanical Description of Physical Reality be Considered Complete?", *Physical Review* 48(1935), 696~702.

Bohr, Niels, "The Quantum Postulate and the Recent Development of Atomic Theory", *Nature* 121(1928), 580~590.

Bohr, Niels, J.R. Nielsen ed., *Niels Bohr Collected Works, Vol. 3: The Correspondence Principle (1918~1923)*, Amsterdam: North-Holland Publishing, 1976.

Bohr, Niels, D. Favrholdt ed., *Niels Bohr Collected Works, Vol. 10: The Complementarity Beyond Physics (1928~1962)*, Amsterdam: North-

Holland Publishing, 1999.

Bollobás, Béla, "Degree sequences of random graphs", *Discrete Mathematics* 33(1981), 1~19.

Bollobás, Béla, *Random Graphs*, Cambridge: Cambridge University Press, 2001[2].

Carroll, Sean, *From Eternity to Here: The Quest for the Ultimate Theory of Time*, New York: Dutton, 2010.

Chao, Y. *et al.* (Belle Collaboration), "Evidence for Direct CP Violation in B0 → K+π− Decays", *Physical Review Letters* 93(2004), 191802.

Christenson, J.H., J.W. Cronin, V.L. Fitch, and R. Turlay, "Evidence for the 2π Decay of the K20 Meson", *Physical Review Letters* 13(1964), 138~140.

Cohen, R. and S. Havlin, *Complex Networks: Structure, Robustness and Function*, Cambridge: Cambridge University Press, 2010.

Compton, A.H., "A Quantum Theory of the Scattering of X−Rays by Light Elements", *Physical Review* 21(1923), 483~502.

Davisson, C., and L.H. Germer, "The Scattering of Electrons by a Single Crystal of Nickel", *Nature* 119(1927), 558~560.

de Broglie, L., "Recherches sur la théorie des quanta", *Annales de Physique* 3(1925), 22~128.

Deprit, Andre, "Monsignor Georges Lemaître", in ed. A. Barger, *The Big Bang and Georges Lemaître: Proceedings of a Symposium in honour of G. Lemaître fifty years after his initiation of Big-Bang Cosmology, Louvain-la-Neuve, Belgium, 10-13 October 1983,* Dordrecht: D. Reidel Pub. Co., 1984, 363~392.

Dirac, Paul A.M., *The Principles of Quantum Mechanics*, Oxford: Oxford University Press, 1958[4].

Dodds, P.S., R. Muhamad, and D.J. Watts, "An Experimental Study of Search in Global Social Networks", *Science* 301(2003), 827~829.

Dorogovtsev, Sergey N., *Lectures on Complex Networks*, Oxford: Oxford University Press, 2010.

Dulles, S.J., Avery, *Models of Revelation,* Maryknoll: Orbis Books, 1992[2].

Dulles, S.J., Avery, *Models of the Church*, New York: Image Books, 2002[2].

Eddington, A.S., *The Nature of the Physical World*, New York: The Macmillan Company, 1929.

Einstein, A., B. Podolsky, and N. Rosen, "Can Quantum-Mechanical Description of Physical Reality be Considered Complete?", *Physical Review* 47(1935), 777~780.

Einstein, A., "Über einen die Erzeugung und Verwandlung des Lichtes betreffenden heuristischen Gesichtspunkt", *Annalen der Physik* 17(1905), 132~148.

Estrada, Ernesto and Philip A. Knight, *A First Course in Network Theory*, Oxford: Oxford University Press, 2015.

Feynman, R., R.B. Leighton, and M. Sands, *The Feynman Lectures on Physics Vol. III,* Reading: Addison-Wesley Publishing Co., 1965. (http://feynmanlectures.caltech.edu/III_toc.html)

Fiorenza, Francis Schüssler and John P. Galvin eds., *Systematic Theology: Roman Catholic Perspectives,* Mineapolis: Fortress Press, 2011[2].

Fixsen, D.J. *et al.*, "Cosmic microwave background dipole spectrum measured by the COBE FIRAS instrument", *Astrophysical Journal* 420(1994), 445~449.

Freeman, Linton C., "A set of measures of centrality based upon betweenness", *Sociometry* 40(1977), 35~41.

Fresnel, A., "Memoir on the Diffraction of Light", in H. Crew ed., *The Wave Theory of Light: Memoirs by Huygens, Young and Fresnel*, New York: American Book Company, 1900, 79~145.

Gawiser, Eric and Joseph Silk, "The cosmic microwave background radiation", *Physics Reports* 333-334(2000), 245~267.

Gilder, Louisa, *The Age of Entanglement: When Quantum Physics Was Reborn*, New York: Alfred A. Knopf, 2008.

Girvan, M. and M.E.J. Newman, "Community structure in social and biological networks", *Proceedings of the National Academy of Sciences USA* 99(2002), 7821~7826.

Gisin, Nicolas, *Quantum Chance: Nonlocality, Teleportation and Other*

Quantum Marvels, Berlin: Springer, 2014.

Goh, K.-I., B. Kahng, and D. Kim, "Universal Behavior of Load Distribution in Scale-Free Networks", *Physical Review Letters* 87(2001), 278701.

Goh, K.-I., E. Oh, B. Kahng, and D. Kim, "Betweenness centrality correlation in social networks", *Physical Review E* 67(2003), 017101.

Gould, Stephen Jay, *Full House: The Spread of Excellence from Plato to Darwin,* Cambridge: The Belknap Press of Harvard University Press, 2011.

Greenberger, D., K. Hentschel, and F. Weinert eds., *Compendium of Quantum Physics: Concepts, Experiments, History and Philosophy*, Berlin: Springer-Verlag, 2009.

Greenstein, G. and A.G. Zajonc, *The Quantum Challenge: Modern Research on the Foundations of Quantum Mechanics*, Sudbury: Jones and Bartlett Publishers, 1997.

Guth, Alan H., "Inflationary universe: A possible solution to the horizon and flatness problems", *Physical Review D* 23(1981), 347~356.

Guth, Alan H., *The Inflationary Universe: The Quest for a New Theory of Cosmic Origins*, New York: Perseus Books, 1997.

Hartle, J.B. and S.W. Hawking, "Wave function of the Universe", *Physical Review D* 28(1983), 2960~2975.

Hawking, Stephen W., "Arrow of time in cosmology", *Physical Review D* 32(1985), 2489~2495.

Hawking, Stephen W., *A Brief History of Time: From the Big Bang to Black Holes,* New York: Bantam Books, 1988.

Hertz, H.R., "Ueber die Ausbreitungsgeschwindigkeit der electrodynamischen Wirkungen", *Annalen der Physik* 270(1888), 551~569.

Hubble, Edwin, "A relation between distance and radial velocity among extra-galactic nebulae", *Proceedings of the National Academy of Sciences USA* 15(1929), 168~173.

Huygens, C., "Treatise on Light", in H. Crew ed., *The Wave Theory of Light: Memoirs by Huygens, Young and Fresnel*, New York: American Book Company, 1900, 1~41.

Ismael, Jenann, "From Physical Time to Human Time", in Yuval Dolev and Michael Roubach eds., *Cosmological and Psychological Time*, Heidelberg: Springer, 2016, 107~124.

Jacobs, Kurt, *Quantum Measurement Theory and Its Applications*, Cambridge: Cambridge University Press, 2014.

Jaeger, Gregg, *Entanglement, Information, and the Interpretation of Quantum Mechanics*, Berlin: Springer, 2009.

Jammer, Max, *The Conceptual Development of Quantum Mechanics*, New York: McGraw-Hill, 1966.

Jammer, Max, *The Philosophy of Quantum Mechanics: The Interpretations of QM in Historical Perspective*, New York: John Wiley and Sons, 1974.

Jeong, H., S.P. Mason, A.-L. Barabási, and Z.N. Oltvai, "Lethality and centrality in protein networks", *Nature* 411(2001), 41~42.

Jönsson, C., "Elektroneninterferenzen an mehreren künstlich hergestellten Feinspalten", *Zeitschrift für Physik* 161(1961), 454~474.

Jowers, Dennis W., *The Trinitarian Axiom of Karl Rahner: the Economic Trinity is the Immanent Trinity and Vice Versa*, Lewiston: The Edwin Mellen Press, 2006.

Kaiser, Christopher B., "Christology and Complementarity", *Religious Studies* 12(1976), 37~48.

Kim, D.-H., G.J. Rodgers, B. Kahng, and D. Kim, "Modelling hierarchical and modular complex networks: division and independence", *Physica A* 351(2005), 671~679.

LaCugna, Catherine Mowry, *God For Us: The Trinity and Christian Life*, New York: HarperSanFrancisco, 1991.

Ladaria, Luis F., trans. Maria Isabel Reyna and Liam Kelly, *The Living and True God: The Mystery of the Trinity,* Miami: Convivium Press, 2010.

Laloë, Franck, *Do We Really Understand Quantum Mechanics?*, Cambridge: Cambridge University Press, 2012.

Lees, J.P., *et al.* (BABAR Collaboration), "Observation of Time-Reversal Violation in the B0 Meson System", *Physical Review Letters* 109(2012),

211801.

Lemaître, G., "Expansion of the universe, A homogeneous universe of constant mass and increasing radius accounting for the radial velocity of extra-galactic nebulae", *Monthly Notices of the Royal Astronomical Society* 91(1931), 483~490.

Lemaître, G., "Un Univers homogène de masse constante et de rayon croissant rendant compte de la vitesse radiale des nébuleuses extra-galactiques", *Annales de la Société Scientifique de Bruxelles* 47(1927), 49~59.

Lemaître, Georges, Jan Govaerts and Jean-François Stoffel eds., trans. Christine Leroy and Stephen Lyle, *Learning the Physics of Einstein with Georges Lemaître: Before the Big Bang Theory*, Gewerbestrasse: Springer Nature Switzerland AG, 2019.

Longair, Malcolm S., *Quantum Concepts in Physics: An Alternative Approach to the Understanding of Quantum Mechanics*, Cambridge: Cambridge University Press, 2013.

Lüders, Gerhart, "Proof of the TCP Theorem", *Annals of Physics* 281(2000), 1004~1018.

Malthus, Thomas, *An Essay on the Principle of Population, As It Affects the Future Improvement of Society with Remarks on the Speculations of Mr. Goodwin,* M. Condorcet and Other Writers, London: J. Johnson in St Paul's Church-Yard, 1798.

Maslov, Sergei and Kim Sneppen, "Specificity and stability in topology of protein networks", *Science* 296(2002), 910~913.

Maslov, Sergei, Kim Sneppen and Alexei Zaliznyak, "Detection of topological patterns in complex networks: correlation profile of the Internet", *Physica A* 333(2004), 529~540.

Maxwell, J.C., "A Dynamical Theory of the Electromagnetic Field", *Philosophical Transactions of the Royal Society of London* 155(1865), 459~512.

McBrien, Richard P., *Catholicism*, New York: HarperOne, 1994.

McGrath, Alister E., *A Scientific Theology: Volume 1 Nature*, Grand Rapids:

William B. Eerdmans Publishing Company, 2001.

McGrath, Alister E., *A Scientific Theology: Volume 2 Reality*, Grand Rapids: William B. Eerdmans Publishing Company, 2002.

McGrath, Alister E., *A Scientific Theology: Volume 3 Theory*, Grand Rapids: William B. Eerdmans Publishing Company, 2003.

McGrath, Alister E., *The Science of God: An Introduction to Scientific Theology*, London: T&T Clark International, 2004.

Milgram, S., "The Small-World Problem", *Psychology Today* 1(1967), 61~67.

Moltmann, Jürgen, trans. R.A. Wilson and John Bowden, *The Crucified God: The Cross of Christ as the Foundation and Criticism of Christian Theology*, Minneapolis: Fortress Press, 1993.

Moltmann, Jürgen, trans. Margaret Kohl, *The Trinity and the Kingdom: the Doctrine of God,* Minneapolis: Fortress Press, 1993.

Muller, Richard A., Now: *The Physics of Time*, New York: W.W. Norton & Company, 2017.

Newman, M.E.J. and M. Girvan, "Finding and evaluating community structure in networks", *Physical Review E* 69(2004), 026113.

Newman, M.E.J., "A measure of betweenness centrality based on random walks", *Social Networks* 27(2005), 39~54.

Newman, M.E.J., "Fast algorithm for detecting community structure in networks", *Physical Review E* 69(2004), 066133.

Newman, M.E.J., "Scientific collaboration networks. II. Shortest paths, weighted networks, and centrality", *Physical Review E* 64(2001), 016132.

Newman, M.E.J., *Networks: An Introduction*, Oxford: Oxford University Press, 2018[2].

Newton, I., B. Cohen ed., *Opticks: Or a Treatise of the Reflections, Refractions, Inflections & Colours of Light-Based on the Fourth Edition London, 1730*, New York: Dover Publications, 2012.

Nowak, M.A., *Evolutionary Dynamics*, Cambridge: The Belknap Press of Harvard University Press, 2006.

O'Collins S.J., Gerald, *Christology: A Biblical, Historical, and Systematic*

Study of Jesus, Oxford: Oxford University Press, 2009[2].

Pastor−Satorras, Romualdo, Alexei Vázquez, and Alessandro Vespignani, "Dynamical and Correlation Properties of the Internet", *Physical Review Letters* 87(2001), 258701.

Penzias, A.A. and R.W. Wilson, "A Measurement of Excess Antenna Temperature at 4080 Mc/s", *Astrophysical Journal* 142(1965), 419~421.

Peres, Asher, *Quantum Theory: Concepts and Methods*, New York: Kluwer Academic Publishers, 2002.

Perlmutter, S. *et al.*, "Measurement of Ω and Λ from 42 high−redshift supernovae", *Astrophysical Journal* 517(1999), 565~586.

Perlov, D. and A. Vilenkin, *Cosmology for the Curious*, New York: Springer, 2017.

Planck, M., "Zur Theorie des Gesetzes der Energieverteilung im Normalspektrum", *Verhandlungen der Deutschen Physikalischen Gesellschaft* 2(1900), 237~245.

Polkinghorne, John, *Belief in God in an Age of Science*, New Haven: Yale University Press, 1998.

Polkinghorne, John, *Exploring Reality: The Intertwining of Science and Religion,* New Haven: Yale University Press, 2005.

Polkinghorne, John, *One World: the Interaction of Science and Theology*, Philadelphia: Templeton Foundation Press, 2007.

Polkinghorne, John, *Quantum Physics and Theology: An Unexpected Kinship*, New Haven: Yale University Press, 2007.

Polkinghorne, John, *Quantum Theory: A Very Short Introduction,* Oxford: Oxford University Press, 2002.

Polkinghorne, John, *Science and Religion in Quest of Truth*, New Haven: Yale University Press, 2011.

Polkinghorne, John, *Science and The Trinity: The Christian Encounter With Reality,* New Haven: Yale University Press, 2004.

Polkinghorne, John, *The Faith of a Physicist: Reflections of a Bottom-Up Thinker,* Minneapolis: Fortress, 1996.

Polkinghorne, John, *Theology in the Context of Science*, New Haven: Yale

University Press, 2009.

Price, Huw, "Cosmology, time's arrow, and that old double standard", in Steven F. Savitt ed., *Time's Arrows Today: Recent physical and philosophical work on the direction of time,* Cambridge: Cambridge University Press, 1995, 66~94.

Przywara, Erich, trans. John R. Betz and David Bentley Hart, *Analogia Entis: Metaphysics - Original Structure and Universal Rhythm,* Grand Rapids: William B. Eerdmans Publishing Company, 2014.

Rae, Alastair I.M., *Quantum Physics: Illusion or Reality?* Cambridge: Cambridge University Press, 2004[2].

Rahner, Karl, *The Trinity, trans.* Joseph Donceel, London: Continuum, 2001.

Ramos, Ramón, David Spierings, Isabelle Racicot, and Aephraim M. Steinberg, "Measurement of the time spent by a tunnelling atom within the barrier region", *Nature* 583(2020), 529~532.

Ravasz, E., A.L. Somera, D.A. Mongru, Z.N. Oltvai, and A.-L. Barabási, "Hierarchical organization of modularity in metabolic networks", *Science* 297(2002), 1551~1555.

Ravasz, Erzsébet and Albert-László Barabási, "Hierarchical organization in complex networks", *Physical Review E* 67(2003), 026112.

Riess, A.G. *et al.*, "Observational evidence from supernovae for an accelerating universe and cosmological constant", *Astronomical Journal* 116(1998), 1009~1038.

Savitt, Steven F., "Introduction", in Steven F. Savitt ed., *Time's Arrows Today: Recent physical and philosophical work on the direction of time,* Cambridge: Cambridge University Press, 1995, 1~19.

Schlosshauer, Maximilian A., *Decoherence and the Quantum-To-Classical Transition,* Berlin: Springer-Verlag, 2007.

Schrödinger, E., "An Undulatory Theory of the Mechanics of Atoms and Molecules", *Physical Review* 28(1926), 1049~1070.

Schrödinger, E., "Quantisierung ales Eigenwertproblem, Teil I bis IV,", *Annalen der Physik* 79(1926), 361~376; 79(1926), 489~527; 80(1926), 437~490; 81(1926), 109~139.

Simmons, Ernest L., "Quantum perichoresis: Quantum field theory and the Trinity", *Theology and Science* 4(2006), 137~150.

Simmons, Ernest L., *The Entangled Trinity: Quantum Physics and Theology*, Minneapolis: Fortress Press, 2014.

Sorell, Tom, *Scientism: Philosophy and the Infatuation with Science*, London: Routledge, 1991.

Tegmark, M., "Is 'the Theory of Everything' Merely the Ultimate Ensemble Theory?" *Annals of Physics* 270(1998), 1~261.

Tegmark, M., "On the dimensionality of spacetime", *Classical and Quantum Gravity* 14(1997), L69~L75.

Teilhard de Chardin, S.J., P., trans. Bernard Wall, *The Phenomenon of Man*, New York: Harper & Row, 1959.

Travers, J. and S. Milgram, "An Experimental Study of the Small World Problem", *Sociometry* 32(1969), 425~443.

Vaas, Rüdiger, "Time After Time – Big Bang Cosmology and the Arrows of Time", in Laura Mersini-Houghton and Rüdiger Vaas eds., *The Arrows of Time: A Debate in Cosmology,* Berlin: Springer-Verlag, 2012, 5~42.

Vázquez, Alexei, Romualdo Pastor-Satorras, and Alessandro Vespignani, "Large-scale topological and dynamical properties of the Internet", *Physical Review* E 65(2002), 066130.

Vilenkin, Alexander, "Creation of Universes from Nothing", *Physics Letters* 117B(1982), 25~28.

Vittorio, Nicola, *Cosmology*, Boca Raton: CRC Press, 2018.

von Balthasar, Hans Urs, trans. Aidan Nichols, O.P., *Mysterium Paschale: The Mystery of Easter*, Edinburgh: T&T Clark, 1990.

Wasserman, Stanley and Katherine Faust, *Social Network Analysis: Methods and Applications,* Cambridge: Cambridge University Press, 1994.

Watts, D.J. and S.H. Strogatz, "Collective dynamics of 'small-world' networks", *Nature* 393(1998), 440~442.

Watts, D.J., *Small Worlds: The Dynamics of Networks Between Order and Randomness*, Princeton: Princeton University Press, 1999.

Wegter–McNelly, Kirk, "The World, Entanglement, and God: Quantum Theory and the Christian Doctrine of Creation", *Ph.D. Dissertation*, Berkeley: Graduate Theological Union, April 2003.

Wegter–McNelly, Kirk, *The Entangled God: Divine Relationality and Quantum Physics,* New York: Routledge, 2011.

Wheeler, J.A. and W.H. Zurek eds., *Quantum Theory and Measurement*, Princeton: Princeton University Press, 1983.

Whitaker, Andrew, *The New Quantum Age: From Bell's Theorem to Quantum Computation and Teleportation*, Oxford: Oxford University Press, 2012.

Young, T., "Bakerian Lecture: Experiments and calculations relative to physical optics", *Philosophical Transactions of the Royal Society of London* 94(1804), 1~16.

Zachary, Wayne W., "An Information Flow Model for Conflict and Fission in Small Groups", *Journal of Anthropological Research* 33(1977), 452~473.

Zeh, H. Dieter, *The Physical Basis of the Direction of Time*, Berlin: Springer–Verlag, 2007[5].

Zeller, Michael, "Particle Decays Point to an Arrow of Time", *Physics* 5(2012), 129.

Zurek, W.H., "Decoherence and the transition from quantum to classical", *Physics Today* 44(Oct., 1991), 36~44.

Zurek, W.H., "Decoherence, einselection, and the quantum origins of the classical", *Review of Modern Physics* 75(2003), 715~775.

김도현, 「과학과 종교 간 대화의 한 가지 예: 양자물리학과 그리스도론」, 『신학과 철학』 31(2017), 45~74.

김도현, 「양자 삼위일체론: 삼위일체를 이해하려는 하나의 시도」, 『신학과 철학』 32(2018), 5~42.

김도현, 「현대의 과학 시대에서도 신앙은 과연 의미가 있는가?: 과학주의에 관한 비판적 고찰을 통한 신앙의 의미 탐색」, 『신학전망』 204(2019), 130~170.

도킨스, 리처드, 『만들어진 신』, 이한음 옮김, 서울: 김영사, 2007.

라칭거, 요셉, 『그리스도 신앙 어제와 오늘』, 장익 옮김, 왜관: 분도출판사, 2007.
라칭거, 요제프, 「공적 계시와 사적 계시에 대하여」, 『사목』 266(2001, 3), 119~125.
라칭거, 요제프, 『나자렛 예수 2』, 이진수 역, 바오로딸, 2012.
로핑크, 게르하르트, 『예수 마음 코칭: 평신도를 위한 역사 비평학』, 김혁태 역, 생활성서사, 2015.
박종구, 『그리스도교 교의의 역사적 형성 연구』, 서울: 서강대학교 출판부, 2012.
브라운, R.E., 『부활하신 그리스도: 부활시기의 4복음 부활사화에 관한 소고』, 이재수 역, 성바오로, 1996.
서공석, 정양모, 심상태, 유동식, 서광진 외 8인, 『내가 믿는 부활: 삶의 신학 콜로키움』, 서울: 대화문화아카데미, 2012.
슈낙켄부르크, 루돌프, 『복음서의 예수 그리스도』, 김병학 역, 분도출판사, 2009.
아우구스티누스, 『삼위일체론』, 성염 역주, 왜관: 분도출판사, 2015.
아우구스티누스, 『고백록』, 성염 역주, 파주: 경세원, 2016.
오도넬, 존 J., 『삼위일체 하느님의 신비』, 박종구 옮김, 서울: 가톨릭출판사, 2008.
차일링거, 안톤, 『아인슈타인의 베일』, 전대호 옮김, 서울: 승산, 2007.
카스퍼, 발터, 『예수 그리스도의 하느님』, 김관희 옮김, 수원: 수원가톨릭대학교 출판부, 2015.
카스퍼, 발터, 『예수 그리스도』, 박상래 역, 분도출판사, 1977.
큉, 한스, 『교회란 무엇인가』, 이홍근 역, 분도출판사, 1978.
토마스 아퀴나스, 『신학대전 4』, 정의채 옮김, 서울: 바오로딸, 1996.
피즈마이어, 조셉 A., 『그리스도란 어떤 분이신가?: 신약성서에 나타난 그리스도에 관한 문답서』, 이봉우 역, 분도출판사, 1997.
『한국가톨릭대사전』 11권, 서울: 한국교회사연구소, 2005.

찾아보기

CP (대칭성) 위배(*CP* violation) 125, 132, 133

CPT 대칭성(*CPT* symmetry) 133

EPR 역설(The Einstein-Podolsky-Rosen(EPR) paradox) 36, 37, 59

T (대칭성) 위배(*T* violation) 132, 133, 142

ㄱ

가중치(weight) 174, 216~219, 221, 235, 236

가중치 네트워크(weighted network) 174, 177

가지치기(pruning) 204, 205, 211

각운동량 보존의 법칙(conservation law of angular momentum) 147

간섭(interference) 26, 28, 34

갈릴레오(Galileo Galilei) 131

강한 핵력(strong nuclear force) 124, 143

개체수(population) 148, 149, 153~160, 169, 206

거룩한 변모(Transfiguration) 51~53, 73, 74, 107

거리(distance) 181

거시세계(macroscopic world) 19, 20, 106, 111, 129

경외심(awe) 2, 3

경험적 모델(Experiential Model) 195, 199, 209

계몽주의(Enlightenment) 3, 92

계시(revelation) 11, 12, 14, 15, 19, 21, 22, 70, 71, 73~75, 81~83, 88~90, 117, 166~168, 192~214

계층적 모듈 구조(hierarchical modular structure) 184, 220, 227~232, 234

고전물리학(classical physics) 19, 24, 25, 39~41, 43, 105~108, 110, 111

고전장론(classical field theory) 131

공간 역전(패리티) 대칭성(parity symmetry) 132

공동체(community) 67, 68, 165~167, 184, 190~193, 198~214, 222~237

공적 계시(public revelation) 198~200

과정신학(process theology) 8, 157

과학(science) 2

과학(만능)주의(scientism) 4~6, 8

관구장(Provincial) 228~230

관찰(observation) 3, 6, 7, 11, 15, 16, 18, 20~23, 30~32, 39, 42, 53, 57, 70, 72~75, 81, 82, 84, 88, 89, 105, 106, 116~118, 122, 133, 137, 139, 143, 167, 169, 242

관측(measurement) 15, 16, 20, 28~33, 50~54, 56, 70, 88, 117, 118, 122~124, 128, 135, 169
관측 문제(measurement problem) 25, 29, 32, 33, 50, 56~58, 63, 65, 70
광자(photon) 24, 35, 36, 40, 68, 69, 72, 85, 105, 125
광자쌍(photon pair) 35, 38, 68, 69, 72, 83
광전 효과(photoelectric effect) 27
광합성(photosynthesis) 42
교구장(Ordinary) 216, 218~222, 226, 227, 229, 231~234
교의화(dogmatization) 204, 205, 207
교황 비오 12세(Pope Pius XII) 116, 211
교황 요한 바오로 2세(Pope John Paul II) 5, 9, 192, 204, 242, 243
교회(*Ecclesia*) 6, 46, 59, 75, 91, 94, 95, 97~99, 103, 104, 110, 115, 116, 118~120, 144, 154, 164~170, 190~193 195, 197~201, 203~208, 210~216, 218, 220~222, 227, 234, 239, 240
교회론(ecclesiology) 166, 169, 190, 192, 206, 208, 212, 213~215, 242
구원(salvation) 45, 73~75, 78, 88, 108~111, 191, 192, 195, 202, 203
구원경륜(economy) 65, 72, 76, 82, 83
구원경륜적 삼위일체(economic Trinity) 64, 65, 70, 72~75, 81~83, 85
국소 결집 계수(local clustering coefficient) 181, 182
국소성(locality) 35~38
국소적(local) 36, 37, 203
국소적 실재론(local realism) 37, 38
국제신학위원회(International Theological Commission) 82
귀납(induction) 88, 90
균질성(homogeneity) 121
그리스도론(Christology) 6, 18, 21~23, 25, 44, 46, 48, 50, 57, 207, 242
급팽창(inflation) 124, 126
기원(origin) 5, 114~116, 120, 121
기적(miracle) 52, 91, 93
기하급수적(exponential) 154~156, 158, 159, 161

ㄴ

내재적 삼위일체(immanent Trinity) 64~66, 68~71, 81~84
네스토리우스주의(Nestorianism) 50
네트워크 과학(network science) 6, 171, 172, 175, 179, 184, 215, 237, 242
노드(node) 172~185, 187~189, 201~204, 216, 218~224, 226~231, 233~240
뉴턴(Newton, Isaac) 26, 129, 130, 131
뉴트리노(neutrino) 125

ㄷ

단거리 힘(short-ranged force) 143
단성론(monophysitism) 50, 211
닫힌 계(closed system) 146, 147
대응 원리(correspondence principle) 19
덜레스(Dulles, S.J., Avery) 190~192, 194, 197, 199, 200, 202, 203, 205~208, 210, 211, 213, 214
데이비슨(Davisson, Clinton) 27
덴칭거(Denzinger, Heinrich) vi
도킨스(Dawkins, Richard) 4
돌연변이(mutation) 204, 206
동류성 네트워크(assortative network) 186
동적 교회론(dynamic ecclesiology) 206, 208
동적 진화 과정(dynamic evolutionary process) 206, 208, 212, 213
드 브로이(de Broglie, Louis) 27
등방성(isotropy) 121
디랙(Dirac, Paul) 30
디랙 방정식(Dirac equation) 130
떼이야르 드 샤르댕(Teilhard de Chardin, S.J., Pierre) 151, 153

ㄹ

라너(Rahner, S.J., Karl) 81, 82
라칭거(Ratzinger, Joseph A.) 7, 8, 22, 23, 32, 33, 54, 86, 200, 210
라플라스(de Laplace, Pierre-Simon) 131
렙톤(lepton) 125, 148
로젠(Rosen, Nathan) 36
롤러(Rohrer, Heinrich) 42
르메트르(Lemaître, Georges) 121, 122
링크(link) 172, 174, 176~178, 181, 182, 187, 203, 204, 216~218, 221~223, 225, 226, 228, 230, 231, 233~236, 238

ㅁ

마이크로파 잡음(microwave noise) 122, 123
만유재신론(panentheism) 64, 65
맥그라스(McGrath, Alister E.) x
맥스웰(Maxwell, James Clerk) 26, 131
맬서스(Malthus, Thomas Robert) 155, 158
멱급수 법칙(power law) 180, 181, 184, 186, 220, 228, 229
멱급수 지수(power law exponent) 180, 186
명제적 모델(Propositional Model) 194
모듈(module) 184, 237
몰트만(Moltmann, Jürgen) 67, 68, 79
무경계 제안(no boundary proposal) 139
무로부터의 창조(*creatio ex nihilo*) 120, 127, 128, 144, 145, 150~152, 157, 159, 161
무작위 네트워크(random network) 179, 180, 183, 186

미분기하학(differential geometry) 131
미분방정식(differential equation) 30, 131
미시세계(microscopic world) 19, 20, 25, 29, 42, 84, 106, 130
밀그램(Milgram, Stanley) 175, 181

ㅂ

바라바시(Barabási, Albert-László) 180, 184, 228
바르트(Barth, Karl) 14
바버(Barbour, Ian G.) 8, 9, 55
반물질(antimatter) 125, 132, 133
반양성자(antiproton) 125
반중성자(antineutron) 125
방향성 네트워크(directed network) 177, 218, 222
벨(Bell, John) 37
벨 부등식(Bell's inequality) 37, 38
변증법적 모델(Dialectical Model) 195, 209, 213
별 네트워크(star network) 225, 226, 227
보어(Bohr, Niels) 19, 28, 29, 36, 47, 58
복잡계(complex system) 171, 172, 198
복잡계 네트워크(complex network) 171, 172, 174, 212
본성(nature) 6, 21, 45, 50~57, 61, 66, 67, 69, 74, 75, 79, 84, 85, 115, 116, 118, 119, 150, 152, 154, 155, 157, 158, 215
볼츠만의 H-정리(Boltzmann's H-Theorem) 132
봄(Bohm, David) 37
부활(Resurrection) 7, 18, 22, 23, 43, 52, 53, 73, 75, 76, 87, 89~110, 154, 201, 210, 242
분리 안의 함께함(togetherness-in-separation) 59, 60, 68
분리-독립(division and independence) 204
불확정성 원리(uncertainty principle) 20, 29
비가역성(irreversibility) 136, 137
비국소적(non-local) 36, 38, 64, 72, 80
비니히(Binnig, Gerd) 42
비동류성 네트워크(disassortative network) 186
비방향성 네트워크(undirected network) 177, 178, 218, 222
비상대론적 양자역학(non-relativistic quantum mechanics) 130
비판적 실재론(critical realism) 11, 18, 32, 116, 167
빅뱅 우주론(Big Bang cosmology) 6, 115~117, 121, 123, 124, 126, 128, 140, 242
빈 무덤(empty tomb) 87, 92, 93, 96~98, 102, 103

ㅅ

사도 전승(Tradition) 205
사신/복음 선포자(herald/kerygma) 191

사이 중심성(betweenness centrality) 187~189, 221, 224, 226, 229, 233, 235
사이먼스(Simmons, Ernest L.) 59, 63, 64
사적 계시(private revelation) 198, 200
사회 네트워크(social network) 166, 167, 169, 170, 172, 174, 181, 183, 186, 187, 189, 190, 193, 198, 201, 204, 213~216, 218, 222, 232
사회적 삼위일체론(Social Trinitarianism) 67
삼신론(Tritheism) 84, 85
삼위일체론(Trinitarianism) 6, 18, 22, 23, 25, 58~62, 64~70, 79, 80, 82~86, 242
삼위일체의 흔적(*vestigium trinitas*) 63, 83, 84
상관관계(correlation) 140, 166
상관관계 지수(correlation exponent) 186, 220, 224, 226, 229, 231, 238
상대론적 양자역학(relativistic quantum mechanics) 130
상보성(complementarity) 25, 28, 29, 33, 44, 46~48, 50, 55~57, 243
상전이(phase transition) 168
상징적 매개(symbolic mediation) 199, 202~204, 207, 213
상향식(bottom-up) 15, 21
새로운 의식 모델(New Awareness/Consciousness Model) 196, 209, 213
생성(generation) 119, 120, 127, 128, 144, 145, 148, 151, 153~155, 157, 159~161
선형대수학(linear algebra) 30
성령(Holy Spirit) 66, 67, 69~72, 76~80, 84, 85, 93, 109, 110, 164~166, 191, 197, 201, 202, 205, 207, 211
성부(Father) 44, 66, 67, 69~77, 79, 80, 84, 85, 109, 110, 153
성사(sacrament) 191, 192
성자(Son) 44, 66, 67, 69~81, 84, 85, 109, 111
세례(Baptism) 72~74
세스부에(Sesboüé, S.J., Bernard) 72
순명(obedience) 75, 76, 78~80, 109, 225
숨은 변수(hidden variables) 37, 38
슈뢰딩거(Schrödinger, Erwin) 30, 35, 39, 54
슈뢰딩거 (파동) 방정식(Schrödinger's wave equation) 30, 39, 41, 130
스탠퍼드 선형 가속기 센터(Stanford Linear Accelerator Center; SLAC) 142
스트로가츠(Strogatz, Steven) 183
시간성(temporality) 118, 150, 152, 153, 155, 157, 158, 160, 161, 166

시간 역전 대칭성(time reversal symmetry) 132, 142
시간 역전 불변성(time reversal invariance) 129, 130
시간 역전 위배(time-reversal violation) 142~144
시간의 화살(the arrow of time) 119, 128~141, 143~145, 152, 154, 157, 158, 160
신성(divinity) 12, 21, 44~46, 49, 51, 53~56, 66, 67, 73
신앙 유비(*analogia fidei*) 14
신적 개입(divine intervention) 154
신적 충만(*pleroma*) 63
심리학적 시간의 화살(psychological arrow of time) 134, 135, 138, 139
십자가(Cross) 22, 73, 74, 76~79, 98, 101, 104, 106, 108, 109

ㅇ

아리우스(Arius) 56, 204, 206
아스페(Aspect, Alain) 38, 60
아우구스티누스(Augustinus) 83, 144, 145, 151
아인슈타인(Einstein, Albert) 27, 34~38, 60, 121, 122, 128, 130, 147
약한 핵력(weak nuclear force) 124, 133, 143
양성자(proton) 125, 148
양자물리학(quantum physics) 6, 18~21, 23~25, 29~32, 34~41, 43~46, 48~50, 53, 54, 56~60, 63~65, 68, 81, 84~87, 105~111, 242
양자 비일관성(quantum decoherence) 106
양자 삼위일체론(Quantum Trinitarianism) 18, 59, 65, 69, 82~86
양자 얽힘(quantum entanglement) 25, 34~36, 38, 39, 58~65, 68, 70, 75, 77, 81, 83
양자 요동(quantum fluctuation) 124
양자 일관성(quantum coherence) 106, 107
양자장론(quantum field theory) 63, 131
양자 정보(quantum information) 34, 58
양자 컴퓨터(quantum computer) 42
양자 터널링(quantum tunneling) 25, 39~ 43, 104, 105~111, 151
양자화(quantization) 24
양태론(Modalism) 84
얽힌 삼위일체론(Entangled Trinitarianism) 58, 59, 62, 64, 65, 68, 85
에너지 보존의 법칙(conservation law of energy) 147, 150
에너지 준위(energy level) 24
에딩턴(Eddington, Arthur) 129, 131, 140
에우티케스(Eutyches) 56
엔트로피(entropy) 131, 132, 134,

136, 137, 140, 156, 159
여섯 단계 분리(six degrees of separation) 175, 181
역사적 모델(Historical Model) 194, 209, 213
연결선수(degree) 177, 178, 180, 182, 184~189, 233~235
연결선수 분포(degree distribution) 177, 179~181, 219, 229
연결선수 상관관계 함수(degree correlation function) 184~186, 220
연결선수 지수(degree exponent) 180, 224, 226, 238
연역(deduction) 88, 194
열역학적 시간의 화살(thermodynamic arrow of time) 134~140
영(Young, Thomas) 26
영원성(eternity) 150, 152~154, 157~160
옌손(Claus Jönsson, Claus) 28
오스틴(Austin, William H.) 45, 46, 55
와츠(Watts, Duncan) 181, 183
완전한 그래프(complete graph) 182, 223, 235
우주론적 시간의 화살(cosmological arrow of time) 134, 135, 137, 139, 141
우주 (마이크로파) 배경 복사(Cosmic (Microwave) Background Radiation) 123, 125
우주생성(cosmogenesis) 151, 158
운동량 보존의 법칙(conservation law of momentum) 146
원거리 작용(action-at-a-distance) 36, 72, 80, 143
웩터-맥넬리(Wegter-McNelly, Kirk) 59, 61, 62, 64, 65, 70, 71, 83
위격(Person) 21, 45, 50, 55, 56, 59~61, 65~70, 75, 77~81, 84, 85
윌슨(Wilson, Robert W.) 122
유럽 입자 물리 연구소(Conseil Européen pour la Recherche Nucléaire; CERN) 142
유비(*analogia*) 2, 6, 7, 10~16, 18~20, 48, 50, 54, 56, 57, 68~70, 81, 83~85, 111, 116~118, 128, 167~169
육화(Incarnation) 62, 64, 73, 76, 79, 197
의화(justification) 110, 111
이원론(dualism) 118, 157, 159
이중성(duality) 25~28, 40, 44, 45, 47~49, 54, 58, 71, 106, 107, 110
이중 슬릿 실험(double-slit experiment) 26, 28
인간생성(anthropogenesis) 153~156, 158~160
인과관계(causation) 140
인성(humanity) 21, 44~46, 49, 51, 54~56
인식론(epistemology) 11, 21~23, 31, 81, 84

인접 행렬(adjacency matrix) 176~178
인플레이션(=급팽창; inflation) 124
일반 상대성 이론(general theory of relativity) 128, 130, 131

ㅈ

자기현현(self-manifestation) 52, 207
자연 선택(natural selection) 206
자연과학(natural science) 2~4, 6, 11, 15, 20, 31, 114, 115, 183
자연신학(natural theology) 8
자연의 신학(theology of nature) 8, 60
자연철학(natural philosophy) 2
자카리(Zachary, Wayne W.) 237
작은 세계 네트워크(small-world network) 175, 181, 183
장거리 힘(long-ranged force) 143
장론(field theory) 131
장상(Superior) 216, 218~222, 224, 225, 227, 228, 231~236
저머(Germer, Lester) 27
전자기력(electromagnetic force) 124, 143
전자기파(electromagnetic wave) 26, 27
전하 켤레 대칭성(charge conjugation symmetry) 132
제2차 바티칸 공의회(the Second Vatican Council) 119, 164, 166, 191, 204
제도/기관(institution) 191, 192
존재 유비(*analogia entis*) 11, 14, 15
종/섬김(servant/diakonia) 191, 192
주관성(subjectivity) 32, 70
주사 터널링 현미경(Scanning Tunneling Microscope; STM) 42
중력(gravitational force) 121, 124, 125, 128, 131, 141, 143
중립성 네트워크(neutral network) 186, 224
중성자(neutron) 125, 148
중첩(superposition) 25, 29~32, 58, 63~65, 70, 72, 82, 83
지복직관(*Visio Dei*) 6, 83
지속적 창조(*creatio continua*) 120, 154, 156~161
지지울라스(Zizioulas, John) 60
질량 보존의 법칙(conservation law of mass) 146, 147
질량-에너지 보존의 법칙(conservation law of mass-energy) 147
집단적 행위(collective behaviors) 169

ㅊ

차일링거(Zeilinger, Anton) 28, 34
창조(creation) 10, 12~15, 60~62, 84, 86, 108, 114~120, 127, 128, 144~146, 150~154, 156~161, 193, 195, 242
창조신학(creation theology) 14, 117, 118, 242
척도 없는 네트워크(scale-free network) 180, 219, 229
초전도 양자 간섭 장치 자력계 (superconducting quantum

interference device(SQUID) magnetometers) 42
초전도 큐비트(superconducting qubits) 42
최단 경로(shortest path) 181, 187, 188
친교(koinonia) 69, 77, 79, 191, 192

ㅋ

카르투시오회(Carthusian Order) 3
카이저(Kaiser, Christopher B.) 47, 48
칼케돈 정식(Chalcedonian Definition) 21, 23, 44~46, 50, 56~58
캐롤(Carroll, Sean) 135
코펜하겐 해석(Copenhagen interpretation) 25, 35~38
콤프턴(Compton, Arthur) 27
쿼크(quark) 125, 148
클러스터(cluster) 184, 188, 189, 204, 221, 224, 227~229, 237, 239

ㅌ

테그마크(Tegmark, Max) 141
텐서곱(tensor product) 38
토마스 아퀴나스(Thomas Aquinas) 10, 11, 14, 23, 75, 80, 84
통치 구조(governance structure) 167, 170, 215, 216
특수 상대성 이론(special theory of relativity) 36, 130, 147

ㅍ

파동-입자 이중성 (wave-particle duality) 24~28, 40, 44, 48, 54, 58, 63, 106
파동함수(wave function) 30, 41
퍼텐셜 에너지 장벽(potential energy barrier) 39~43, 108
페르미연구소(Fermilab) 142
페리코레시스(perichoresis) 60~65, 69, 85
펜지아스(Penzias, Arno A.) 122
평균 결집 계수(average clustering coefficient) 181~184, 220, 223, 227, 229, 231, 238
평균 경로 길이(average path length) 181, 219, 223, 226, 229, 232, 238
평균 연결선수(average degree) 177~179, 184, 187, 233, 234
포돌스키(Podolsky, Boris) 36
포아송 분포(Poisson distribution) 180
폴킹혼(Polkinghorne, John) 15, 48, 49, 59, 61, 62, 64, 68, 69, 85, 86
프레넬(Fresnel, Augustin-Jean) 26
프르지와라(Przywara, S.J., Erich) 14
플랑크(Planck, Max) 24
플랑크 시간(Planck time) 124

ㅎ

하느님-세상 관계(God-world relation) 48, 62
하느님의 모상(*imago Dei*) 12, 83, 108
하느님의 활동(divine action) 85

하느님-인간 이중성(God-man duality) 45, 47~49, 54, 58, 71, 106, 107, 110
하명(order, command) 75, 76, 80
하위헌스(Huygens, Christiaan) 26
하이젠베르크(Heisenberg, Werner) 20, 29
핵융합(fusion) 42
허브(hub) 180, 181, 187, 189, 219~221, 226~229, 231, 235, 236, 238, 240
허블(Hubble, Edwin) 122
허블 법칙(Hubble's law) 122
헤르츠(Hertz, Heinrich) 27
호킹(Hawking, Stephen) 135, 138, 139
회절(diffraction) 26, 27
히포스타시스(Hypostasis) 21, 45, 50, 55, 56